U0949969

生产企业免抵退税实务

——经验·技巧分享（第二版）

SHENGCHAN QIYE MIANDI TUISHUI SHIWU——JINGYAN·JIQIAO FENXIANG (DIERBAN)

徐玉树 著

中国海关出版社

图书在版编目（CIP）数据

生产企业免抵退税实务——经验·技巧分享/徐玉树著.
—2版.—北京：中国海关出版社，2013.2（2015.2重印）
ISBN 978-7-80165-936-1

Ⅰ.①生… Ⅱ.①徐… Ⅲ.①企业-出口税-税收减免-基本知识-中国 ②企业-出口退税-基本知识-中国 Ⅳ.①F812.424

中国版本图书馆CIP数据核字（2013）第017719号

生产企业免抵退税实务——经验·技巧分享（第二版）
SHENGCHAN QIYE MIANDITUISHUI SHIWU——JINGYAN · JIQIAO FENXIANG（DIERBAN）

作　　者：徐玉树
策划编辑：马　超
责任编辑：刘　倩
责任监制：王岫岩
出版发行：中国海关出版社
社　　址：北京市朝阳区东四环南路甲1号　　邮政编码：100023
网　　址：www.hgcbs.com.cn；www.hgbookvip.com
编 辑 部：01065194242-7554（电话）　　01065194234（传真）
发 行 部：01065194221/4238/4246（电话）　　01065194233（传真）
社办书店：01065195616/5127（电话/传真）　　01065194262/63（邮购电话）
北京市建国门内大街6号海关总署东配楼一层
印　　刷：北京新华印刷有限公司　　经　　销：新华书店
开　　本：710mm×1000mm　1/16
印　　张：19.5　　字　　数：300千字
版　　次：2013年2月第2版
印　　次：2015年2月第2次印刷
书　　号：ISBN 978-7-80165-936-1
定　　价：42.00元

海关版图书，版权所有，侵权必究
海关版图书，印装错误可随时退换

第二版前言

本书自2010年1月出版后，由于书中内容的实用性较强，所以受到广大会计同行的欢迎。中国海关出版社根据市场的需求情况，决定对本书进行第二次出版。

在本书出版后的一年多的时间里，我国的退税政策及收汇政策发生了很大的变化。尤其是出口收汇核销单的取消，对出口业务免退税申报工作产生了非常重要的影响。为了与国家的退免税政策和出口收汇政策保持一致，本书再版时对书中的内容也做了很大的修改。

1. 对免抵退税申报系统做了部分修改，用新系统图片替换了老系统图片，取消了涉及核销单的内容。

2. 取消了原第三章“电子口岸执法系统操作的经验与技巧”中的“出口收汇”子系统的大部分内容。

3. 取消了原第四章“出口收汇网上核销系统操作的经验与技巧”，以新的第四章“国际收支网上申报系统操作的经验与技巧”取而代之。

4. 增加第五章“货物贸易外汇监测系统操作的经验与技巧”。

5. 将原第五章改为第六章，对该章账务处理的内容也做了部分修改。同时，除了对书中内容做政策性修改以外，也对原书中的错误之处进行了更正，对叙述不完整的地方进行了补充。

本书修订后，继续保持了原来的特点，即服务会计新手、侧重实务性、集五个电子化系统（含小规模纳税人免税申报系统）于一书、图文并茂。希望本书再版后，能为同行们提供更满意的服务。对同行们针对本书所指出的不足，再次表示感谢，并希望继续提出改进意见。

本书修改过程中，一如既往地得到了中国海关出版社马超等编辑人员的帮助和指导，也再次表示感谢。

作　者

2012. 10. 31

前言

Preface

随着经济的迅速发展以及开放力度的不断加大，我国融入全球经济一体化的进程也在加快。在国家政策的大力支持下，越来越多的国内企业逐渐变成了外向型的企业，把产品推向了国际市场。市场的国际化，对企业的财务会计人员业务素质，也必然提出了更高的要求。而出口退税，则是进出口企业的会计人员必须要掌握的基本知识。

本书所介绍的，就是具有进出口权的生产企业在货物出口后，有关免抵退税申报和处理的相关内容。

相对其他同类书籍而言，本书有以下特点：

1. 面对的读者群体是出口退税会计新手。不论刚刚入行的新会计或具有多年工作经验的老会计，在开始接触出口退税工作时，即使经过了短期培训，实际操作起来也会遇到很多问题。本书通过通俗易懂的语言和手把手教授的方式，按照退税工作在实际中的操作顺序，为读者们提供了详细的操作步骤。同时针对操作中经常遇到的问题用专门的章节做了具体解答。

2. 侧重实务性。由于本书读者大都是缺乏退税工作经验的会计人员，因此本书省略了大量的空洞、冗长的理论篇章及在实际工作中不常用到的内容，本着实用和够用的原则，把重点放在了退税的实务操作上。

3. 集三个系统为一书。生产企业免抵退税系统、电子口岸执法系统、出口收汇核销系统，是企业出口退税工作中必需的三个系统。在进出口生产企业中，大部分都是中小企业。在这些企业里，会计人员一般都是“一专多能”的复合人才，除了本职的出口退税工作之外，还兼管出口业务的购单、交单、信息查询以及收汇的核销工作。正是基于这一现实，本书对这三个系统的具体操作都做了比较详细的介绍。

4. 图文并茂。为了使读者不产生纯理论说教之感，本书在语言方面尽量做到言简意赅，同时又以大量的实务图片对出口退税过程中的每一步操作都做了说明。文字配以图片，也使读者对退税操作过程有更直观、清晰的了解。

作为一个从事出口退税工作多年的会计人员，把自己积累的工作经验写成书，目的就是为刚刚从事外贸会计工作的广大同行们提供一些借鉴和帮助。

但实践和理论毕竟是两回事，把实践经验上升到理论的高度，对一个生产企业的一线会计来说不是一件容易的事情，所以书中难免有一些错误的地方。因此，本书的另一个目的就是与会计同行们进行业务交流，对书中的不足之处，敬请予以指正。

在本书的写作过程中，曾得到北京时代沃顿公司王雪梅等同志的帮助，在此深表感谢。同时在本书的选题和编审过程中，中国海关出版社的马超等编辑人员也提出了许多宝贵建议，给予了很大的支持和帮助，在此一并表示感谢。

作　者

2010．8

Contents

目 录

第一章

免抵退税的基本知识

第一节　国际贸易与免抵退税

一、国际贸易常识及我国国际贸易的发展

国际贸易，顾名思义，就是国家之间的贸易。它是一国与他国或地区之间所从事的商品、劳务、技术等方面的交易活动。

在遥远的封建社会时代，基本上是以自给自足的农业生产为主的封闭社会。但社会总是向前发展的，当人类进入当前的信息时代时，国际贸易已经成为任何一个国家的国民经济中不可缺少的组成部分。国际市场一体化已经成为当前世界经济的发展方向。虽然在目前的世界性经济危机面前，贸易壁垒有所抬头，但各国的经济已经深深融合在一起，形成了你中有我、我中有你的格局，贸易自由化的潮流是不可阻挡的。

我国早期的贸易历史可以说是屈辱的历史。一个半世纪以前，中国也是处于自给自足的封建社会，国际贸易对国民经济来说微不足道。虽然有过郑和下西洋的辉煌，但郑和出洋的目的却不是为了贸易。正是那场鸦片战争，西方列强用枪炮打开了中国清政府的国门，当时的中国政府被强迫与西方开始了国际贸易。而贸易开始，西方列强就把鸦片大量地输入到中国，使当时的国际贸易也充满了罪恶。

新中国成立后，虽然国际贸易有了很大发展，但由于西方国家对中国的封锁，贸易对象基本上仅限于东欧社会主义国家，所以国际贸易还是受到了很大的限制。直到改革开放后，特别是我国加入世界贸易组织后，进出口贸易才得到了前所未有的发展。据海关统计，2008 年我国对外贸易进出口总值达 25 616.3 亿美元。2008 年以后虽然受到世界经济危机的影响，进出口波动较大，但 2011 年仍达到 36420.6 亿美元。

国际贸易作为国民经济的重要组成部分，得到各国政府的高度重视。各国采取了许多措施，鼓励本国企业大力开展出口贸易。当然我国政府也不例外。

我国的企业开展进出口贸易的起步较晚，政府的鼓励政策就显得更加重要。正因如此，我国政府一直对出口贸易采取了各种优惠政策，如出口信贷、出口担保、出口补贴、税收优惠等。出口企业的免抵退税政策就是其中最重要的优惠政策之一。

二、免抵退税的概念

免抵退税是国家给出口企业的一种优惠政策，目的是鼓励企业开拓国外

市场，扩大出口创汇。这一政策实施的目的，就是鼓励出口和扩大创汇。通过退还出口产品的国内已纳税款来减轻企业的税收负担，使本国企业生产的产品以不含税或低税成本进入国际市场，在与国外产品进行市场竞争时，增强竞争能力。

依据国家税务总局规定，自2002年1月1日起，所有一般纳税人生产企业，一律实行免抵退税的管理方法。生产企业不论是自营出口货物还是委托外贸公司代理出口货物，均实行此办法。

在“免抵退”税办法中，“免”是指生产企业的产品出口后，免征出口销售环节的增值税；“抵”是指生产企业为生产出口产品而外购原材料、外购商品、外购燃料、外购动力等所发生的进项增值税额，可以抵减内销产品而发生的销项增值税额；“退”是指生产企业发生出口业务时，当月的进项税额抵完销项税额后尚有富余的，即有留抵额时，留抵部分可以全部或部分退还给出口企业。

第二节　免抵退税需要掌握的基本常识

一、生产企业与外贸企业

生产企业是具有进出口经营权的生产企业的简称，是指具有生产能力（包括加工修理修配能力）的单位或个体工商户。生产企业生产的产品可以内销也可以外销，但外销产品必须是自产产品或视同自产产品，货物出口后可以享受免抵退税的优惠政策。外贸企业是指从事进出口贸易的企业。外贸企业在经批准的商品经营范围之内，具有自主进出口经营权。外贸企业一般不自己生产产品，出口商品都是从其他企业采购的。另外也可以代理其他企业从事商品的进出口业务。

由于两种企业的经营方式及商品的来源等有很大不同，所以其出口退税的计算方法也不相同。

二、一般贸易和加工贸易

根据出口货物的贸易方式，进出口贸易分为许多种，如一般贸易、加工贸易、补偿贸易、边境贸易、转口贸易、过境贸易等等，其中一般贸易和加工贸易是进出口业务最常用的两种贸易方式。本书介绍的主要就是这两种贸易方式。

一般贸易是相对其他贸易方式而言的贸易名称，是指具有进出口经营权的企业单边进口货物或单边出口货物的贸易方式。

加工贸易是指企业自营或委托其他单位代理进口原材料、辅料等，通过自己加工或委托加工成产成品或半成品后再复出口的业务，其主要特征就是加工。它包括进料加工、来料加工、装配业务等。它与一般贸易的主要区别在于一般贸易的出口货物耗用的原材料主要由国内采购，而加工贸易的出口货物耗用的原材料主要由国外进口。

三、一般纳税人与小规模纳税人

根据《中华人民共和国增值税暂行条例》（以下简称《增值税暂行条例》）及其《中华人民共和国增值税暂行条例实施细则》（以下简称《实施细则》）的规定，增值税纳税人划分为一般纳税人和小规模纳税人。划分标准是看其销售额是否达到规定标准且会计核算是否健全。销售额达到规定的标准且会计核算健全的，可以申请一般纳税人，反之只能作为小规模纳税人。工业企业销售额的原标准是每年达到 100 万元，但 2009 年 1 月 1 日开始实施的新修订的《实施细则》把这一标准降为 50 万元。

增值税一般纳税人企业可以开具增值税专用发票，进项增值税专用发票的税额可以抵扣销项税额，销售产品征税税率按 17% 和 13% 计算。在营业税改征增值税试点后，新增加了 11% 和 6% 两档低税率。这类企业出口货物均可以享受免、抵、退的税收优惠政策。

小规模纳税人企业不能开具增值税专用发票，只能开具普通发票。进项税额不能抵扣，销售产品的增值税征收率为 3%。出口货物只享受免税的优惠政策。

四、免、抵、退税的税种

先说抵。目前我国生产企业征收的税种大概有十多种，但允许抵扣的税种只有增值税一种。因为我国执行的价外税只有增值税这一种。

再说免、退。生产企业出口免税和出口退税只适用于流转税，具体到税种则只有两种，即增值税和消费税。其中增值税实行免、抵、退政策，消费税实行免征政策。

小贴士

需要说明的是，生产企业也有实行免、退消费税的，但仅限于 2004 年 7 月《财政部、国家税务总局关于列名生产企业外购产品试行免抵退税办法的通知》（财税〔2004〕125 号）文件规定的列名生产企业，其他生产企业仅实行免而不退的政策。

五、税率和退税率

做会计的人都知道，税率是按照一定的计税依据进行征税的比例或者额度，是计算应纳税额的要素之一。就企业而言，不同性质的企业征税税种不一定相同。而就同一税种而言，其税率或征收率也可能不尽相同。

例如，同是生产企业，由于经营规模有大小之别，地理位置有城乡之差，同一产品的税种及税率或征收率是有差别的。这就是为什么同是一般纳税人增值税税率有17%、11%等之区别，而同是工业企业又有一般纳税人和小规模纳税人之区别的原因。

生产企业虽然征收的税种比较多，但其免抵退税所涉及的对象，只有增值税和消费税两种，对于消费税而言，与外贸企业享受的退税政策相比，大部分生产企业只是免征而不予退税，所以其处理起来就简单多了。出口时只要不像内销那样根据征收税率计提消费税就可以了，没有其他环节。所以消费税也就不存在退税率的问题。故本书就不再加以介绍。

实行免抵退税的生产企业，在免、抵、退这三个环节中，相对消费税而言，增值税则显得非常重要。因为增值税除了可以免、抵之外，还可以退税。

生产企业增值税的退税方法是出口销售额乘以退税率。退税率与征税税率不同，它不是根据企业的性质或规模划分的，它是由出口产品的性质及类别决定的。就是说，不同的产品退税率可能是不同的。目前我国出口商品适用的出口退税率主要有0、5%、8%、9%、11%、13%、14%、15%、16%、17%等。

作为一项政府鼓励出口的政策，出口货物的退税率也是紧随国家和世界经济形势的变化而变化的。2007年8月世界经济危机爆发后，我国的商品出口受到了很大的影响。为应对危机，自2008年8月到2012年，国家税务总局就先后12次调整出口退税率，这在国家外贸及税收征管史上是空前的。随着经济情况的变化，出口退税率肯定还会不断地进行调整。

作为企业的外贸会计，需要随时关注国家税务总局发布的退税率调整通知，以便及时更新退税系统的退税率库，这样才能减少因退税率变化给自己的工作造成的麻烦，也避免因此而给企业造成经济上的损失。

六、免抵退税的计算方法

前面已经说过，只有一般纳税人生产企业才有资格计算免抵退税，小规模生产企业是只免而不抵、不退的。生产企业的退税计算，相对外贸企业要烦琐许多。

（一）一般贸易的计算方法

一般贸易生产企业货物出口后，要在免抵退税申报系统做申报。这个免抵退税的申报过程就包括免抵退税的计算过程。如果当期有单证收齐，而且当期有留抵税额，在免抵退税系统的免抵退税汇总表上就会产生免抵退税额、期末留抵税额、当期应退税额。如果当期没有单证收齐，即使汇总表上有留抵税额，也不会有当期应退税额。如果当期有单证收齐，当没有当期留抵税额时，虽然产生了免抵退税额，但也不会有当期应退税额。也就是说，必须同时有免抵退税额和留抵税额时，才能产生退税。

当出口产品的退税率小于该产品的征税税率的时候，还要计算该产品的不得免征和抵扣税额。

计算公式如下：

免抵退税不得免征和抵扣税额 = 出口货物 FOB 价 × 汇率 × （产品征税率 − 产品退税率）

免抵退税额 = 出口货物 FOB 价 × 汇率 × 退税率

当期应退税额是根据当期免抵退税额和当期留抵税额相比较得来的。在当期留抵税额小于或等于免抵退税额时，应退税额就是留抵税额。在当期留抵税额大于免抵退税额时，应退税额就是免抵退税额。

当期免抵退税额大于当期留抵税额的部分，就是当期的免抵税额。当期的留抵税额大于当期的免抵退税额部分，继续留抵。

（二）进料加工贸易的计算方法

进料加工贸易相对一般贸易来说，要复杂一些。因为进料加工贸易所耗用的原材料等基本上都是进口的，这就决定了进料加工业务的免抵退税计算与一般贸易是有差别的。主要差别在于进料加工贸易要计算“免抵退税不得免征和抵扣税额抵减额”和“免抵退税额抵减额”。虽然一般贸易在特殊情况下也要计算这两个抵减额，但进料加工每笔都要计算。

在第二章第三节里我们将进行“计算进料扣除保税料件”的录入与申报的介绍，其实就是上面两个抵减额的计算过程，它是由系统自动计算的。如果在纳税申报之前，能够到退税部门开具进料加工免税证明，则可以不用系统计算，而采用人工计算。

进料加工免税证明分为日常出具和手册核销时出具两种方式。这主要是考虑在整个海关登记手册执行期间，因为进口料件的采购数量、单价等变化，从而影响到日常开具的免税证明准确性。因此需要在海关登记手册执行完毕进行核销时，再出具一份进料加工免税证明对日常出具的免税证明的数据加以调整。

日常出具的免税证明是根据“购进法”和“实耗法”两种进料计税方法区别计算的。手册核销时出具的免税证明则不分计税方法，两者的出具方法是一样的。

进料加工企业使用“购进法”还是“实耗法”，由当地税务机关规定，并在免抵退税系统设置里加以设置。二者的区别在于“购进法”是在免税料件进口时出具免税证明，而“实耗法”是在产品加工完毕后出口时出具免税证明。也就是说一个是进口时出具，一个是出口时出具。

计算两个抵减额时首先要计算进料加工免税进口料件组成计税价格。

下面就根据“购进法”和“实耗法”、海关登记手册核销时分别介绍开具免税证明的计算方法以及免抵退税不得免征和抵扣税额、免抵退税额、应退税额的计算方法。

1. “购进法”计算方法

计算两个抵减额时首先要计算进料加工免税进口料件组成计税价格。

进料加工免税进口料件组成计税价格 = 进口料件到岸价 + 缴纳的关税 + 缴纳的消费税

免抵退税不得免征和抵扣税额抵减额 = 进料加工免税进口料件组成计税价格 ×（出口货物征税率 − 出口货物退税率）

免抵退税额抵减额 = 进料加工免税进口料件组成计税价格 × 出口货物退税率

小贴士

需要说明的是，免税进口料件如果是全额保税的，进料加工免税进口料件组成计税价格就不用加关税和消费税。如果进口料件是按比例保税的，就要加上结关时缴纳的实征关税和消费税。

2. “实耗法”计算方法

计算两个抵减额时，首先需要计算计划分配率和进料加工免税进口料件组成计税价格。

计划分配率 = 计划进口总值 ÷ 计划出口总值 × 100%

进料加工免税进口料件组成计税价格 = 出口货物离岸价格 × 人民币汇率 × 计划分配率

免抵退税不得免征和抵扣税额抵减额 = 进料加工免税进口料件组成计税价格 ×（出口货物征税率 − 出口货物退税率）

免抵退税额抵减额 = 进料加工免税进口料件组成计税价格 × 出口货物退税率

3. 海关登记手册核销时计算方法

海关登记手册核销时出具进口料件免税证明时，首先要计算实际分配率、手册全部进口料件组成计税价格、手册全部进口料件免抵退税不得免征和抵扣税额抵减额、手册全部进口料件免抵退税额抵减额。

实际分配率 =（实际进口总值 − 剩余边角余料 − 结转料件 − 其他调减料件）÷（实际出口总值 + 剩余残次成品 + 结转成品 + 其他未出口）×100%

手册全部进口料件组成计税价格 = 出口货物离岸价格 × 实际分配率

手册全部免抵退税不得免征和抵扣税额抵减额 = 手册全部进口料件组成计税价格 ×（出口货物征税率 − 出口货物退税率）

手册全部免抵退税额抵减额 = 手册全部进口料件组成计税价格 × 出口货物退税率

核销时出具的免抵退税不得免征和抵扣税额抵减额 = 手册全部免抵退税不得免征和抵扣税额抵减额 − 日常已出具的免抵退税不得免征和抵扣税额抵减额

核销时出具的免抵退税额抵减额 = 手册全部免抵退税额抵减额 − 日常已出具的免抵退税额抵减额

4. 免抵退税不得免征和抵扣税额及免抵退税额的计算方法

用以上方法计算出进口料件的两个抵减额后，就可以进一步计算进料加工贸易不得免征和抵扣税额与免抵退税额了。

进料加工不得免征和抵扣税额 = 出口货物离岸价 × 汇率 ×（出口货物征税率 − 出口货物退税率）− 免抵退税不得免征和抵扣税额抵减额

免抵退税额 = 出口货物离岸价 × 汇率 × 出口货物退税率 − 免抵退税额抵减额

5. 应退税额的计算方法

进料加工业务当期应退税额的计算，与一般贸易是一样的，即根据当期免抵退税额和当期留抵税额的比较来确定。在当期留抵税额小于或等于免抵退税额时，应退税额就是留抵税额。在当期留抵税额大于免抵退税额时，应退税额就是免抵退税额。

当期免抵退税额大于当期留抵税额的部分，就是当期的免抵税额。当期的留抵税额大于当期的免抵退税额部分，继续留抵。

（三）视同进料加工贸易的计算方法

进料加工贸易是购进的境外免税料件加工后复出口的贸易。购进免税原材料除了购进免税进口料件外，还有一种就是购进国内免税原材料。

国内免税原材料是指在国内购进的无进项税额且不计提进项税额的免税原材料，即在国内销售环节不征收增值税、在购进环节也不抵扣的货物。

出口企业出口货物发生的国内采购免税原材料，应填报视同进料加工贸易免税证明申请表，并提供购货发票、购货合同等资料，到主管退税机关申请办理《视同进料加工贸易免税证明》。主管退税部门对企业提供的资料审核无误后，为企业出具《视同进料加工贸易免税证明》。

由于购进国内免税原材料与进口料件一样，都不含进项增值税，所以购进国内免税原材料加工产品出口后，视同进料加工贸易，其退税计算方法与进料加工类似。货物出口后首先需要计算出口货物不得免征和抵扣税额抵减额以及出口货物不得免征和抵扣税额，单证收齐时再计算免抵退税额抵减额及免抵退税额。计算方法如下：

免抵退税不得免征和抵扣税额 = 出口货物离岸价 × 外汇人民币牌价 ×（出口货物征税率 − 出口货物退税率）− 免抵退税不得免征和抵扣税额抵减额

免抵退税不得免征和抵扣税额抵减额 = 免税购进原材料价格 ×（出口货物征税率 − 出口货物退税率）

免抵退税额 = 出口货物离岸价 × 外汇人民币牌价 × 出口货物退税率 − 免抵退税额抵减额

免抵退税额抵减额 = 免税购进原材料价格 × 出口货物退税率

七、退税工作的几个时限

出口退税是有许多条件的，具体内容我们将在第三节介绍。除此之外，还有一些条件，就是在某些方面要有时间限制。如果不能在规定的时间内满足税务的要求，应退的税款是拿不回来的。不但退税款拿不回来，还可能转内销补交税款。所以对这些时限方面的条件，千万不能掉以轻心。

第一，认证时限。企业采购货物的进项发票必须在规定的时间内进行认证才允许抵扣。原来的认证抵扣时限是90天，自2010年1月1日起，认证抵扣时限放宽到180天。超过180天的进项发票，该票税额部分就不能抵扣了。这就要求会计人员负起责任，避免给企业造成退税损失。

第二，申报时限。税务局要求的纳税、退税申报期是每月的1～15日，如果申报截止日为节假日，则可以顺延。企业的会计人员一定要按时把税务机关要求的各种申报数据、报表资料准备好，在15日前将纳税、退税工作申报完毕。

第三，单证收齐时限。收齐单证也是计算免抵退税额的前提条件之一，如果单证不能按时收齐申报，该笔出口就不能退税了。单证收齐的时限是自报关出口之日起至次年的4月30日，出口报关日以报关单上的日期为准。

如果不能按期收齐单证，只能转为免税或转内销征税，不能延期申报。

小贴士

2012年8月，国家对收汇制度进行重大改革。与退税有关的内容主要如下：

1. 2012年8月1日后，改为自出口之日起至次年4月30日必须收齐，取消了申请延期的规定。

2. 2012年8月1日起，取消了出口收汇核销单，出口收汇不再需要核销。

3. 原来出口转内销要征税，2012年8月1日起，出口转内销改为免税政策，特殊情况下才征税。

4. 2012年8月1日起，单证收齐期限改为出口日至次年4月30日，这样最长的单证收齐期限为485天，最短为120天，比原来的期限大大宽松了。

第三节　免抵退税的适用范围

虽然生产企业实行免抵退税的计算方法，但并非所有生产企业和所有出口货物都能享受这一政策，只有符合国家税务局有关政策，才可以享受免抵退税待遇。

一、免抵退税的前提条件

（一）必须是一般纳税人生产企业

只有一般纳税人生产企业才执行免抵退税的政策。非生产企业或小规模纳税人生产企业是不执行这一政策的。

（二）必须是退税范围的产品

只有符合退税条件的出口产品，才能参与免抵退税的计算。

（三）必须是报关出境的货物或视同出口货物

出口货物只有报关出境后，取得报关单的出口退税联，企业才能申报退税。销售的海洋工程结构物及输送到特殊监管区域的水、电、燃气等不需报关单退税联。

视同出口货物主要包括以下七项内容：（1）出口企业对外援助、对外承包、境外投资的出口货物。（2）出口企业经海关报关进入销售给特殊区域内单位或境外单位、个人的货物。（3）免税品经营企业销售的货物。（4）出口企业或其他单位销售给用于国际金融组织或外国政府贷款国际招标建设项目的中标机电产品。（5）生产企业向海上石油天然气开采企业销售的自产的海洋工程结构物。（6）出口企业或其他单位销售给国际运输企业用于国际运输工具上的货物。（7）出口企业或其他单位销售给特殊区域内生产企业生产耗用且不向海关报关而输入特殊区域的水（包括蒸汽）、电力、燃气。

（四）账务上已做了销售账务处理

企业的出口货物要在出口当月做完账务处理和纳税申报后，才能进行免抵退税申报。

（五）当期必须有进项税额产生的留抵税额

因为退税就是退还企业外购货物在销售环节已经缴纳的增值税额，所以进项税额是计算退税额的前提条件。这也是生产企业与外贸企业在退税计算方面的最大区别。但有了进项税额还是不够的，企业的进项税额还要大于当期的销项税额，这样才能产生留抵税额。有了留抵税额，才有可能产生退税。

（六）与退税有关的工作必须在规定的时限内完成

上节我们提到的几个时限必须在规定的时间内完成。否则不能退税，只能免税或转内销征税。

（七）必须提供税务机关要求的有关申报资料

这些资料包括税务局要求的各种单证、报表以及电子资料等。

（八）企业要做好退税申报并通过税务机关审核

企业必须在规定的申报期内做完免抵退税的申报工作，而且申报表必须通过税务机关的审核后，退税工作才算完成。

二、免抵退税的产品范围

生产企业必须是出口自产产品或视同自产产品及对外提供加工修理修配劳务，才能适用免抵退税的政策。

原来生产企业不能从事代理出口业务。自 2012 年 7 月份开始，生产企业经营范围进一步扩大，也允许做代理出口业务了。

即使是企业自产产品或视同自产产品，如果该产品不在国家规定的退税产品范围之内或退税率为“0”，同样不能享受免抵退税。

所谓的“自产产品”，就是指出口的产品必须是出口企业自己生产的产品。

所谓的“视同自产产品”，包括以下几种类型：

（一）符合下列条件的企业，外购货物出口可以视同自产产品

（1）已取得增值税一般纳税人资格。

（2）已持续经营两年及两年以上。

（3）纳税信用等级 A 级。

（4）上一年度销售额 5 亿元以上。

（5）外购出口货物与本企业自产货物同类型或具有相关性。

（二）不能同时满足上述条件的企业，如果满足下列条件之一者，也可视同自产货物

（1）必须同时满足下列条件：

①与本企业生产的货物名称、性能相同。

②使用本企业注册商标或境外单位及个人提供给本企业使用的商标。

③出口给进口本企业自产产品的境外单位或个人。

（2）外购商品与本企业出口产品配套的产品，并出口给同一外商。但也需满足两个条件：

①用于维修本企业出口的自产产品的工具、零部件、配件。

②不经过本企业加工或组装，出口后能直接与企业自产产品组合成成套设备的货物。

（3）经集团公司总部所在地的地级市以上国家税务局认定的集团公司，其控股的生产企业之间收购的自产产品以及集团公司与其控股的生产企业之间收购的自产货物。

（4）委托加工货物，要满足以下条件：

①必须与本企业生产的产品名称、性能相同，或者是用本企业生产的产品再委托深加工收回的货物。

②出口给境外进口本企业自产产品的单位或个人。

③委托方与受托方必须签订委托加工协议。主要原材料必须由委托方提供。受托方不垫付资金，只收取加工费，开具加工费（含代垫的辅助材料）的增值税专用发票。

（5）用于本企业中标项目下的货物。

（6）用于对外承包工程项目下的货物。

（7）用于境外投资的货物。

（8）用于对外援助的货物。

（9）生产自产货物的外购设备和原材料（农产品除外）。

以上视同自产产品确认前，还有一个前提，就是企业持续经营以来从未发生骗取出口退税、虚开增值税专用发票或农产品收购发票、接受虚开增值税专用发票（善意取得虚开增值税专用发票除外）的行为。

生产企业出口视同自产产品除了满足上述条件之外，其视同自产产品的出口额必须按月如实申报，凡不超过当月自产产品出口额50%的，由县区级税务主管部门在审核无误，报经上级地市级税务机关核准后办理免、抵、退税；对超过当月自产产品出口额50%的，须报省级税务机关核准后办理免、抵、退税。生产企业出口收购的视同自产产品，在办理免、抵、退税时，必须向税务机关提供收购视同自产产品的增值税完税凭证。

三、免抵退税的企业范围

企业类型有多种，只有符合下列条件的企业才享受免抵退税优惠。条件是：一是必须是生产企业，二是生产企业必须是增值税一般纳税人，小规模生产企业只能享受免税优惠。这些内容前面已经陆续提到过，在此不再重复。

第四节　免抵退税使用的电子系统

生产企业出口货物后，需要借助几个电子系统，才能完成退税工作。这几个系统是：生产企业免抵退税申报系统，电子口岸执法系统，国际收支网上申报系统（企业版），货物贸易外汇检测系统（企业版）。四个系统的关系将在第五节详细介绍。

一、生产企业免抵退税申报系统

本系统是国家税务总局专门为出口企业的退税工作而开发的一个电子化管理系统，是出口退税申报使用的最主要的系统。系统的开发和使用，让出口企业的退税申报工作彻底告别了手工申报时代，跨入了电子信息化时代。同时本系统通过与海关的电子口岸系统、外汇局的收汇网上核销系统直接联网，使企业货物出口后的结关信息的查询及交单、收汇的核销等各部门的工作成为一个整体，大大简化了企业工作人员的劳动，所以深受企业的欢迎。

生产企业免抵退税申报系统是生产企业货物出口后，用来申报出口退税的操作系统。企业通过本系统的明细数据录入、明细数据预申报、汇总数据录入、出口数据正式申报等系列操作程序，并经税务机关审核通过后，可以对出口货物进行免税、抵扣、退税的账务处理，从而完成出口货物的免抵退税申报工作。

二、电子口岸执法系统

本系统是海关总署等部门联合开发的一个为进出口服务的电子化管理系统。它借助互联网建立起一个公共数据中心，把进出口业务的数据信息集中起来放在数据中心，一方面是为了供进出口企业和有关部门对进出口数据进行查询，另一方面它又是出口企业向税务部门传送报关单数据的平台。退税部门只有得到企业报送的信息，企业出口退税申报才能被审核通过。

本系统包括出口收汇、出口退税等许多子系统，企业正是通过对这些子系统的操作，来查询和报送数据，完成出口退税申报过程的前期工作。所以本系统是一个与出口退税工作密不可分的系统。

三、国际收支网上申报系统

本系统是企业对国际收支业务进行申报的电子化服务系统。它以国家外汇管理局应用服务平台为依托、以国际收支为媒介、以网络为载体，把银行、外汇管理局、进出口企业之间紧密地联系起来，实现了申报、审核、监管的数据共享，既提高了企业的工作效率，也增加了各部门之间的工作透明度。

本系统主要包括境外收入申报和境内收入申报两部分。一旦企业发生了国际收支业务，银行会把信息同步发送到企业系统和外汇局系统。企业需要在 5 个工作日内通过本系统完成申报工作。

本系统的作业就是通过企业对出口货物收汇业务的申报，为税务部门提供审核出口退税的依据。

四、货物贸易外汇监测系统

本系统是用来对企业的出口和收汇的平衡情况进行宏观监测的电子化系统。随着我国国际贸易和国际收支业务的发展，原来的收汇核销系统已经不能适应外汇业务的形势，因此国家外汇管理局采用有着宏观监测功能的本系统代替了原来进行微观控制的收汇核销系统。

本系统是为了适应外汇制度改革而开发的。自 2012 年 8 月 1 日起，出口收汇核销制度被取消了，出口业务不再使用核销单。过去的出口收汇一对一的核查制度被外贸出口收汇总量核查制度取而代之。

外贸企业通过本系统，要按规定的标准，把企业的贸易信贷与融资、转口贸易收支时间差、出口收入存放境外、收付汇差额等内容，向外汇管理局提供报告。外汇管理局通过这些报告，来对比和评估出口企业的资金流与货物流的平衡情况。对超出指标范围的企业将实行重点监测。

本系统的作用与国际收支网上申报系统一样，也是为退税部门提供审核退税的依据。一旦监测到企业出口与收汇指标失衡，企业的出口业务将不能申报退税。

第五节　各系统操作流程及图解

免抵退税用到的四个电子系统，虽然都是各自独立的软件系统，但在实际应用中是相互联系的。要完成出口退税的全过程，需要以出口退税申报系统为主，其他三个系统来配合。离开任何一个系统，退税工作就无法完成。另外在四个电子系统工作中，是根据货物出口后的后续工作进展情况而交叉使用的，且操作程序基本都是固定的。

一、各系统操作流程简介

（一）生产企业免抵退税申报系统的操作流程

（1）登录出口货物免抵退税申报系统。

（2）进行出口货物明细申报录入。

（3）从货物贸易收汇监测系统查询报关单数据，做收齐单证明细录入。

（4）录入完毕后，进行数据一致性检查。发现错误加以修改。

（5）生成出口货物明细预申报数据。可以生成到U盘到退税部门预申报或通过互联网做远程预申报。

（6）预申报完毕，把经过税务局预审的数据，读入企业的退税申报系统，查询疑点，进行数据处理。如果有疑点，加以修改，无误后，准备正式申报。

（7）录入纳税申报表。根据纳税申报系统的纳税申报数据录入。

（8）生成出口退税汇总申报数据。系统自动生成，不需手工录入。

（9）进行数据一致性检查。发现错误加以修改。

（10）打印出口数据明细申报表、汇总申报表及附表，打印法人声明、冲减说明等。

（11）携带申报数据盘、申报表格、文件等资料到税务局正式申报，或通过互联网做远程正式申报。

（12）正式申报通过后，企业可以把申报数据读入免抵退税系统。

（13）如果退税通过退税部门审核，企业可以直接做退税账务处理。

小贴士

有些地方需要做预申报，有些地方则可以直接做正式申报。

有些地方需要企业申请才能退税，而有些地方则由税务局主动退回。

（二）电子口岸执法系统的操作流程

（1）购买电子口岸系统上网卡。

（2）登录电子口岸执法系统。

（3）在收汇子系统，查询出口货物的结关报关单信息。

（4）在出口收汇子系统，向税务局报送出口货物报关单信息。

（5）在出口收汇子系统，查询出口货物报关单状态。

（6）在出口收汇子系统，为退税系统下载出口货物报关单数据。

（三）国际收支网上申报系统的操作流程

（1）登录国际收支网上申报系统。

（2）查询银行发送的国际收支信息。

（3）录入需要申报的国际收支的有关数据。

（4）对录入错误的数据或银行审核未通过的数据进行修改并重新发送。

（四）货物贸易外汇监测系统的操作流程

（1）登录货物贸易收汇监测系统。

（2）为了退税系统录入准备数据，查询货物出口信息和收汇信息。

（3）对出口和收汇信息进行评估，决定是否向外汇管理局提供报告。

（4）对符合报告标准的出口和收汇信息，在系统中录入相关数据，向外汇局发送报告。

（5）对已向外汇局发送的报告，在规定时间内进行修改、删除、调整操作。

二、系统操作流程及相互关系图解

在第四节里我们简单介绍了出口退税所用到的四个电子化系统。在本节的第一部分里，我们又把四个系统的操作流程做了介绍，为了更直观地了解它们，下面用图解的方式把它们的流程及相互关系表示出来，如图 1－1。

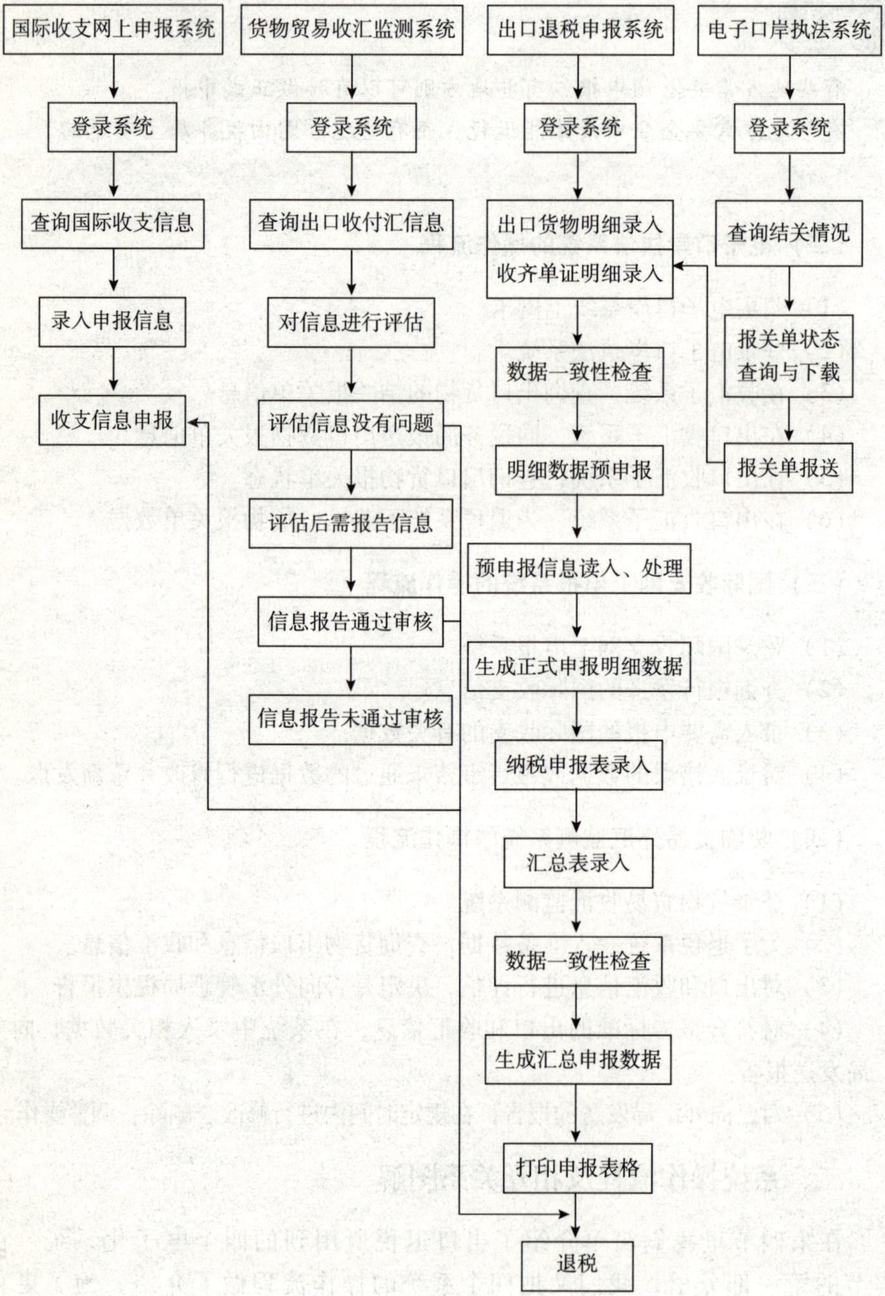
国际收支网上申报系统
登录系统
查询国际收支信息
录入申报信息
收支信息申报
货物贸易收汇监测系统
登录系统
查询出口收付汇信息
对信息进行评估
评估信息没有问题
评估后需报告信息
信息报告通过审核
信息报告未通过审核
出口退税申报系统
登录系统
出口货物明细录入
收齐单证明细录入
数据一致性检查
明细数据预申报
预申报信息读入、处理
生成正式申报明细数据
纳税申报表录入
汇总表录入
数据一致性检查
生成汇总申报数据
打印申报表格
退税
电子口岸执法系统
登录系统
查询结关情况
报关单状态
查询与下载
报关单报送

图 1－1

第二章

生产企业免抵退税申报系统操作的经验与技巧

第一节　系统介绍

生产企业免抵退税申报系统是国家税务总局针对生产型进出口企业的出口退税工作而专门开发的一个电子化管理系统。它把计算机的管理优势与互联网的数据传递优势及进出口企业的会计核算工作通过互联网结合起来，把退税机关的退税审核管理、外汇管理部门的收汇申报及监测信息、海关的出口报关信息与进出口企业的数据申报工作通过互联网结合起来，使退税机关和企业的工作效率得到了极大的提高，也使企业的免抵退税申报更及时、更快捷、更准确、更安全、更科学。同时系统的使用，避免了手工操作时人为弄虚作假的骗税行为，为国家的税收工作作出了贡献。

免抵退税系统的发展，经历了从简单到复杂、从单机版到网络版的过程，也从普通的计算申报帮助系统发展到了功能强大的信息化综合管理、处理系统。

最早的申报系统是1995年的单机版系统，1997年升级到了网络版系统。自1997年起，生产企业免抵退税申报系统经历了1.0版、2.0版……9.0版，直至现在出口生产企业正在使用的10.0版。随着版本的升级，系统的功能不断得到完善、扩大和加强。相信在今后的工作中，系统还将进一步更新，对免抵退税工作的作用也会越来越重要。

第二节　系统的安装、设置和初始化

一、系统的安装

生产企业出口免抵退税系统原来需要安装盘进行安装，现在则可以直接在网上下载安装。所以系统的安装已经变得非常简单。

下载时需登录“中国出口退税咨询网”，打开“下载专区”模块，可以看到最新的生产企业出口退税申报系统下载标志。如图2－1。

点击窗口的“点击下载”黄色按钮，选择好下载存放路径，即可下载系统。系统下载后，是一个压缩软件，需要解压安装。解压到新的存放路径后，点击解压后的安装程序开始安装系统。

图2－1

选择系统安装路径时，为了安全最好不要安装在C盘。安装结束后，点击“完成”。此时系统的快捷方式图标已经显示在电脑桌面上了。系统的安装过程比较简单，详细步骤这里不再赘述。

二、系统数据库更新、初始化与参数设置

在使用系统之前，要对系统的退税率库进行下载更新，对系统要进行初始化，并对系统中的各有关参数进行设置。

系统退税率库更新、系统初始化与参数设置的内容，都在系统菜单栏“系统维护”的下拉菜单里。主要设置模块包括“代码维护”、“系统配置”、“系统初始化”、“历史数据处理”、“数据优化”、“系统数据备份”、“系统备份数据导入”、“系统一般信息查询”、“系统重入”、“系统管理员接口”。下面我们按菜单的上下顺序分别介绍各模块内容的具体设置方法。

（一）系统登录

要进行系统的初始化和参数设置，首先要登录系统。

第一步　双击桌面的系统快捷方式图标，登录系统。系统的用户名默认是“sa”，没有密码。在“确认当前所属期”窗口，选择所属期，一般是申报月份，点击“确定”，登录到了系统操作主页面。如图2－2。

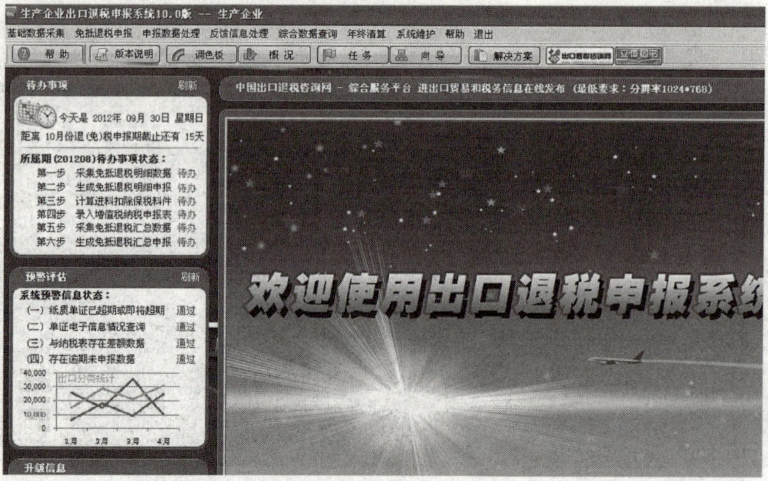

图 2－2

（二）下载并安装退税率库更新程序

如果下载的出口退税系统里的退税率库不是最新的，还需要从出口退税咨询网上下载退税率库的更新程序。下载安装步骤如下：

1. 手工更新

第一步　在出口退税咨询网的“下载专区”模块，下载最新更新程序（如20120201A）。下载窗口如图2－3。

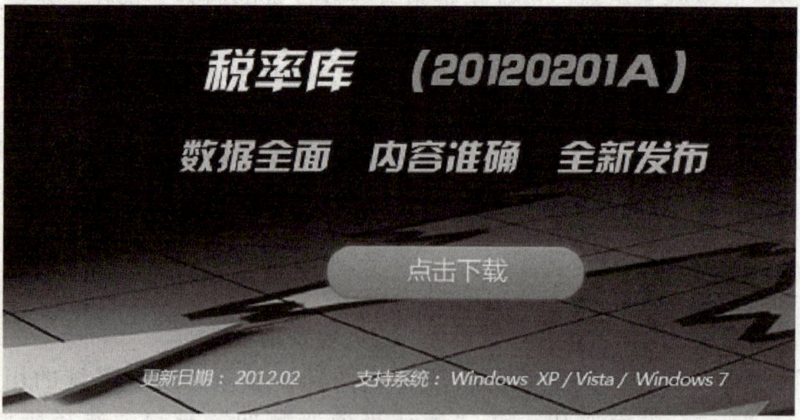

图 2－3

第二步　点击窗口的“点击下载”黄色按钮，开始下载新的退税率库。下载后的软件为一个压缩软件。如图2－4。

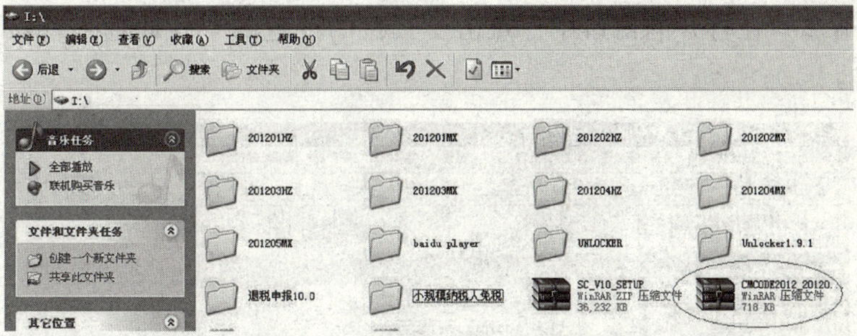

图 2－4

第三步　把退税率库的压缩文件解压。其中 cmcode. DBF 和 STDCM. DBF 两个文件就是更新所用的退税率库文件。如图 2－5。

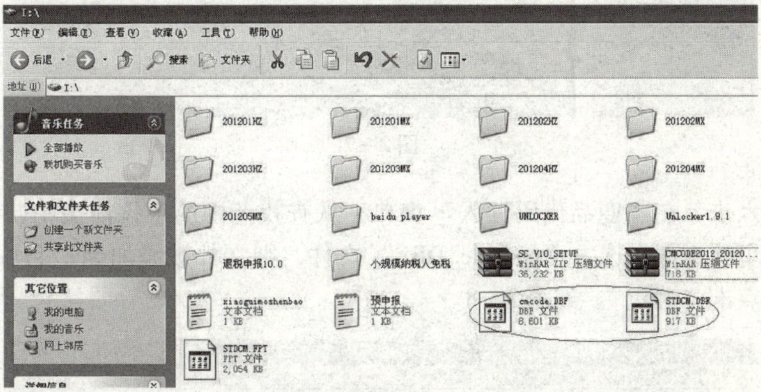

图 2－5

第四步　登录出口退税申报系统到操作窗口，单击“系统维护”，在下拉菜单中打开“代码维护”下的“海关商品码”。如图 2－6。

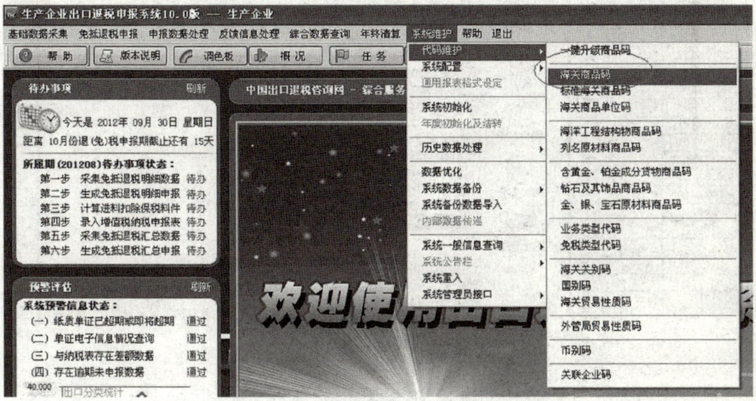

图 2－6

第五步　在打开的窗口中，点击工具栏的红色的“代码读入”按钮。如图2-7。

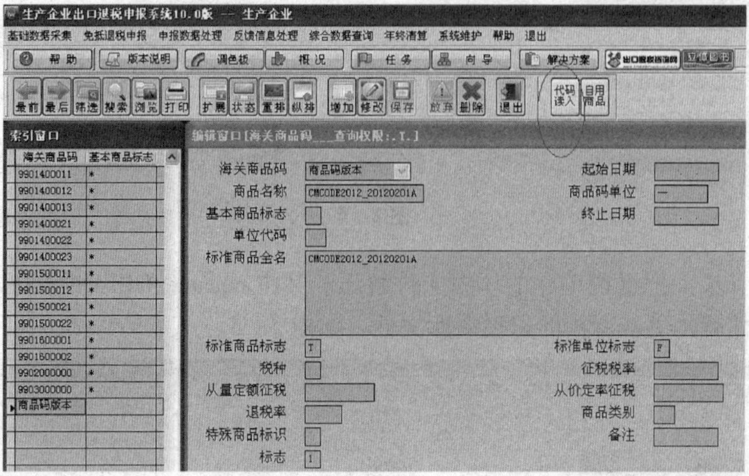

图2-7

第六步　在“商品代码读入”窗口，从查找范围的下拉箭头中，找到退税率库更新文件，选中“cmcode. DBF”文件，则文件被添加到“目标文件”框中。点击“确定”。如图2-8。

图2-8

第七步　此时连续出现“系统提示”窗口。均点击“是”。如图2-9。

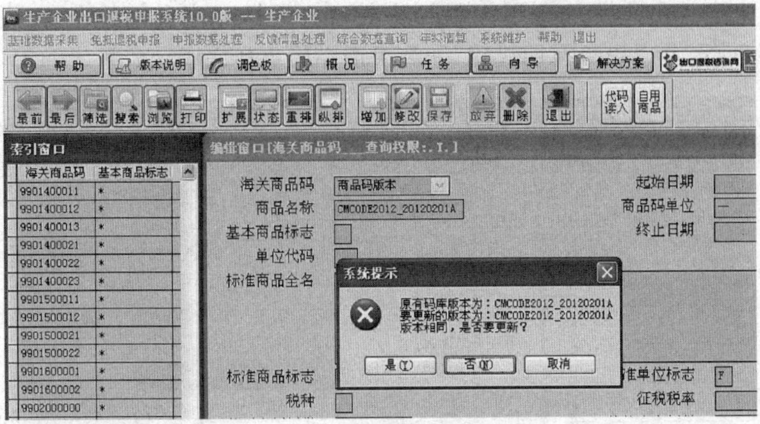

图2－9

第八步　系统里的海关商品码版本被更新。如图2－10。

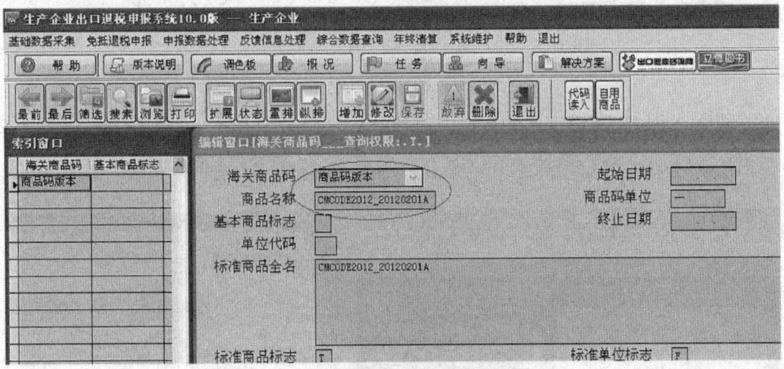

图2－10

第九步　点击工具栏里红色的“自用商品”按钮。打开“自用商品”设置窗口。如图2－11。

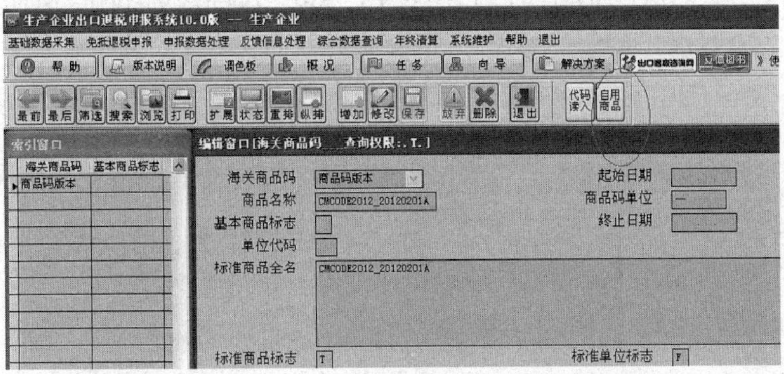

图2－11

第十步　在“设置自用代码”小窗口，选择“当前筛选条件下所有记录”，然后点击“设为自用代码”。海关商品码更新完毕。如图2－12。

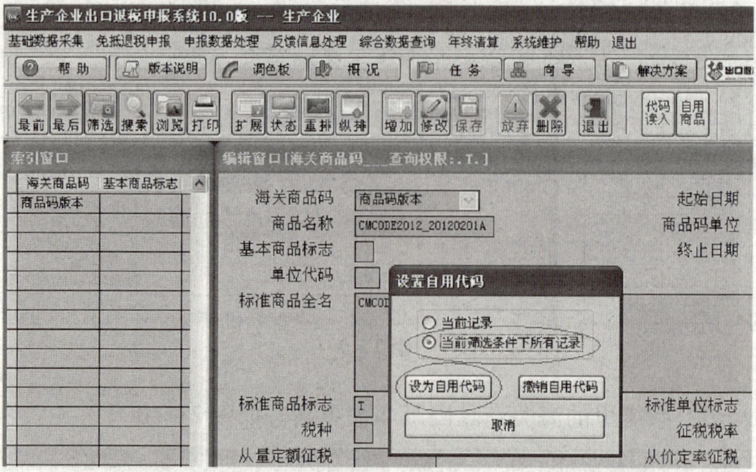

图2－12

第十一步　退出海关商品码更新窗口。再次打开“系统维护”模块，在下拉菜单中，打开“代码维护”下的“标准海关商品码”。如图2－13。

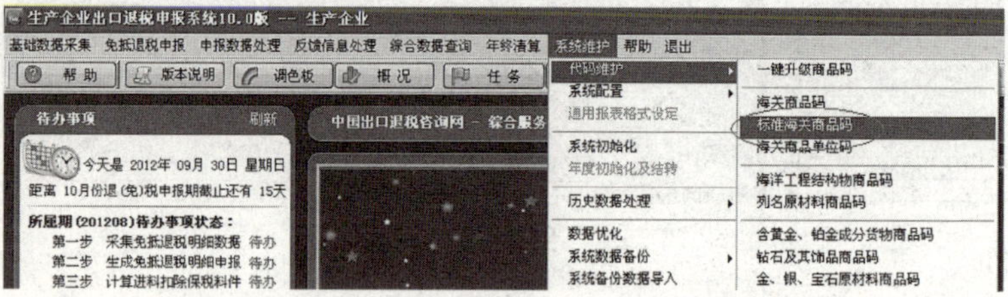

图2－13

第十二步　在打开的窗口中的工具栏中，点击“代码读入”按钮。如图2－14。

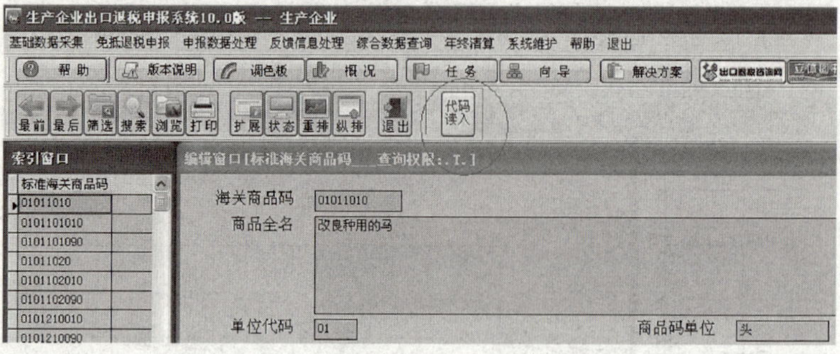

图2－14

第十三步　在“商品代码读入”窗口，从查找范围的下拉箭头中，再次找到退税率库更新文件，选中“STDCM. DBF”文件，文件将被添加到“目标文件”框中。点击“确定”。如图2-15。

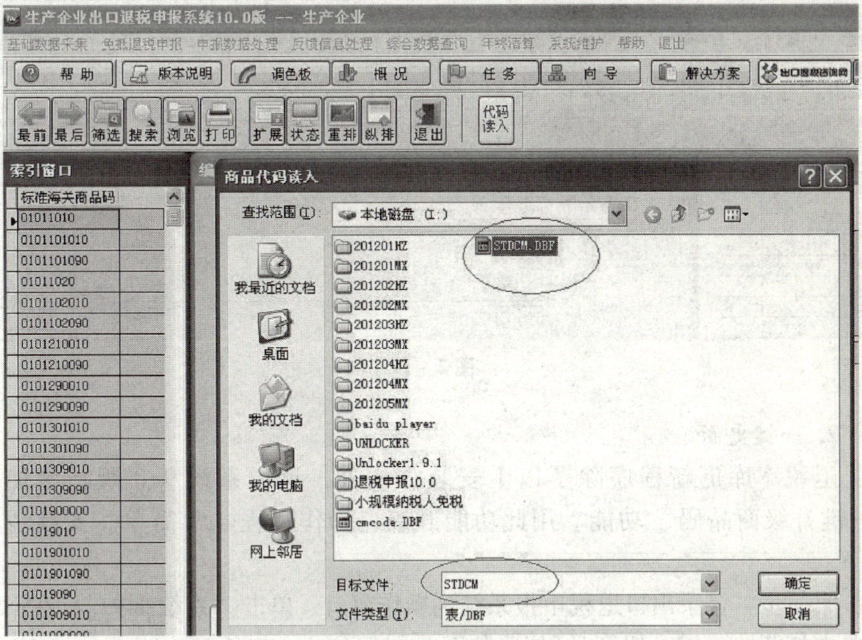

图2-15

第十四步　再次连续出现“系统提示”窗口，照样均点击“是”或“确定”。如图2-16。

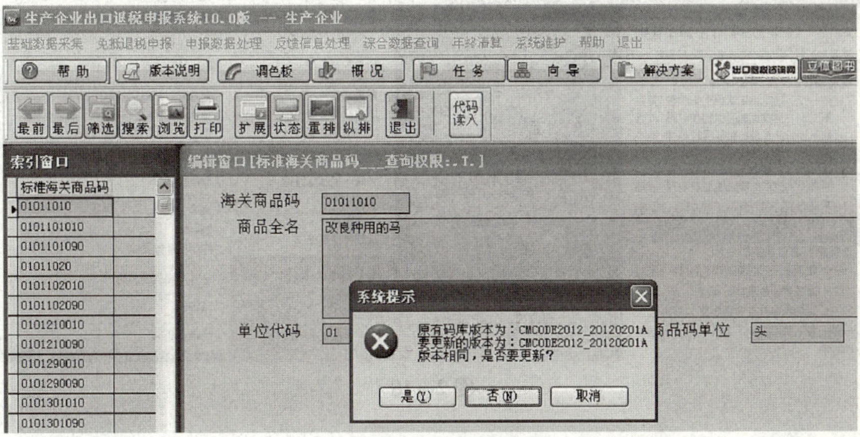

图2-16

第十五步　标准海关商品码被读入系统，并更新掉原有的商品码库。如图2－17。

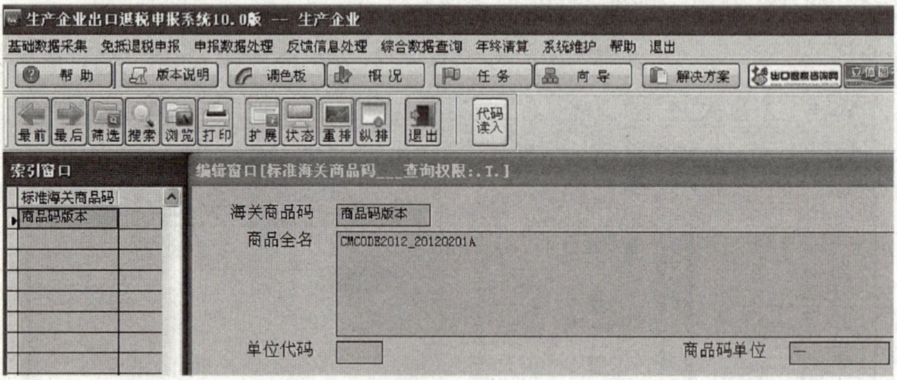

图2－17

2. 一键更新

退税率库更新程序除了以上安装方法外，退税系统9.0版新增加了“一键升级商品码”功能。用此功能升级，操作过程非常简单。安装步骤如下：

第一步　登录出口退税申报系统到操作窗口，单击“系统维护”，在下拉菜单中打开“一键升级商品码”。如图2－18。

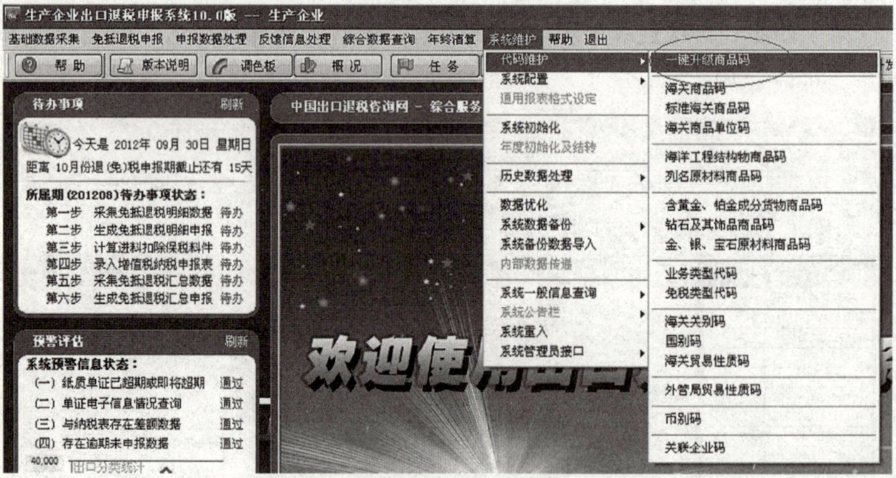

图2－18

第二步　在打开的窗口中，点击已下载退税率库压缩文件。如图2－19。

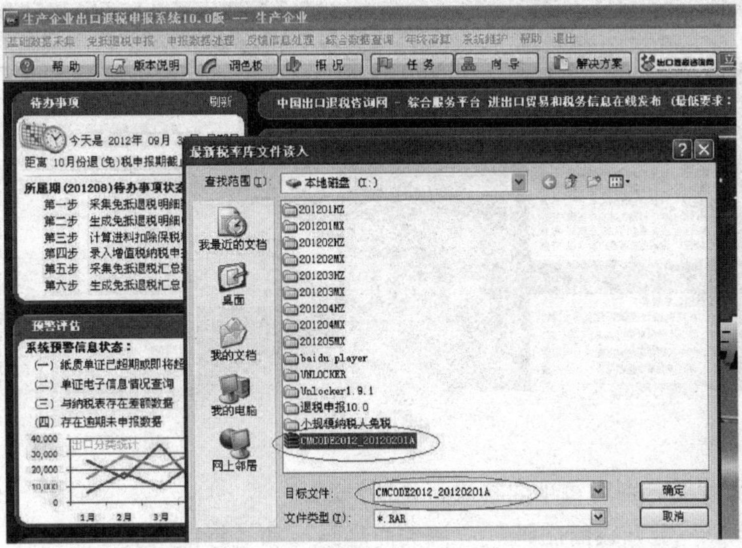

图 2－19

第三步　系统出现提示窗口，均点击“是”或“确定”。系统里的海关商品码和标准海关商品码被更新。如图 2－20。

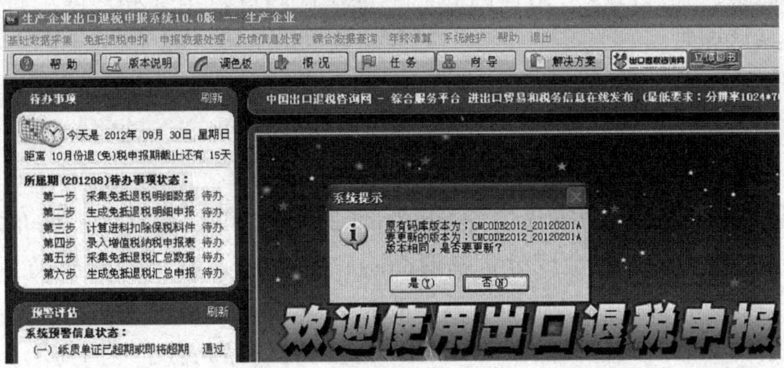

图 2－20

（三）代码维护模块的设置

“代码维护”模块设置包括以下内容：一键升级商品码，海关商品码，标准海关商品码，海关商品单位码，海洋工程结构物商品码，列明原材料商品码，含黄金、铂金成分货物商品码，钻石及其饰品商品码，金、银、宝石原材料商品码，业务类型代码，免税类型代码，海关关别码，国别码，海关贸易性质码，外管局贸易性质码，币别码，关联企业码等。见图 2－21。

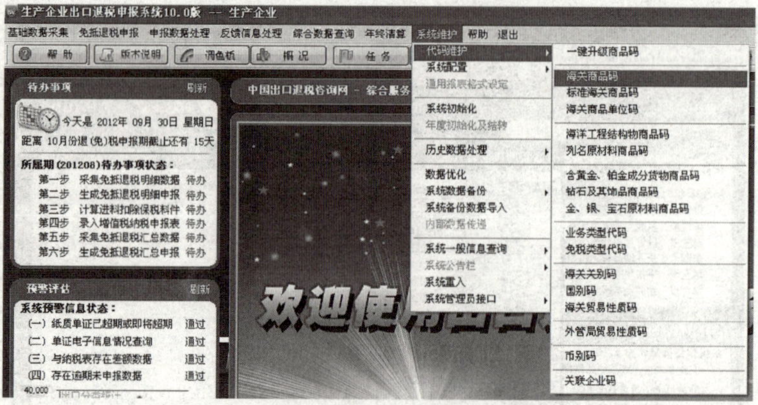

图 2－21

下面我们分别对每项内容进行说明。

（1）“一键升级商品码”、“海关商品码”和“标准海关商品码”

在上面的“（二）下载并安装退税率库更新程序”中，对这三项的设置已经做过详细介绍，此处不再重复。

（2）“海关商品单位码”。系统里已经设置了大部分商品的单位、代码。如果有需要，我们可以对出口的商品单位及代码进行增加和修改。一般不需设置，默认即可。

（3）“海洋工程结构物商品码”。国内生产企业向国内海上石油天然气开采企业销售海洋工程结构物产品的代码，根据国家规定，这些物资销售时视同出口，可以实行“免、抵、退”税的管理办法。

（4）“列明原材料商品码”。国家税务部门单独列明的一部分原材料的商品码。

（5）“含黄金、铂金成分货物商品码”、“钻石及其饰品商品码”、“金、银、宝石原材料商品码”三项。系统为把含有黄金、铂金、钻石、宝石等成分或材料的商品与其他商品区分开来，在此对其商品码做了专门列示。

（6）“海关关别码”。系统里设置了各地海关的名称、代码。我们可以对它们进行增加或修改等操作。一般也不需要设置，默认即可。

（7）“国别码”。出口国家的名称对应的代码。

（8）“海关贸易性质码”和“外管局贸易性质码”。系统在这两项里已经分别设置了各种贸易方式及其代码。我们可以对它们进行增加或修改等设置。一般不用设置，同样采用默认。

（9）“币别码”。系统里保存了各国的货币名称、货币代码。如果有需要，我们可以在这里对它们进行增加和修改等。一般不用设置，默认即可。

(10)“关联企业码”。如果企业有对外投资或控股等关联企业，需要设置关联企业参数。

(四) 系统配置模块的设置

“系统配置”模块包括下列内容：系统配置设置与修改、系统参数设置与修改、系统口令设置与修改、用户操作权限设定、各数据库输出字段选择、含金产品商品码设置与修改、税率配置设置与修改等等。下面分别介绍它们的设置方法。

1. 系统配置设置与修改

第一步　在“系统维护”下拉菜单中，打开“系统配置”中的“系统配置设置与修改”子菜单。如图2－22。

图2－22

第二步　在打开的编辑窗口中，点击工具栏的“修改”按钮，使窗口处于编辑状态。如图2－23。

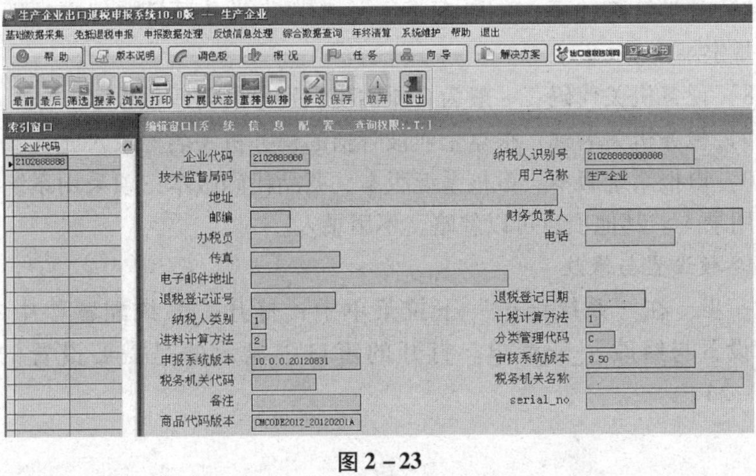

图2－23

第三步　在编辑窗口中依次录入相关资料。下面对编辑窗口的内容逐项加以说明。

（1）企业代码：根据企业的“海关登记证”代码或“出口退税登记证”代码前十位数字。

（2）纳税人识别号：根据企业的“一般纳税人资格证”或“税务登记证”的号码录入。

（3）技术监督局码：根据技术监督局颁发的《中华人民共和国组织机构代码证》中的代码录入。也就是纳税人识别号的后九位数字。

（4）用户名称：根据退税登记证或税务登记证上的企业名称录入。

（5）地址：根据退税登记证或税务登记证上的企业名称录入。

（6）邮编：根据企业实际所在地的邮政编码录入。

（7）财务负责人：根据企业实际情况录入。

（8）办税员：根据企业实际情况录入。

（9）电话：根据企业实际情况录入。

（10）传真：根据企业实际情况录入。

（11）电子邮件地址：有则填，可以忽略。

（12）退税登记证号：根据企业的“出口退税登记证”上的号码录入。

（13）退税登记日期：根据企业的“出口退税登记证”上的办证日期录入。

（14）纳税人类别：一般纳税人录入“1”，小规模纳税人录入“2”。

（15）计税计算方法：免、抵、退税录入“1”，先征后退录入“2”，免税录入“3”，免抵（不退）录入“4”。

（16）进料计算方法：实耗法录入“1”，购入法录入“2”。

（17）分类管理代码：一般企业录入“C”。税务局另有规定类别的，按税务局规定录入。

（18）税务机关代码：一般为企业纳税识别号的前六位数字。

（19）税务机关名称：根据企业被管辖的税务机关名称录入。

（20）申报系统版本、审核系统版本、商品代码版本三项采用系统默认内容，不用录入。其他项目可以忽略，不用录入。

2. 参数设置与修改

第一步　在“系统维护”下拉菜单中，打开“系统配置”中的“系统参数设置与修改”子菜单。打开的窗口中显示的是需要设置的内容。如图 2－24。

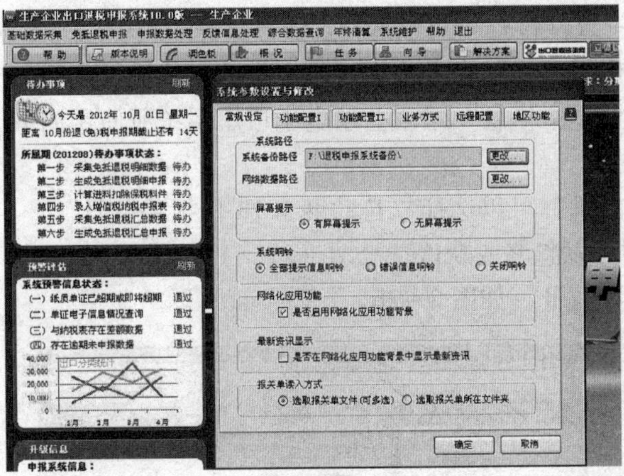

图 2－24

第二步　依次设置各项。下面逐项说明。

（1）常规设定。见上图。

①“系统备份路径”。主要用于系统重新安装后，把已申报或已录入的数据导入新的系统中。为了备份数据的安全，备份路径最好不要选择 C 盘。点击“更改”按钮，可以选择数据备份的路径。

②“屏幕提示”、“系统响铃”、“最新资讯显示”三项设置可以忽略。

③“网络化应用功能”一般企业可以忽略，只有在出口量非常大的企业中，由多台计算机同时使用系统时才设置此项。

④“报关单读入方式”选项可根据企业的实际情况选择。

（2）功能配置Ⅰ。如图 2－25。

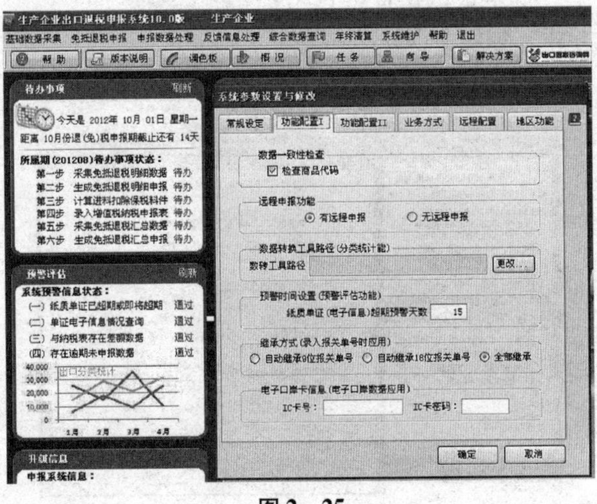

图 2－25

①“数据一致性检查”可以选择。

②“远程申报功能”企业根据实际申报的方式进行选择。

③“电子口岸卡信息”录入登录电子口岸系统所使用的 IC 卡的卡号和登录密码。

④“继承方式”可以选择“自动继承 18 位报关单号”。

⑤其他项可以忽略或默认。

（3）功能配置Ⅱ。如图 2－26。

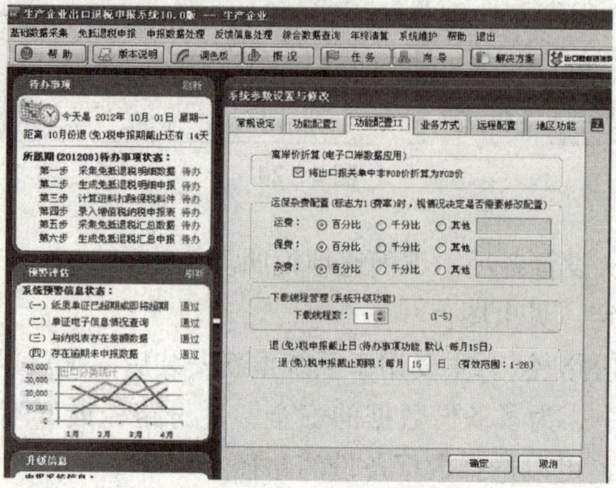

图 2－26

①“离岸价折算”应该选择。

②“运保杂费配置”可根据实际需要选择。

③“下载线程管理”可忽略或默认“1”。

④“退（免）税申报截止日”选“15”。

（4）业务方式。如图 2－27：

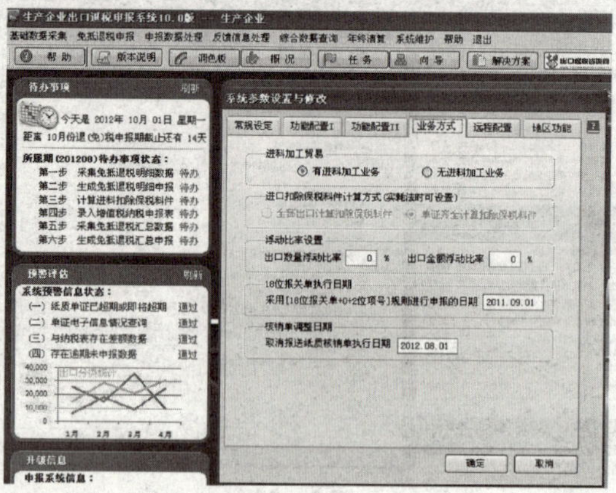

图 2－27

①“进料加工贸易”、“进口扣除保税料件计算方式”企业可根据实际情况选择。

②“浮动比率设置”可以根据当地税务部门规定设置，一般可以忽略。

③“18 位报关单执行日期”改为“2011. 09. 01”。

④“核销单调整日期”设为“2012. 08. 01”。

(5) 远程配置。如图 2－28。

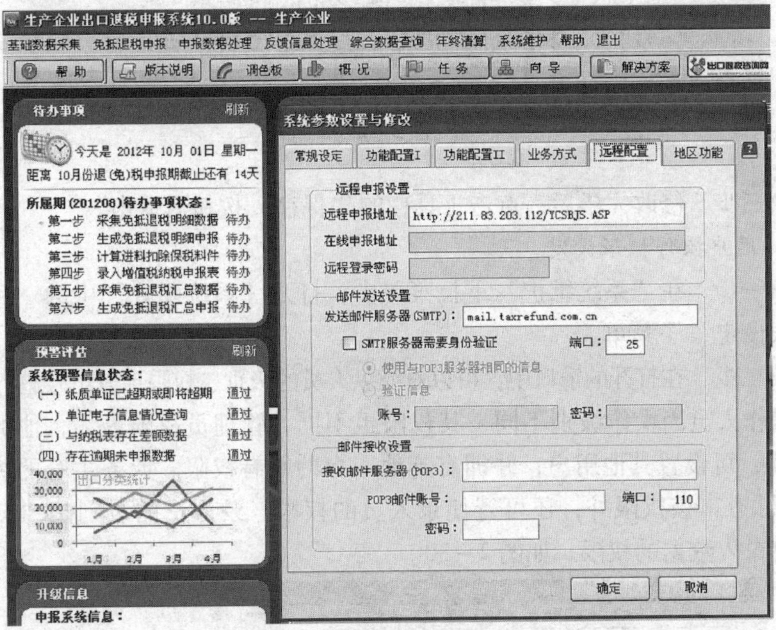

图 2－28

①“远程申报设置”可根据企业实际情况选择。如果有就选，否则不选。

②“邮件发送设置”与“邮件接收设置”同样根据企业实际情况选择。

(6) 地区功能。忽略。

3. 系统口令设置与修改

第一步 在“系统维护”下拉菜单中，打开“系统配置”中的“系统口令设置与修改”子菜单。

第二步 在打开的设置窗口中，左侧索引窗口默认有三个用户，分别是系统管理员 sa、业务主管 manager、录入员 user。只有系统管理员才有权设置和修改用户或口令。如果增加用户，点击工具栏的“增加”按钮；如果修改用户的资料，点击工具栏的“修改”按钮；如果修改用户的口令，点击工具栏的“修改口令”按钮；如果删除用户，点击“删除”按钮。如图 2－29。

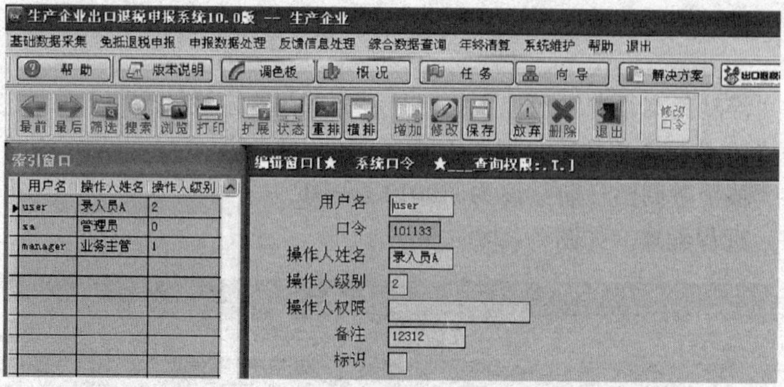

图 2－29

第三步 修改完毕后，点击工具栏的“保存”按钮后退出。

4. 用户操作权限设定

第一步 在“系统维护”下拉菜单中，打开“系统配置”中的“用户操作权限设定”子菜单。

第二步 在打开的窗口中，可以对操纵人员的级别、权限、分组号进行设定。

操作人员因操作级别不同，其权限也不同。管理员权限最大，他的级别是“0”，可设置其他用户，并拥有其他用户的所有权限。业务主管的级别是“1”，除有审核权限外，还可行使录入员的权限。录入员的级别是“2”，一般只有录入数据的权限。如图 2－30。

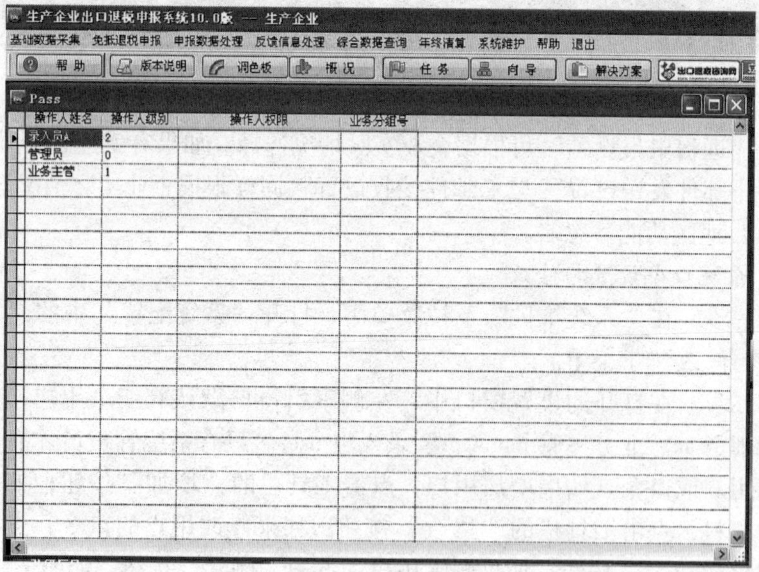

图 2－30

5. 税率配置设置与修改

第一步　在“系统维护”下拉菜单中，打开“系统配置”中的“税率配置设置与修改”菜单。

第二步　在打开的窗口中，点击“增加”按钮，可以对系统中未设置的税率或退税率进行增加操作。点击“修改”按钮，可以对系统已有的税率或退税率进行修改操作。如图2－31。

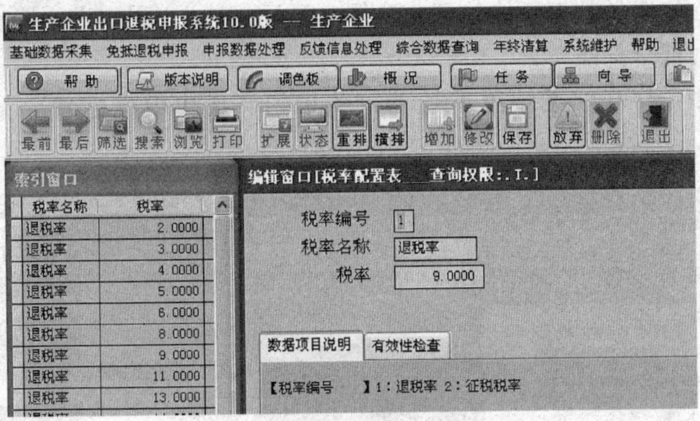

图2－31

6. 其他

包括“各数据库输出字段选择”、“含金产品商品码设置与修改”。一般不用设置，默认系统设置即可。

(五) 初始化设置

第一步　在“系统维护”下拉菜单中，点击打开“系统初始化”菜单。

第二步　在打开的窗口中，录入“YES”，点击“确定”。如图2－32。

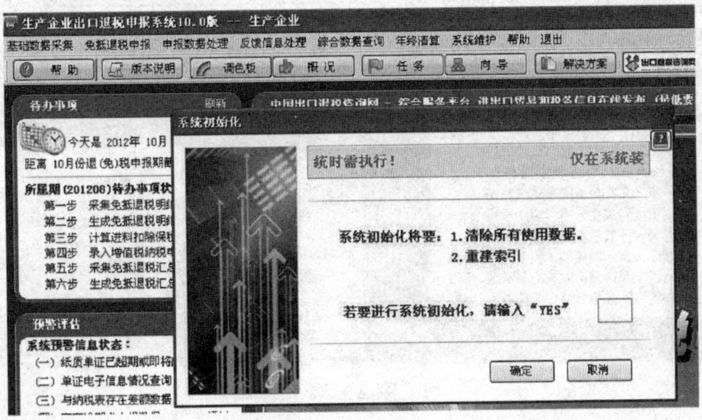

图2－32

第三步　系统开始初始化。完成后提示“初始化完成，系统重新进入”。重新登录系统，初始化结束。

（六）历史数据处理

“历史数据处理”包括两项内容：一是“转移历史库”，就是把已经申报处理完毕的历史数据，按年度转移到系统专门设置的数据库中或从数据库中转出。尚在使用的数据不能使用此功能。二是“清空历史库”，就是把数据库中的历史数据全部清空。

第一步　打开“系统维护”下拉菜单的“历史数据处理”菜单，点击“转移历史库”或“清空历史库”。如图2－33。

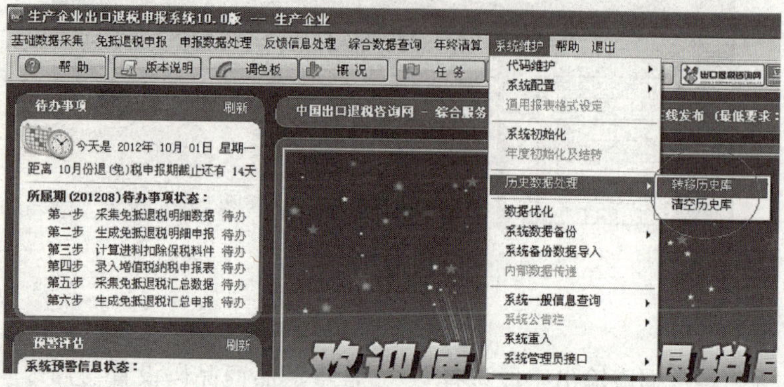

图2－33

第二步　如果转移数据，在打开的窗口中，选择“转入历史库”或“从历史库转出”，录入年度范围后，点击“确定”。如图2－34。

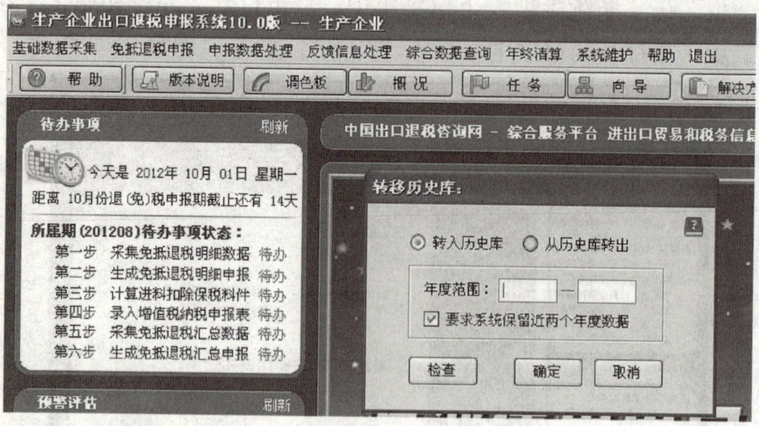

图2－34

第三步　如果清空历史库，在打开的窗口中，点击“确定”即可。如图2-35。

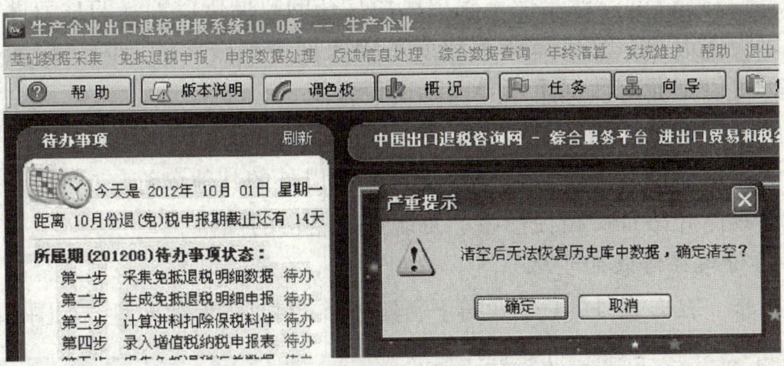

图2-35

（七）数据优化

“数据优化”就是对各个数据库的索引进行重建，以便用户更快捷、更方便地找到自己所需要的内容，删除用户已经作了删除标记的数据。数据优化操作在使用系统过程中随时进行。

“数据优化”操作过程非常简单：

第一步　打开系统维护下拉菜单的“数据优化”菜单。

第二步　在打开的窗口中，点击“确定”即开始优化。如图2-36。

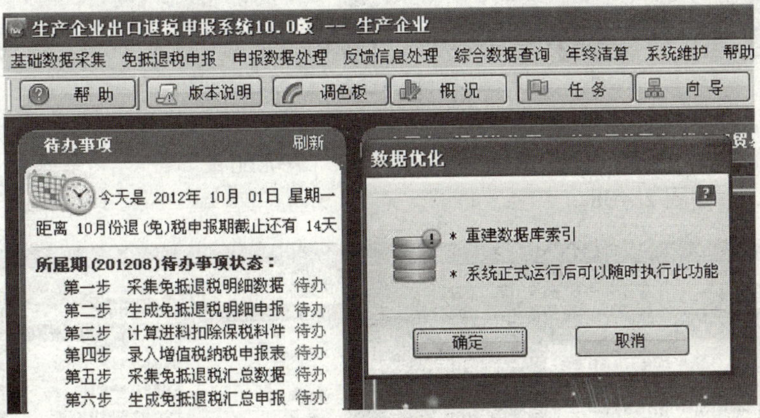

图2-36

（八）系统数据备份

“系统数据备份”包括“系统完整备份”和“系统数据备份”两种选择。“系统完整备份”就是对整个免抵退税系统进行备份，备份的内容包括系统的所有内容。如果系统在使用中出现问题，可以对整个免抵退税系统进行恢复。

“系统数据备份”就是把系统里已经存在的数据按设置好的存放路径保存起来，以防因退税系统故障而重装或系统数据遭到破坏的原因造成数据丢失的时候，可以把原有数据重新导入到退税系统。

系统备份的默认路径是 C 盘，为了预防因电脑的操作系统出现问题而影响备份的数据，最好把备份路径修改为 C 盘以外的其他盘符。

下面具体介绍备份路径修改、系统数据备份的操作。

1. 备份路径修改的步骤

第一步　在 C 盘外的任意盘符下新建一个文件夹，例如 F 盘。如图 2－37。

图 2－37

第二步　依次打开“系统维护”——“系统配置”——“系统参数设置与修改”。如图 2－38。

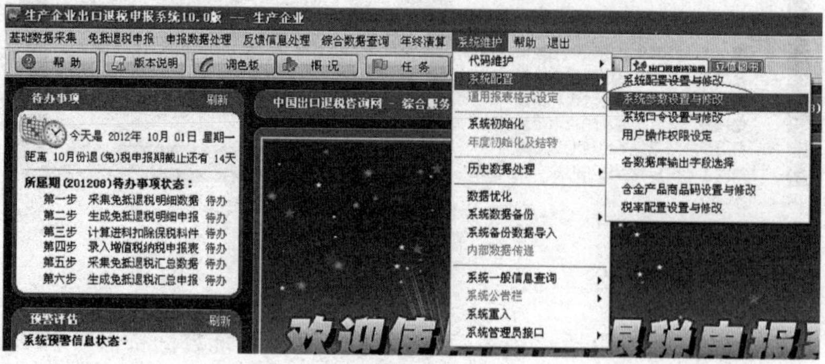

图 2－38

第三步　在打开的窗口中，点击“系统备份路径”后面的“更改”按钮。如图2－39。

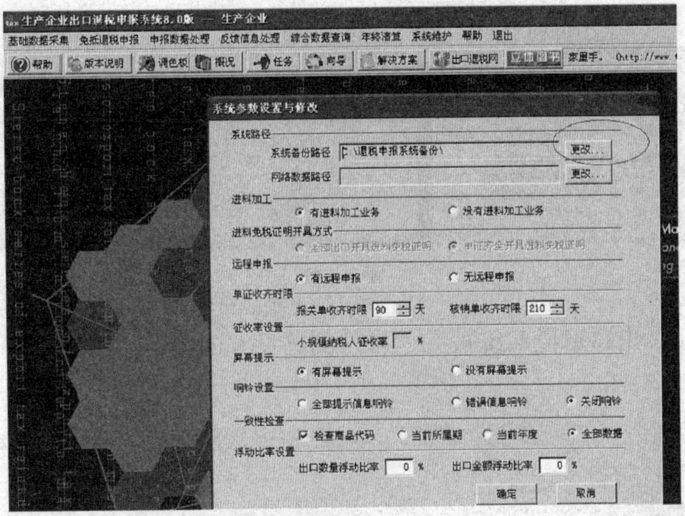

图2－39

第四步　在更改窗口，找到在第一步中新建的文件夹，或点击窗口的“新建文件夹”按钮重新建立一个文件夹，点击“确定”。如图2－40。

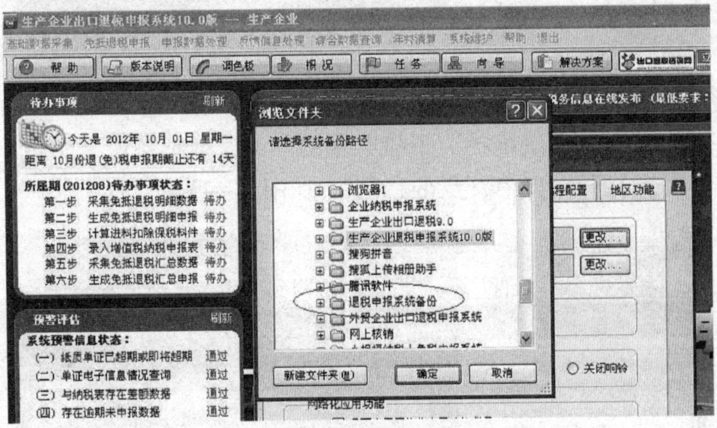

图2－40

第五步　系统备份路径被修改为F盘，更改结束。

2. 系统完整备份的步骤

第一步　打开“系统维护”下拉菜单“系统数据备份”中的“系统完整备份”子菜单。

第二步　在打开的窗口中，点击“是”。如图2－41。

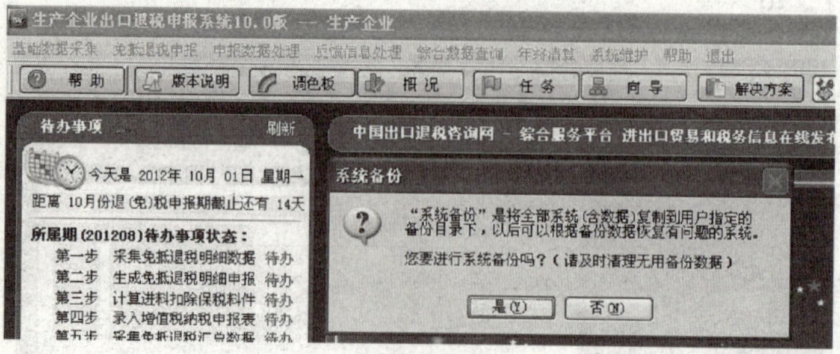

图2－41

第三步　出口退税系统被完整备份到已设置的路径。点击“确定”完成备份。如图2－42。

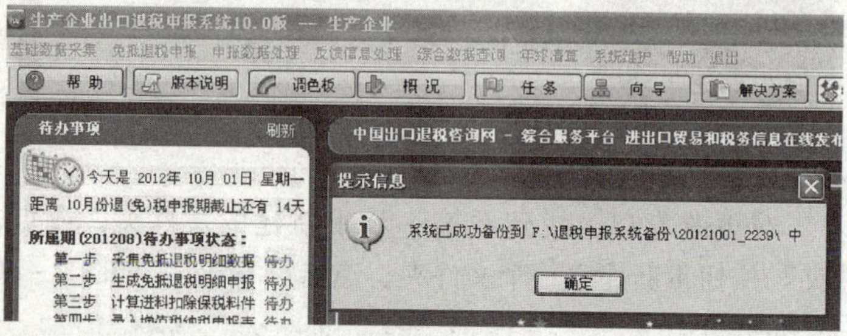

图2－42

3. 系统数据备份的步骤

第一步　打开“系统维护”下拉菜单的“系统数据备份”菜单。

第二步　在打开窗口中，点击“是”。如图2－43。

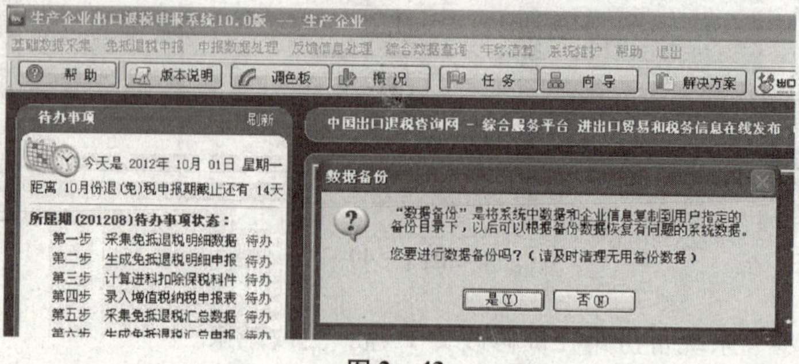

图2－43

第三步　系统开始把备份数据复制到“系统配置”——“系统参数设置与修改”设置好的路径中。点击“确定”，备份结束。如图2－44。

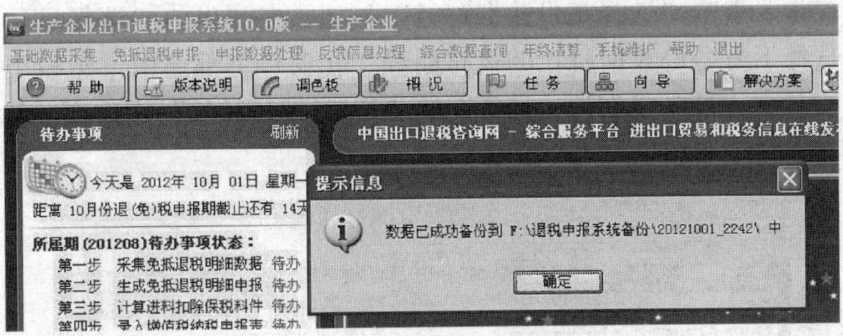

图 2－44

提 示

为了以防万一，最好每月申报完毕都做数据备份。如果忘记备份或备份不成功，而申报系统又出现了问题怎么办？可以到税务局把以前月份数据拷回，并按照本章第三节里“税务局反馈信息的处理”的操作进行处理。

（九）系统备份数据导入

通过“系统备份数据导入”操作，可以把已经做好了备份的数据重新导入退税系统中。

备份数据导入方法如下：

第一步　打开“系统维护”下拉菜单中的“系统备份数据导入”菜单。

第二步　在打开的窗口中，一般选择“导入前清空系统数据库”选项。选择后，在弹出的“警告”窗口点击“确定”。如图 2－45。

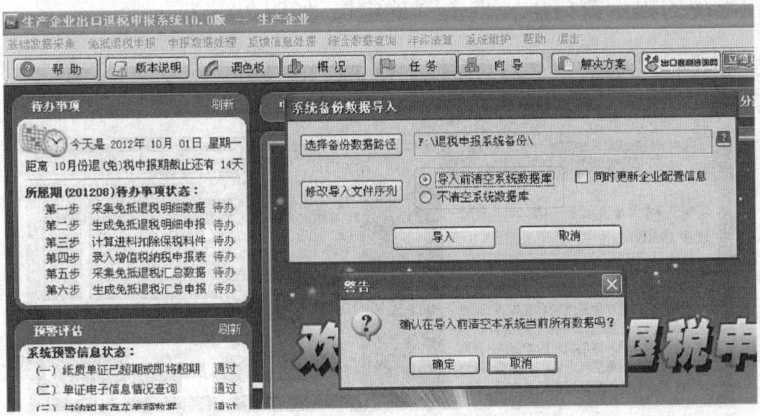

图 2－45

第三步　点击“选择备份数据路径”按钮，在弹出的“选择目录”小窗口中，选择下方备份数据所在的盘符路径，在窗口上部选中“退税申报系统备份”文件夹下的备份文件，如下图的“20121001_2242”文件夹。然后点击“确定”。如图2－46。

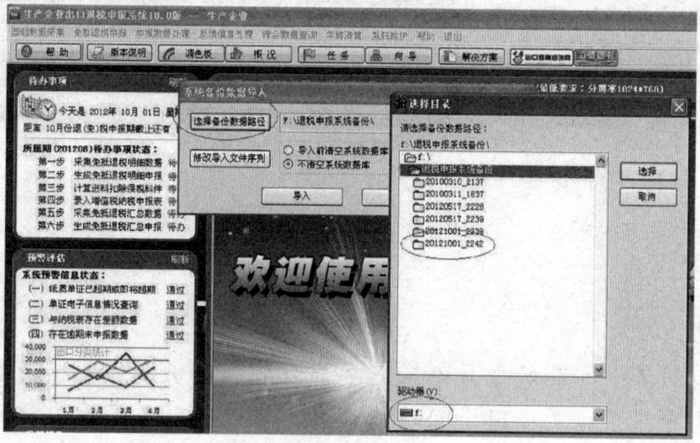

图2－46

提　示

备份文件的名称都是以年、月、日和时间的形式表示的，也就是以备份当日的日期和备份时的时间命名。如果不是这种名称的文件，是不能导入的。如果有多个备份文件，一定要选择时间最后的一个。

第四步　数据备份路径被添加到“选择旧系统路径”的框中，点击“导入”。在出现的提示窗口中，点击“确定”。如图2－47。

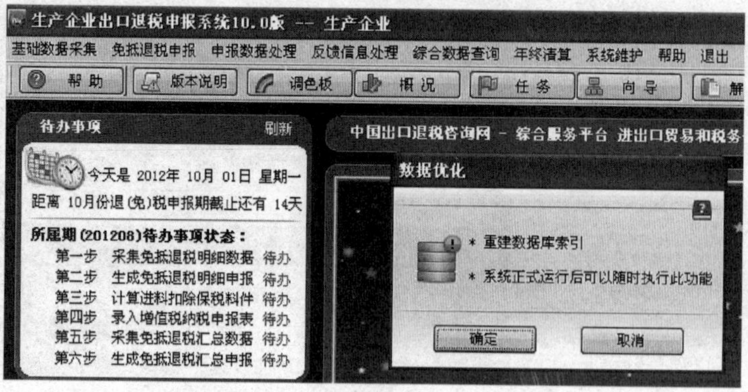

图2－47

第五步　备份数据被全部导入系统中。点击“关闭”，数据导入结束。如图2－48。

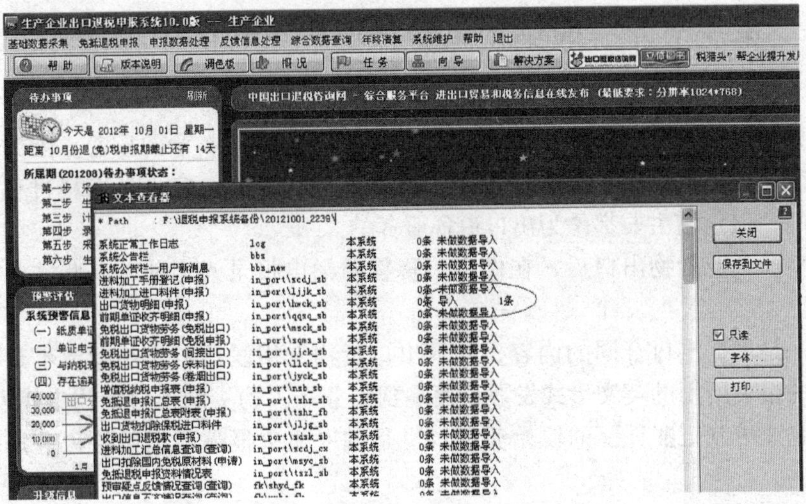

图2－48

（十）其他

包括“系统一般信息查询”、“系统重入”、“系统管理员接口”三项。一般不用设置，这里就不再说明。如图2－49。

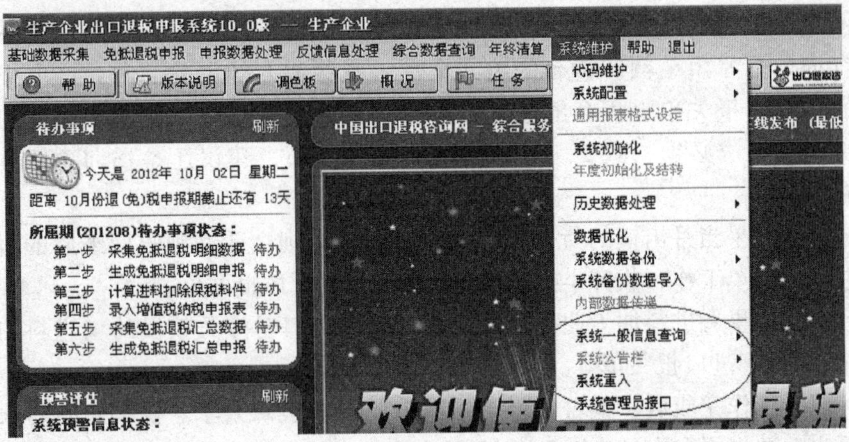

图2－49

到此，系统初始化和参数设置的所有内容就全部结束。下一步就可以根据出口情况，正式录入申报数据了。

第三节　一般纳税人免抵退税系统的申报操作

如果说本章是本书的中心内容，则本节内容就是本章的核心。因为出口退税工作主要是通过本节来完成的。虽然其他章节的内容也是退税过程不可缺少的，但它们主要都是为出口退税服务的。

生产企业货物出口后，在做出口货物明细申报录入之前，有些准备工作要做。

一是根据出口合同的内容，开具出口货物专用发票。这种发票不是企业自制的报关所用的英文形式发票，而是到税务局去购买的出口货物专用发票。它是企业填制记账凭证的原始凭证，也是做退税申报需要提供给税务局的资料之一。

二是及时做好出口货物结转销售收入的账务处理。之所以强调“及时”，一是为了满足会计原则中权责发生制原则和及时性原则的要求，二是为了与报关单等单证反映的出口日期保持一致。

三是查询出口货物的出口日期。根据税务部门要求，出口货物申报的出口日期必须与报关单的出口日期保持一致，否则就必须先做冲减后，再重新录入正确的出口日期。

四是如果出口货物的原币不是美元，需要先到货物贸易外汇监测系统里查询一下原币金额所折合的美元金额。有些地方的税务部门允许申报的美元金额与报关单上折合的美元金额有一定的浮动比率，而有些地方的税务部门则要求必须一致。为了避免不必要的麻烦，建议还是查询清楚再做申报录入。

五是如果当月出口的货物当月做单证收齐，则企业必须收回纸质的报关单并完成交单工作，收齐申报需要向税务局提供纸质报关单。

六是如果有进料加工业务，要准备好料件进口时海关核发的《进料加工登记手册》、进口报关单等。

以上工作完成后，就可以做申报数据明细申报录入了。税务局的要求是每月出口数据要在次月的 1 日至 15 日之内的申报期内完成申报。由于大部分地区的退税部门要求企业要先进行出口货物及单证收齐货物明细数据预申报，然后才能与汇总数据等一起做正式申报，因此预申报工作进行得越早越好，如果做得太晚了，恐怕就要影响正式申报工作。

一、进料加工业务明细数据申报录入

进料加工是指国内有进出口经营权的企业用外汇自己购买或通过外贸公司购买的进口原材料、辅料、元器件、配套件和包装材料等，或者是购买的国内免税原材料，经过加工变为成品或半成品后，再返销到境外的出口业务。用外汇购进的进口材料等，加工为成品后必须出口，不能内销。企业自购进材料到加工产品的复出口，都处在海关的监管之下。

生产企业在每月做出口业务免抵退税申报时，要根据企业的出口业务的性质来决定录入免抵退税系统的哪些模块。

如果企业有进料加工业务，则在做出口货物明细数据录入之前，首先要做“进料加工手册登记录入”、“进口料件明细申报录入”、“国内免税原材料申请录入”三项工作。在进料加工手册的最后一笔出口业务发生之后，海关缴销手册之前，还要做“进料加工手册核销录入”。没有进料加工业务的企业，可以省略这些操作。

（一）进料加工手册登记录入

企业每发生一笔进料加工业务，都要向海关申报办理《进料加工登记手册》，这也是海关对加工贸易进行监管的一项重要措施。

《进料加工登记手册》以前都是纸质手册，现在已经发展为电子化手册。电子化手册与纸质手册的使用方法基本是一样的。除了传统的手册之外，现在海关又在使用一种新的监管工具——电子账册。电子账册监管的对象主要是规模较大、信息化程度较高的企业，一般企业还是使用手册登记。二者的主要区别是电子账册以企业为对象，一个企业只需一本电子账册，就可以多次从事进料加工或来料加工业务；而手册或电子手册是以合同为对象，一个合同就需办理一本手册。虽然电子账册看起来比手册使用起来更方便、更快捷，但大多数中小企业暂时还是无法满足其较高的条件，手册管理还是应用最多的一种管理方法。所以我们也是以《进料加工登记手册》为例来介绍进料加工业务的操作。

企业申请拿到手册后的下一个申报期内，需在出口退税申报系统登记录入手册的相关内容，并打印进料加工登记申报表与手册原件及复印件、商务部门核发的进口料件申请备案清单、加工合同等资料到税务局办理进料加工登记手续。

如果企业发生了进料加工业务后，没有进行手册备案登记，则系统中进料加工业务的其他进口信息都不能录入。所以手册登记是进料加工申报数据录入的第一步。

进料加工手册登记录入不论是购进法还是实耗法，录入方法都是在同一录入窗口操作的，二者的差别只是在操作窗口的某些栏目上根据实际情况做取舍。

进料加工手册登记录入操作如下：

第一步　打开系统菜单栏“基础数据采集”的下拉菜单中“进料加工手册登记录入”菜单，进入手册登记录入窗口。如图2－50。

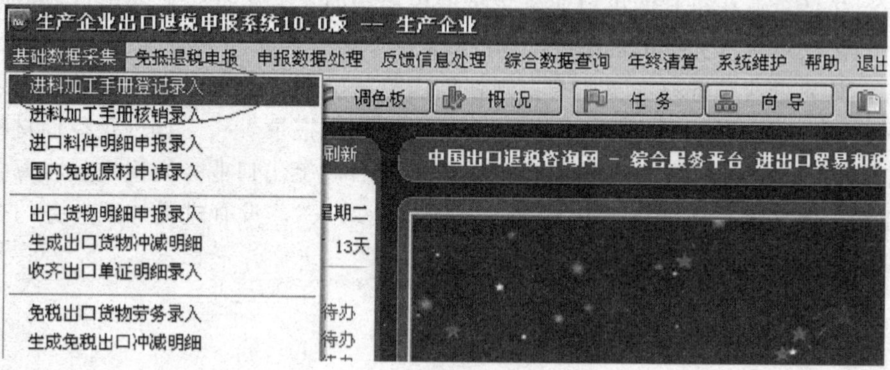

图2－50

第二步　在录入窗口中，点击“增加”，使窗口处于编辑状态。如图2－51。

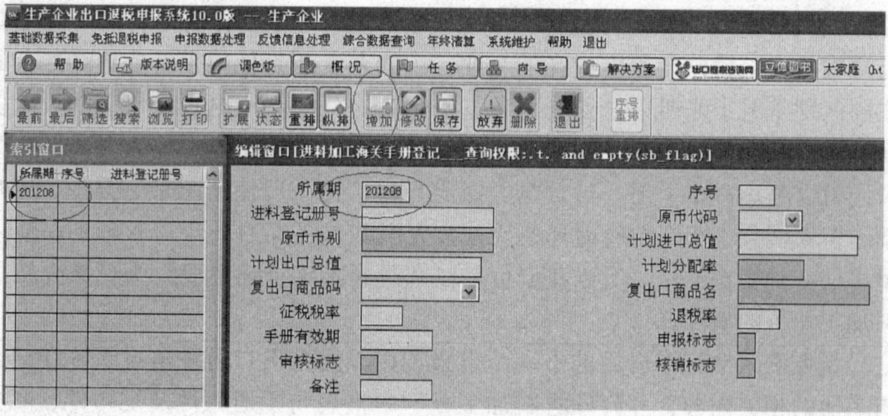

图2－51

第三步　根据手册内容，把数据依次录入窗口中的各栏中，然后点击“保存”，录入完毕。如图2－52。

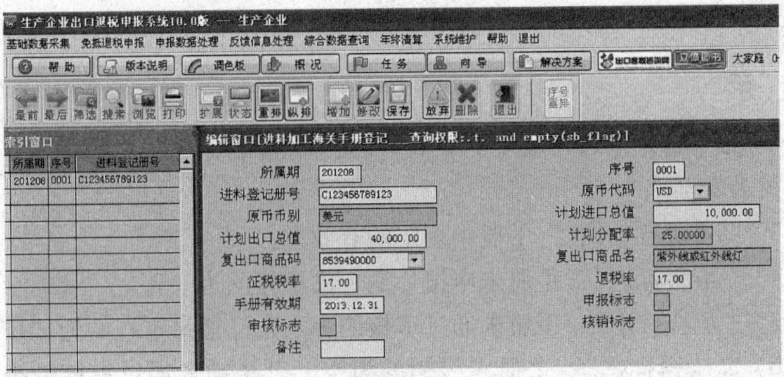

图 2－52

下面对表中各栏的数据录入做详细说明。

（1）"所属期"：申报所属的月份，由年、月组成，如 201208。

（2）"序号"：当期录入笔数的编号，每录入一笔，增加一位。由 4 位流水号组成，如 0001、0002 等。同时录入多个手册时，最好点击一下"序号重排"按钮，以避免编号出现错误。

（3）"进料登记册号"：录入"进料加工海关登记手册"的号码。

（4）"原币代码"：手册合同中的币种代码。

（5）"原币币别"：手册合同中使用的币种。

（6）"计划进口总值"：手册合同中规定的扣除辅料后的进口总值。本项只限采取实耗法的企业录入，购进法的不用录入。

（7）"计划出口总值"：手册合同规定的出口总值。购进法不用录入。

提 示

①如果当期没有进口料件，进出口总值可以录入"0"。若系统提示不能为"0"，忽略提示。

②如果手册中有多笔出口数据，复出口商品码录入金额最大的商品。

③如果系统提示手册有效期过期，忽略。

（8）"计划分配率"：计划进口总值除以计划出口总值的%。购进法不用录入。

（9）"复出口商品码"：手册中的主要复出口商品的代码。

（10）"复出口商品名"：手册中的主要复出口商品的名称。

（11）"征税税率"：手册中的主要复出口商品的征税税率。

（12）"退税率"：手册中的主要复出口商品的退税税率。

提 示

(9) 至 (12) 中的“主要复出口商品”是指手册中有多笔出口时，出口金额最大的商品。

(13)“手册有效期”：手册中规定的有效期。

(14)“申报标志”：手册未申报为空，已申报的为“R”。

(15)“审核标志”：手册未通过审核的为空，已通过审核的为“R”。

(16)“核销标志”：手册未核销的为空，已核销未通过审核的为“R”，已核销并通过审核的为“H”。

(17)“备注”：一般不用录入。

（二）进口料件明细申报录入

从事进料加工业务的生产企业，在税务部门对进料加工手册进行备案登记后，当发生进口料件并向海关申报进口后，进口当月除了在做出材料采购的账务处理外，还要向主管退税机关申报进料情况。申报的方法，是根据录入登记的手册和进口报关单的信息，在出口退税申报系统里做进口料件明细申报录入。录入时系统会自动检测是否已作进料加工手册登记录入。如果没有做手册登记录入，系统会提示“该手册尚未登记”，不能保存录入的记录。录入完毕后生成生产企业进料加工进口料件申报明细表，然后与进口报关单等资料一起到税务局办理备案登记。录入完一本手册后，还可以依次录入多个手册。但录完多个手册时，别忘记做一下“序号重排”。

在进口料件的明细录入中，购进法和实耗法录入的内容是一样的。

下面就介绍进口料件明细申报录入的步骤。

第一步　打开系统菜单栏“基础数据采集”的下拉菜单中“进口料件明细申报录入”菜单，进入录入窗口。如图 2－53。

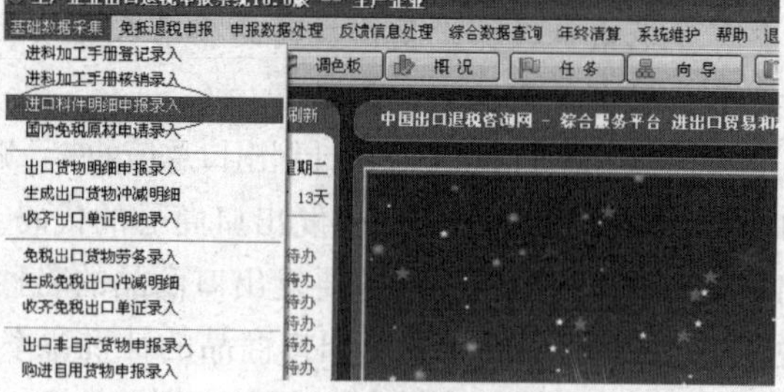

图 2－53

第二步　在打开的窗口中，点击“增加”按钮，窗口左侧的“索引窗口”出现录入数据的所属期，窗口右侧各栏处于编辑状态。如图 2－54。

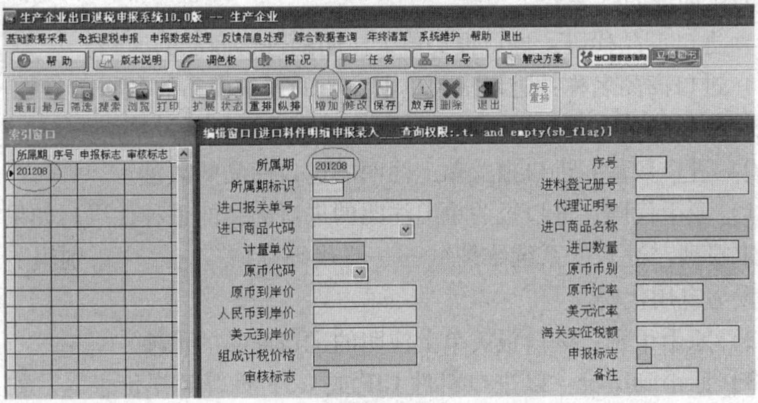

图 2－54

第三步　在右侧的编辑窗口录入相关数据，录完后点击“保存”按钮，录入工作结束。如图 2－55。

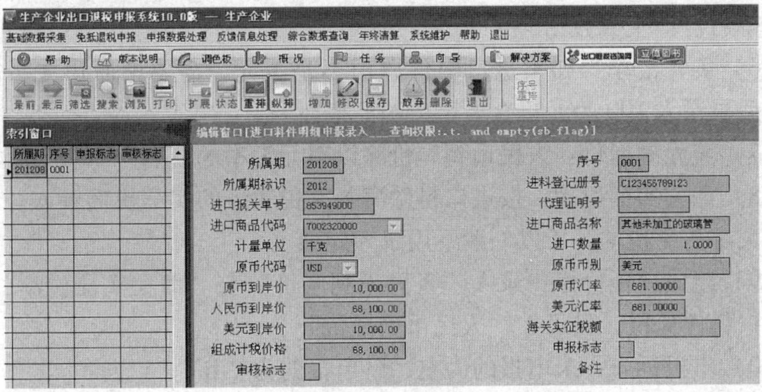

图 2－55

下面对表中各栏目的数据录入做详细介绍。

（1）所属期：数据申报的所属月份，以年、月表示，如 201208。

（2）序号：该笔录入数据的顺序号，由 4 为流水号组成，如 0001、0002 等。

（3）所属期标识：录入数据的所属年度，以料件记账日期为准。

（4）进料登记册号：海关核发的“进料加工海关登记手册上”号码。

（5）进口报关单号：料件进口时海关签发的进口报关单的编号。录入时单号后面先加“0”，“0”后再加项号。项号按01、02、03等递增。

（6）代理证明号：如果进口料件时通过其他公司代理进口，录入代理公司开具的代理证明的编号。

（7）进口商品代码：进口报关单上注明的进口商品的编码。

（8）进口商品名称：进口报关单上注明的进口商品的名称。

（9）计量单位：进口报关单上注明的进口商品的计量单位。

（10）进口数量：进口报关单上注明的进口商品的数量。

（11）原币代码：进口报关单上注明的进口商品的币种代码。如果系统提示代码未找到，进入“系统维护”——“代码维护”——“币别码”中，把该币种设为自用代码。

（12）原币币别：进口报关单上注明的进口商品的币种。

（13）原币到岸价：以进口料件CIF或C&F价等到岸价录入。如果不是到岸价，先折算为到岸价再录入。

（14）原币汇率：进口料件100外币单位折算的人民币汇率。以记账时的汇率为准。

（15）人民币到岸价：原币到岸价与原币汇率的乘积。录入原币到岸价和原币汇率后自动生成数据。

（16）美元汇率：如果进口料件原币不是美元，需要把原币先折算为美元，然后再录入100美元折合人民币的汇率。

（17）美元到岸价：人民币到岸价除以美元汇率的商。

（18）海关实征税额：按进口料件海关完税凭证的实征税额录入。由于进口料件大都是免税的，所以一般不用录入此项。

（19）组成计税价格：录入“人民币到岸价”与“海关实征税额”之和。如果进口料件免税，只录入“人民币到岸价”。

（20）申报标志：未申报的为空，已申报的为“R”。

（21）审核标志：税务局未审核过的为空，已审核过的为“R”。

（22）备注：一般不用录入。

（三）国内免税原材料申请录入

前文说过，国内免税原材料是指出口企业从国内采购的免征增值税的原材料。因其是免税原材料，与免税进口料件相似，所以也参照免税进口料件处理。

国内免税原材料是国家税务总局列明的原材料，不是由企业随意确定的。

企业录入数据时，只需选择企业购入的国内免税原材料的商品代码，原材料名称就会自动填充在所在栏目。录入购入原材料的价格后，相应的征税率、退税率、免抵退税抵减额及不予抵扣抵减额也都自动录入，不需人工填入。

国内免税原材料申请录入步骤如下：

第一步　打开系统菜单栏“基础数据采集”的下拉菜单中“国内免税原材料申请录入”菜单。

第二步　在打开的窗口中，点击“增加”按钮，左侧的索引窗口和右侧的编辑窗口增加了新的所属期“201208”标识。如图 2－56。

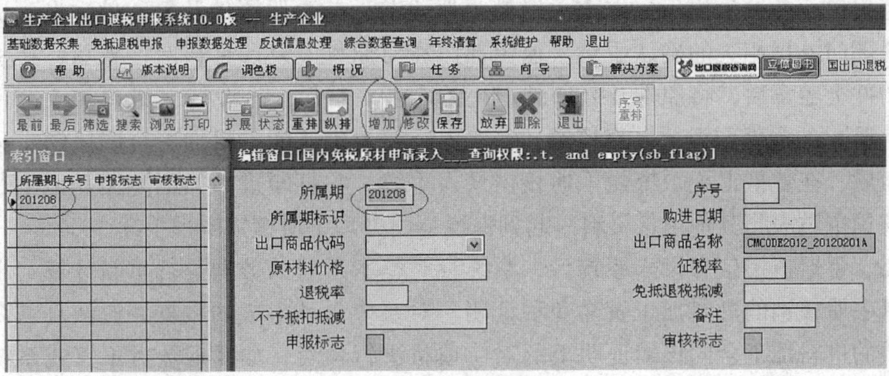

图 2－56

第三步　依次录入序号、购进日期、出口商品代码、原材料价格，按回车键后，其他各类数据系统将自动完成录入。

下面详细说明表中各栏的内容。

（1）所属期：数据录入申报的所属月份，由年、月组成，如 201208。

（2）序号：该笔录入数据的顺序号，由四位流水号组成，如 0001、0002 等。

（3）所属期标识：录入数据的所属年度，一般系统自动生成。

（4）购进日期：原材料购入的日期，以发票的开票日期为准。

（5）出口商品代码：购入的免税原材料生产的产品的出口商品代码。在栏目的下拉菜单中选择。

（6）出口商品名称：与出口商品代码相对应的商品名称。系统自动录入。

（7）原材料价格：企业购入的免税原材料价格，即购货发票上的价格。

（8）征税率：出口商品的征税率。系统自动录入。

（9）退税率：出口商品的退税率。系统自动录入。

（10）免抵退税抵减：企业出口货物计算免抵退税时，购入免税原材料可以抵减的金额。

（11）不予抵扣抵减：企业出口货物计算免抵退税时，购入的免税原材料不允许抵扣和抵减的金额。

（12）备注：一般不需录入。

（13）申报标志：未申报的为空，已申报的系统将添加“R”。

（14）审核标志：为审核的为空，已审核的系统将添加“R”。

（四）进料加工手册核销录入

从事进料加工出口贸易的工业企业，在《进料加工登记手册》的最后一笔出口业务发生以后，在海关缴销手册之前，持手册原件及复印件，先到退税部门办理相关的确认手续。退税部门在对原件及复印件核对一致后，在复印件上盖章后，将原件及复印件退还给企业。然后，企业持《进料加工登记手册》的原件向海关办理核销，在取得经海关确认的进料加工合同核销申请表后，在免抵退税系统做手册核销录入手续，并打印进料加工海关登记手册核销申请表与其他申报资料一起到退税部门办理手册核销申报手续。

手册核销信息录入系统后，系统将对整本手册的数据进行重新计算，出具手册核销的进料加工贸易免税证明。对系统自动生成的数据，应认真与海关的进料加工合同核销证明上的对应项目进行核对，如发现数据不符或系统提示出错的，企业不能随便改动，应查找错误原因，对有关数据进行调整，然后才能进行申报。

手册核销的录入步骤如下：

第一步　打开系统菜单栏“基础数据采集”的下拉菜单中“进料加工手册核销录入”菜单。

第二步　在打开的窗口中，点击工具栏的“增加”按钮，左侧的索引窗口和右侧的编辑窗口增加了新的所属期“201208”标识。如图2－57。

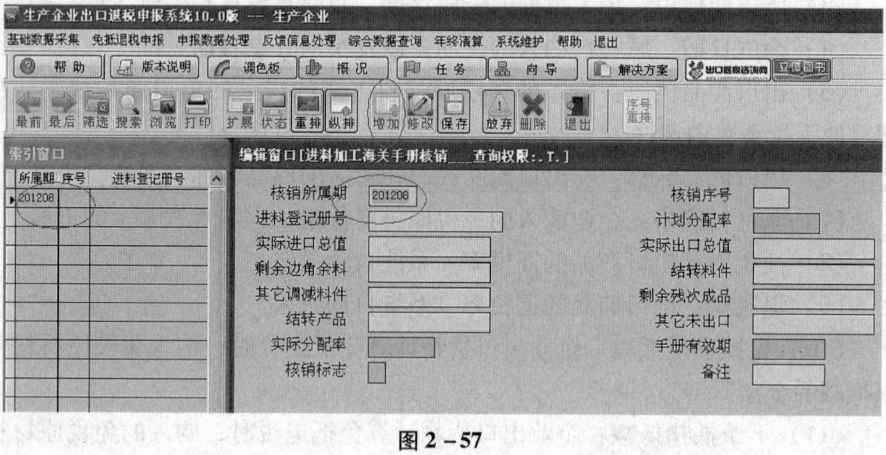

图2－57

第三步　录入核销所属期、核销序号、进料登记册号之后，按回车键，其他栏目的数据自动生成。

下面详细说明表中各栏的内容。

（1）核销所属期：手册核销申报的年月。由 4 位年号和 2 位月份组成，如 201208 等。

（2）核销序号：录入核销手册的顺序号。由 4 位流水号组成，如 0001、0002 等。

（3）进料登记册号：录入要核销的海关登记手册号码。

（4）计划分配率等于计划进口总值除以计划出口总值的百分比。

（5）实际进口总值：手册使用期间已经申报的该手册实际进口料件的到岸价人民币总值。根据该手册的所有进口报关单计算。

（6）实际出口总值：手册使用期间已经报关出口，经税务机关审核通过的该手册复出口货物离岸价人民币总值。根据所有出口报关单计算。

（7）剩余边角余料：手册执行完毕后，剩余的边角余料的人民币价值。根据核销时海关确定的金额录入。

（8）结转料件：手册执行完毕后，剩余料件结转至其他手册上的金额。根据核销时海关确定的金额录入。

（9）其他调减料件：因退货、损失等原因而没有进入产品生产环节的进口料件金额。根据核销时海关确定的金额录入。

（10）剩余残次成品：手册执行完毕后，没有出口的残次品、半成品的金额。根据核销时海关确定的金额录入。

（11）结转产品：产品为直接出口，而是采用转厂等方式销售产品的销售额。根据转厂的报关单等录入。

（12）其他未出口：因产品内销、损失等未出口，或已经出口但逾期未收齐单证的销售额。

（13）实际分配率：实际进口总值扣除边角余料、结转料件、调减料件后，与实际出口总值加上剩余残次成品、结转产品、其他未出口之和的比值。

（14）手册有效期：海关手册上的有效期。

（15）核销标志：未核销为空，已核销未审核为“R”，已核销并审核通过的为“H”。

（16）备注：一般不用录入。

二、出口货物明细数据申报录入

不论是一般贸易还是进料加工贸易，出口货物明细申报录入的方法是一样的。申报数据的录入途径有两种：一是直接通过系统主菜单的录入模块进行录入，二是通过系统的数据录入向导进行录入。

如果根据向导录入，点击系统工具栏的“向导”按钮，进入“申报系统操作向导”窗口。按向导提示的步骤一步步录入，直到第十三步结束。如图2－58。

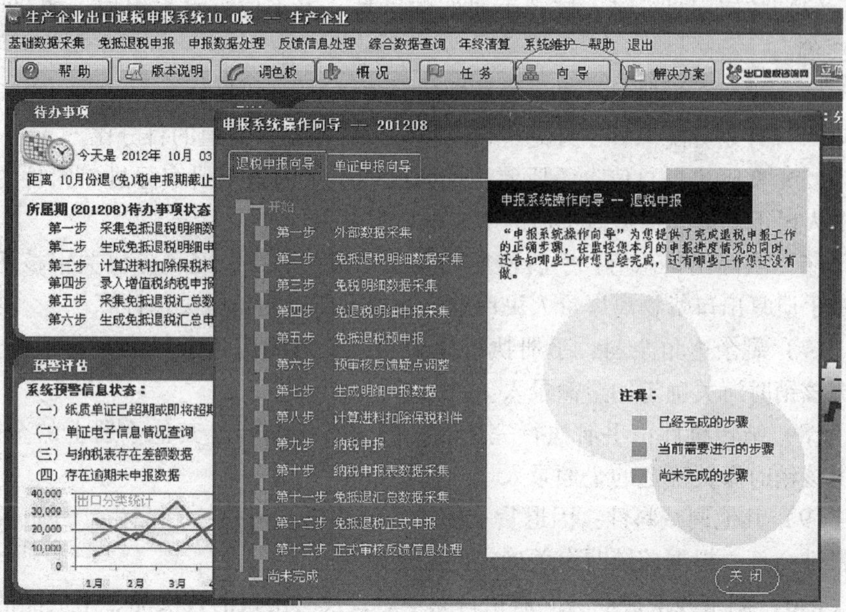

图2－58

两种录入途径虽然形式不一样，但录入窗口和录入方法完全相同，而且通过向导录入比较直观，因此在这里我们对向导录入就不做单独介绍，而重点介绍根据菜单直接录入数据的方法。

出口货物明细数据申报录入包括两种情况：当期单证不齐的明细数据录入和当期单证收齐的明细数据录入。

当期单证不齐数据录入就是对当期出口的货物，因企业尚未得到单证数据信息等原因，企业当期未对该笔出口货物做单证收齐操作，留待以后月份再做收齐。当期单证收齐明细数据录入就是当期企业已经有了出口货物报关单数据信息而且预计当期单证肯定能够返回企业，所以企业对该笔出口做了单证收齐。

企业做当期出口货物单证收齐和单证不齐数据录入时的区别有二：一是“单证不齐标志”栏的录入。单证不齐录入时需在单证不齐栏目内添加“B”等单证不齐标志。单证收齐录入时有关栏目保持空白，不加任何标志。二是“出口报关单号”栏的录入。单证不齐时可以空着不录，也可以虚拟一个单号。如果知道单号当然也可以如实录入。而单证收齐时必须添加真实的报关单号码。

提 示

只有收齐单证的出口货物才计算当期免抵退税额。未收齐单证的出口货物不参加免抵退税计算，但应计算不得免征和抵扣税额。

出口货物明细数据申报录入步骤如下：

第一步　在生产企业退税申报系统中，点击菜单栏的“基础数据采集”，打开“出口货物明细申报录入”下拉菜单。

第二步　在打开的窗口中，点击工具栏的“增加”按钮，窗口的左侧栏内便添加上了要申报的月份，同时也使右边数据录入窗口的各栏变成了白色编辑状态。如图2－59。

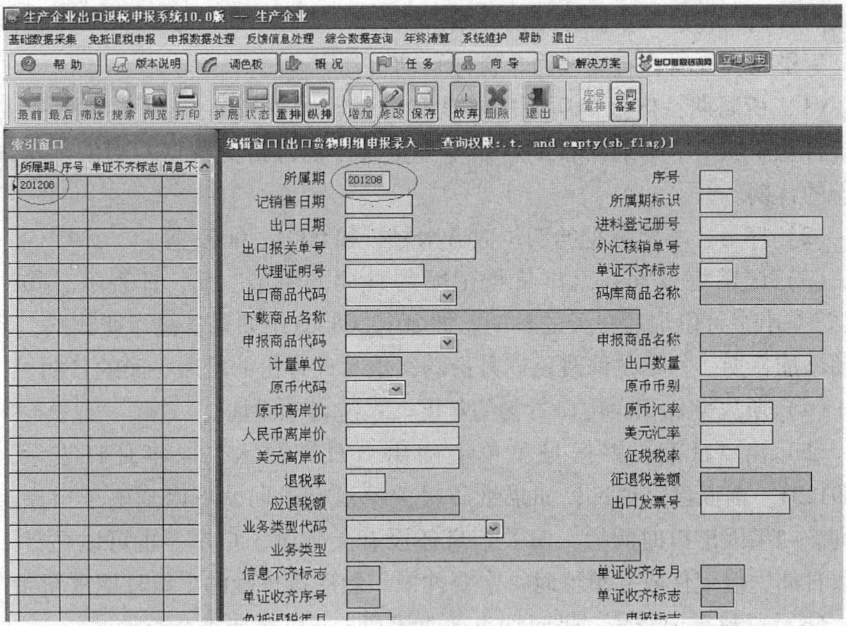

图2－59

第三步　根据记账凭证、出口专用发票、报关单等录入表中各栏的申报数据。录入完毕后，点击工具栏的“保存”按钮，就可以存盘进行预申报了。

各栏目的录入方法在录入窗口的下面有说明。如图2－60。

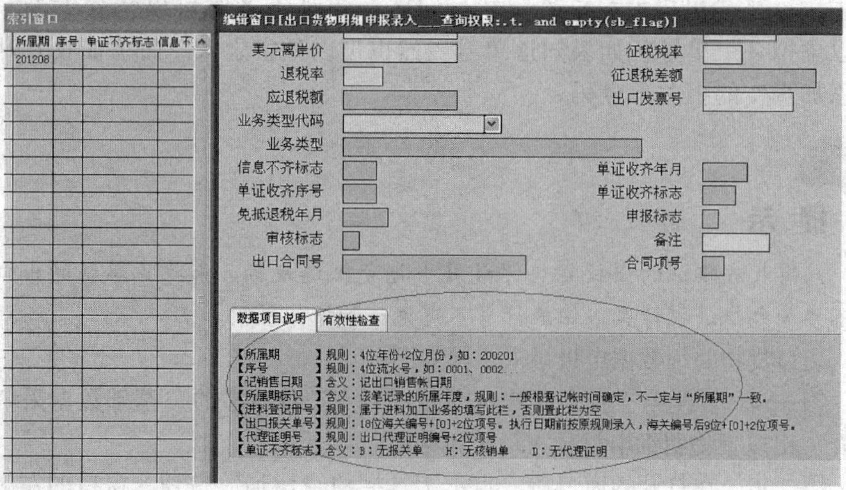

图 2－60

系统窗口的录入说明比较简单。为使读者更好地掌握录入方法，在此对录入的各栏内容进一步做详细的介绍。

每录完一栏后，直接按回车键即自动跳到下一栏。

（1）所属期：申报期所属的年度和月份，如201208。点击“增加”后，系统自动添加本申报期的日期。如果是更改以前月份的数据，则手工添加该月份的日期。

（2）序号：本笔数据的四位数流水号，如0001、0002等。

（3）记销售日期：出口货物记账的日期，用年、月、日表示。其中的“日”是申报月份最后一天的日期，如2012.08.31。如果申报当期数据，系统自动添加日期。如果是修改以前月份的，填写该月份的最后一天的日期。

（4）所属期标识：出口货物的年度。系统自动添加。

（5）出口日期：根据报关单上的出口日期录入。以年月日表示，如20091231。前面已经说过，如果纸质报关单没有返回，可以到电子口岸上去查询。如果因出口时间短，海关信息还没有上传电子口岸，也可以估计一个出口日期，但记住收齐单证时一定要冲减，然后按正确的出口日期重新录入。

（6）进料登记册号：进料加工企业填写，非进料加工企业跳过。

（7）出口报关单号：如果已经知道单号，可以直接录入，格式为报关单的18位号码加上“0”和两位项号。如果不知道单号，可以随便虚拟一个号码录入，也可不录。不论是否知道单号，为了避免出错，建议不录单号，保持空白，等单证收齐时再录入。如果当月收齐单证，当月必须录入单号。

（8）外汇核销单号：不用录入。2012 年 8 月 1 日已经取消出口核销单。

（9）代理证明号：委托外贸公司出口时，根据外贸公司开具的代理证明的号码录入。

（10）单证不齐标志：如果当月收齐单证，不用填任何标志；如果缺少纸质报关单，填“B”；如果缺少外贸公司开具的代理证明，填“D”。

（11）出口商品代码：出口商品的商品编码，可以根据合同中的商品名称在系统维护菜单的“海关商品码”里去查询，如果有纸质报关单，也可根据报关单的商品编码填列。如果在系统里查询，一定要保证其编码与报关的商品编码一致。

（12）码库商品名称：出口商品报关单上的商品名称，由系统自动填列。

（13）下载商品名称：不用录入。

（14）申报商品代码：如果出口商品中列名原料占原材料成本 80% 以上的，出口商品需要按照该列明原材料的退税率申报退（免）税，本栏需录入该列明原材料的商品代码。其他情况下不用录入。

（15）申报商品名称：与“申报商品代码”对应的商品名称。系统根据录入的代码自动录入。

小贴士

（14）（15）两项如果有纸质报关单，根据报关单填列。没有报关单，按合同填列。如果合同与报关单不一致且合同准确，可以要求海关修改报关单，否则以报关单上的为准。

（16）计量单位：根据已经录入的出口商品代码由系统自动填列。

（17）出口数量：根据合同或报关单标明的出口数量填列。

（18）原币代码：出口合同或报关单标明的结算货币代码。

（19）原币币别：根据原币代码系统自动填列。

（20）原币离岸价：根据出口合同标明的 FOB 价录入。如果成交方式不是 FOB 价，则折算成 FOB 价。

小贴士

如果合同的成交方式不是 FOB，可以参照报关单唛头栏里折算的 FOB 价。如果没有纸质报关单，就按合同的成交金额减去运费、保险费等费用折算。

（21）原币汇率：100 元外币折算人民币货币的汇率。以做账时的汇率录入。

（22）人民币离岸价：以“原币离岸价”乘以“原币汇率”计算。

（23）美元汇率：100 美元折算的人民币汇率。

（24）美元离岸价：出口货物的美元 FOB 价。

小贴士

退税部门要求退税申报时必须以美元申报，这样如果出口货物以非美元为结算货币的，需要折算成美元申报。同时退税部门要求企业申报的美元离岸价与海关传到税务局的美元离岸价二者必须一致，因此企业申报时，需要到贸易收汇监测系统里查询一下原币折算美元的信息。如果因出口时间短查不到信息，可根据出口日的美元汇率人工折算为美元。一旦与海关的美元信息有出入，只能下月冲减后重新录入。

（25）征税税率：税务总局规定的该出口货物的征税税率。录入“出口商品代码”后，系统自动添加。

（26）退税率：税务总局规定的该出口货物的退税率。录入“出口商品代码”后，系统会自动添加。

小贴士

企业一定要及时更新系统的退税率库，否则后面几项的申报数据很可能出错而使申报不能通过。

（27）征退税差额：以“人民币离岸价”乘以“征税税率”与“退税率”的差额计算。

（28）应退税额：以“人民币离岸价”乘以“退税率”计算。

（29）出口发票号：出口货物专用发票号码。注意不是形式发票的号码。

（30）业务类型代码：根据出口企业的实际出口类型录入。一般贸易不用录入。

（31）业务类型：与“业务类型代码”相对应的业务类型。系统根据代码自动填列。

（32）信息不齐标志：为空时，表示报关单代理证明等电子信息齐全；“B”表示缺少报关单信息；“D”表示缺少代理证明信息。

（33）单证收齐年月：该笔出口货物的单证收齐年月，如201208，把退税部门审核信息读入系统后自动添加。

（34）单证收齐序号：由四位流水号组成，如0001、0002等。

（35）单证收齐标志：收齐报关单为“B”，收齐代理证明为“D”。

（36）免抵退税年月：参与免抵退税的年、月，如201208。

（37）申报标志：未申报时为空，已申报后为“R”。

（38）审核标志：未通过审核时为空，审核通过后为“R”。

小贴士

自（32）至（38）项一般都是税务局审核后自动处理的，不用企业操作人员人工添加。已通过审核的数据一般不要再修改。如果确需修改，首先通过“申报数据处理‘——’撤销审核通过标志”菜单，把审核标志“R”去掉，然后通过“申报数据处理‘——’撤销已申报数据”菜单，把申报标志“R”去掉，之后才能修改。

（39）备注：一般不用录入，有出口合同备案时才录入。

（40）出口合同号：一般不用录入。有出口合同备案的，填写合同号码。

（41）合同项号：一般不用录。

三、免税出口货物劳务明细申报录入

免抵退税包括三方面的意义：免、抵、退。这就决定了一些出口产品、出口行为或生产企业执行的是“免”、“免抵”、“免抵退”三种不同的政策。进而也决定了免抵退税系统涉及也必然包含免税和退税两种申报录入模式。

一般纳税人生产企业出口产品大部分是免抵退税的货物，但也有部分特殊产品是免而不退的，如农产品、军用品、高新技术产品等。

涉及免征或免、抵不退政策的出口销售行为主要包括一般纳税人企业间接出口销售（如转厂业务）、来料加工出口销售等以及小规模纳税人生产企业的出口销售。

因一般纳税人生产企业的免税出口货物明细申报、间接出口货物明细申报及来料加工出口货物明细申报都是与免抵退税的出口货物明细申报是一起进行的，所以对一般纳税人企业非免抵退税出口货物的明细申报也放在这里介绍。小规模纳税人的申报使用专门的申报系统进行申报，我们在本章第五节里再做专门介绍。

免税出口货物明细申报录入的步骤如下：

第一步　打开菜单栏“基础数据采集”下拉菜单的“免税出口货物劳务明细录入”菜单。

第二步　点击工具栏的“增加”按钮，在系统界面的左侧索引窗口和右侧的编辑窗口同时增加了新的所属期。图2－61。

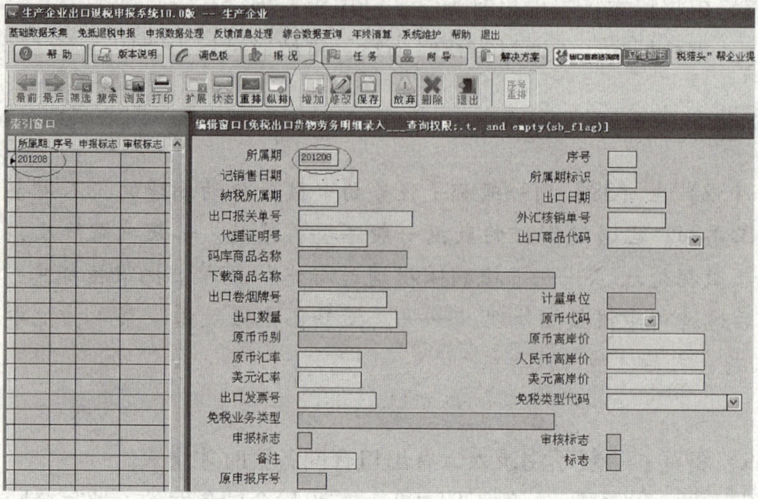

图2－61

第三步　根据进口报关单、出口合同、出口专用发票等资料录入各栏的内容。其中白色的栏目为可编辑栏，可以录入数据。灰色的栏目是系统自动生成数据的栏目，不能人工录入。

录入完毕后点击“保存”，结束录入。

下面对表中各栏的录入做详细说明。

（1）所属期：免税申报的年月。由4位年号和2位月份组成，如201208。

（2）序号：出口报关单的顺序编号。由4位流水号组成，如0001、0002等。

（3）记销售日期：记出口销售的日期。系统默认当期，可以人工修改。

（4）所属期标识：出口货物的年度。系统自动添加。

（5）纳税所属期：不需录入。为小规模纳税人所设。

（6）出口日期：出口货物的日期。以报关单上标明的出口日期为准。如果报关单没有返回企业，可以到电子口岸查询。录入错误时，可以在收齐单证时冲减重录。

（7）出口报关单号：报关单号码加上“0”和两位项号组成，如

123456789123456789001、123456789123456789002等。如果当期不收齐单证，可以虚拟号码录入，也可不录单号，等收齐单证时再修改或补录。但如果当期做单证收齐，则必须录入单号。

（8）外汇核销单号：已取消出口核销单，不需录入。

（9）代理证明号：委托外贸公司出口时代理证明的号码。

（10）出口商品代码：出口商品的海关商品码。可以在系统商品代码库里查询。最后以报关单上的为准。

（11）码库商品名称：海关商品码对应的商品名称，系统自动根据商品代码添加。

（12）下载商品名称：不需录入。

（13）出口卷烟牌号：出口卷烟企业填列，其他跳过。

（14）计量单位：出口商品的计量单位。系统自动根据商品代码添加。

（15）出口数量：出口合同或报关单上的出口数量，二者不一致时以报关单上的为准。

（16）原币代码：出口合同或报关单上的结算货币原币编码。

（17）原币币别：出口合同或报关单上的结算货币原币币种。

（18）原币离岸价：出口合同或报关单上的原币FOB价。如果不是FOB价，折算为FOB价。

（19）原币汇率：根据出口结算原币100单位折算的人民币汇率。

（20）人民币离岸价：根据原币离岸价和原币汇率折算的人民币金额。

（21）美元汇率：100美元折算成人民币的汇率。

（22）美元离岸价：根据人民币离岸价和美元汇率折算的美元金额。

（23）出口发票号：出口货物开具的出口专用发票号码。

（24）免税类型代码：根据出口货物或劳务的类型在下拉菜单中选择录入。

（25）免税业务类型：根据免税类型代码，系统自动填列。

（26）申报标志：未申报为空，已申报为“R”。

（27）审核标志：未审核为空，已审核通过为“R”。

（28）备注、标志、原申报序号：一般不用录入。

四、前期出口单证收齐明细申报录入

在前期出口的货物中，如果已经做了单证不齐申报，而本期收齐单证的，需要做前期出口单证收齐明细录入。包括免抵退税方式下的“收齐出口单证明细录入”和免税方式下的“收齐免税出口单证录入”。

（一）单证不齐与信息不齐

所谓单证收齐，就是指货物出口时的纸质报关单、代理出口证明等已经返回到出口企业，企业可以在电子口岸上交单并可在免抵退税系统进行单证收齐录入的过程。

如果纸质单证还没有退回到出口企业手中，但可以在货物贸易外汇监测系统查询到出口单证的信息，并根据查询的数据做交单及录入。录入时要保证当期申报时纸质单证能及时返回，因为做收齐单证申报时需要提供纸质报关单。

单证齐全并且信息齐全后，才能计算免抵退税额，才有可能产生退税。逾期不能收齐单证的免抵退税出口业务，只能转免税或视同内销货物征税。也就是说，收齐单证是计算免抵退税的前提之一。

如果只是单证齐全但税务机关没有单证的电子信息，也就是我们常说的“信息不齐”，也是不能做免抵退税计算的。

所谓“信息不齐”，就是企业交单的信息尚未传送到退税部门。当企业出口货物的纸质单证返回到企业后，企业要在电子口岸的出口退税子系统向外汇管理部门和税务部门报送核销单和报关单的单证信息，也就是“交单”。但交单的信息上传退税部门需要一个过程，如果到企业做免抵退税申报时，单证信息还没有传到，就会造成企业做单证收齐申报时没有电子信息的情况。

（二）如何应对单证齐全但信息不齐

既然单证收齐但信息不齐的出口货物不能做免抵退税计算，我们需要想办法避免这种情况。

一是延后做单证收齐申报。就是说即使当期单证齐全也不做单证收齐申报，等以后各期再做收齐。前提是收齐日期不能超过下一年的 4 月份。

二是通过预申报的方法解决。企业经过预申报后，把预申报反馈信息读入申报系统，通过反馈信息处理，退税部门的预审结果替代了企业做预申报时录入的数据。如果反馈的信息里有单证齐全但信息不齐的数据，就会自动添加信息不齐标志。生成正式申报明细数据时仍然是税务反馈的数据，生成汇总数据时，系统就会只计算单证齐全和信息齐全数据的免抵退税额，对单证齐全但信息不齐的数据则不计算免抵退税额，需要等到该信息齐全时才参与计算。

三是明细数据和汇总数据分步申报。有些地区的退税部门不要求企业做预申报，而是直接进行正式申报。那么企业就不能通过预申报的方法解决问题。企业申报最好分两步走：先做明细数据申报，然后把退税部门的审核结果通过反馈信息读入和处理，用税务机关的反馈信息替换企业录入的明细申报数据。如果有单证齐全但信息不齐的申报数据，就会被添加上信息不齐标志。生成汇总表时，系统就会按税务部门反馈的单证和信息的齐全情况计算当期的免抵退税额。然后再进行汇总数据申报。

如果出口货物的单证中，当期只能收齐其中的一种，而不能收全，为了操作的方便，同时也为了避免同一出口货物的单证不能分家的现象，建议还是放弃当期收齐的录入，等单证齐全了再做收齐申报。

（三）免抵退税方式单证收齐明细申报录入

在做单证收齐录入之前，首先要核对前期明细申报的数据与报关单上的数据是否一致。如果有不一致的地方，要先查找原因，并根据实际情况，或者冲减前期的明细申报记录，或者让海关修改报关单。

下面介绍收齐出口单证明细申报的步骤。

1. 手工录入报关单号的操作步骤

第一步　打开菜单栏“基础数据采集”的下拉菜单中“收齐出口单证明细录入”菜单。如图 2－62。

第二步　在打开的窗口中，点击工具栏的“修改”按钮，系统将在窗口左侧的索引窗口的所属期栏添上收齐时的所属月份，同时窗口右侧的窗口变为可编辑状态。如图 2－62。

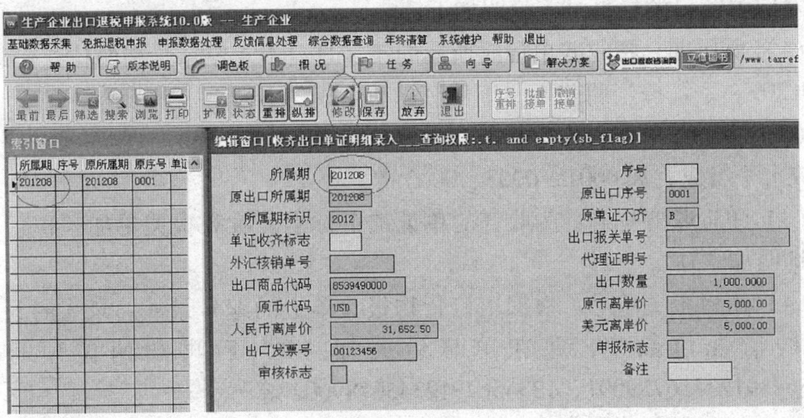

图 2－62

第三步　在编辑窗口中，灰色的栏目都是前期明细申报时的数据，不需要修改，只要白色栏目的数据补齐就可以了。需要补录的栏目包括所属期、序号、单证收齐标志、出口报关单号、出口核销单号等。收齐多笔单证时，不要忘记点击工具栏的“序号重排”按钮。如图2－63。

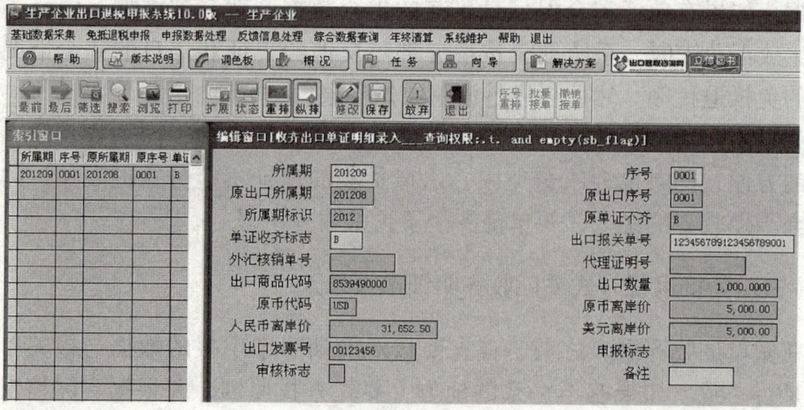

图2－63

小贴士

添加报关单号，系统会出现提示单号与原单号不一致及更新单号的提示，忽略提示。

第四步　录入完毕，点击工具栏的“保存”按钮。单证收齐明细录入结束。

对编辑窗口的栏目录入说明如下：

（1）所属期：指收齐单证时所属的年、月。由4位年号和两位月份组成，如201209。系统按当期前所属年月份自动生成。不需手工录入。

（2）序号：单证收齐笔数的序号，每收齐一笔，增加一个序号。序号由4位流水号组成，如0001、0002、0003等。

（3）单证收齐标志：为收齐的单证加上标志。收齐报关单加“B”，收齐代理证明加“D”。

（4）出口报关单号：根据出口货物报关单上的编号录入。录入时只录入单号的后九位数字，并在单号后面加“0”后再加两位项号，如123456789123456789001、12345679123456789002等。

（5）外汇核销单号：不需录入。

（6）备注：不用录入。

（7）其他栏目系统自动保留，不需要录入。

2. 外部导入报关单号的操作步骤

（1）外部导入单号的操作步骤。

在生产企业出口退税系统 9.0 版本中，增加了“外部数据采集”菜单模块。其功能主要是，对于出口量较大的企业，可以在电子口岸系统中下载报关单数据，然后批量导入出口退税系统中。这样，一方面减少了报关单逐笔录入的工作量，另一方面也保证了录入数据的准确性和完整性，避免了人工录入可能出现的错误。

小贴士

“外部数据采集”模块报关单导入方法与手工录入方法并不相互矛盾，两种方法可以任选其一。

“外部数据采集”菜单模块包括五个子菜单，用来对下载的报关单数据进行处理。如图 2－64。

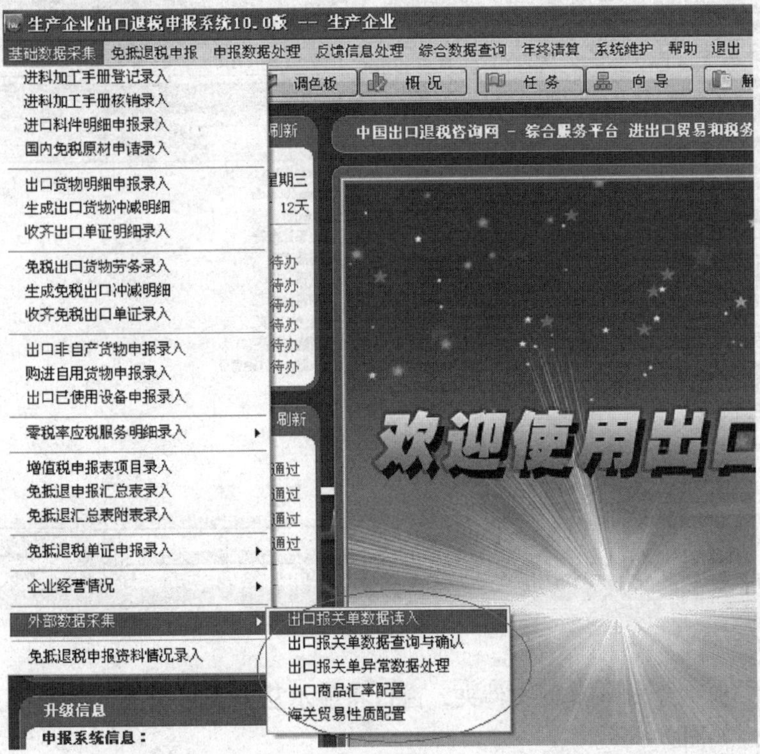

图 2－64

这五个子菜单的功能如下：

1）出口报关单数据读入。用来解密和读入从电子口岸下载的报关单数据。

2）出口报关单数据查询与确认。用来检查出口报关单数据是否异常，对没有异常的数据进行确认。

3）出口报关单异常数据处理。对检查过程中的异常数据进行修改和调整。

4）出口商品汇率配置。报关单数据确认时提供计算支持。

5）海关贸易性质配置。报关单数据确认时，与相关出口业务进行配置。

下面介绍通过“外部数据采集”导入报关单数据的申报录入步骤。

第一步　在系统菜单栏“基础数据采集”下拉菜单中的“外部数据采集”菜单下，打开“出口报关单数据读入”子菜单，根据提示找到保存电子口岸上下载的报关单数据的文件夹。如图2－65。

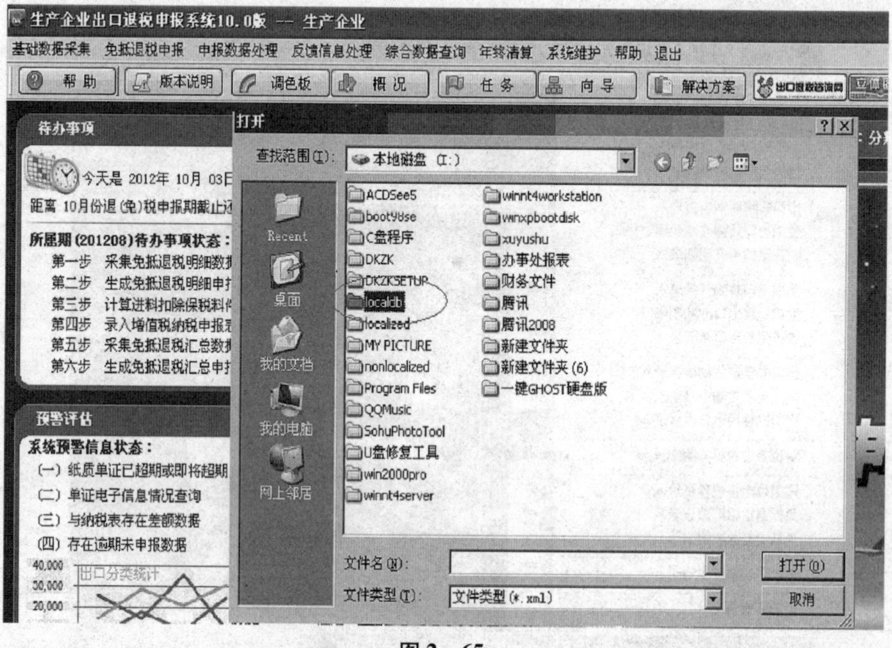

图2－65

第二步　打开localdb文件夹，窗口将显示从电子口岸上下载的报关单数据文件。如图2－66。

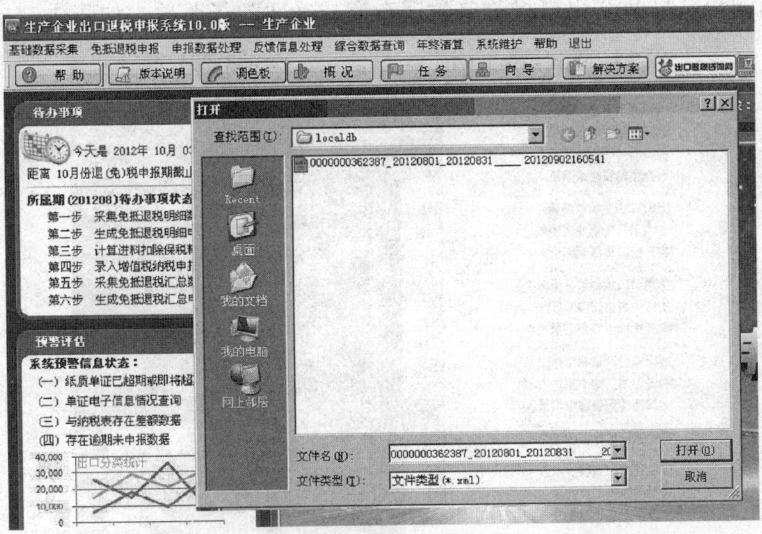

图2－66

第三步 点击“打开”按钮，系统提示已读入的报关单信息。如图2－67。

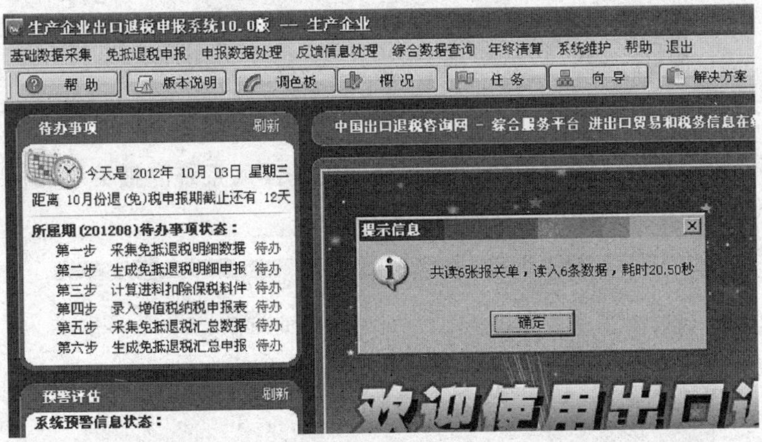

图2－67

小贴士

读入前，一是要在装有电子口岸系统的电脑上操作，而且电子口岸系统使用正常，IC卡要插好。二是退税系统的参数设置中的IC卡信息与电子口岸信息一致。

第四步　打开“出口报关单数据查询与确认”子菜单。如图 2－68。

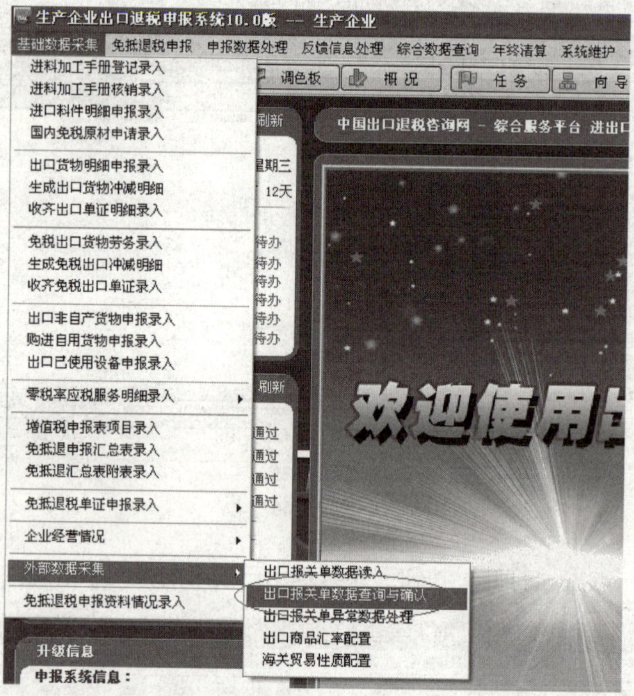

图 2－68

第五步　在打开的窗口中，左侧显示的是读入系统的报关单数据，右侧是选中的报关单的详细信息。如图 2－69。

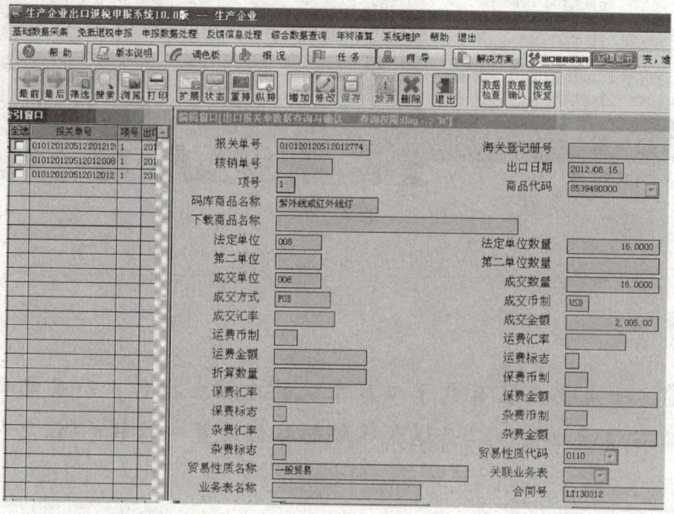

图 2－69

第六步　点击工具栏的“数据检查”按钮，窗口显示对报关单数据的检查结果。如图 2－70。

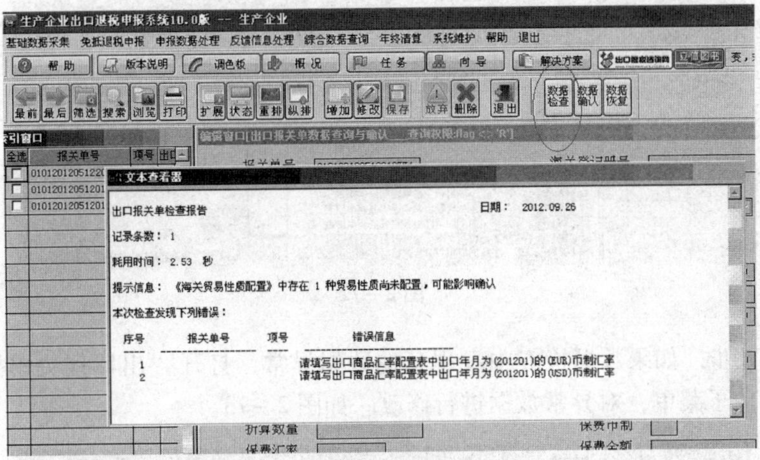

图 2－70

第七步　打开“出口商品汇率配置”子菜单，根据检查后提示的问题，对出口商品汇率进行配置。当然也可以先做汇率配置，再进行检查和确认。在打开的窗口中左侧索引窗口选择出口记录，在右侧窗口录入有关数据，然后点击工具栏的“保存”按钮。如图 2－71。

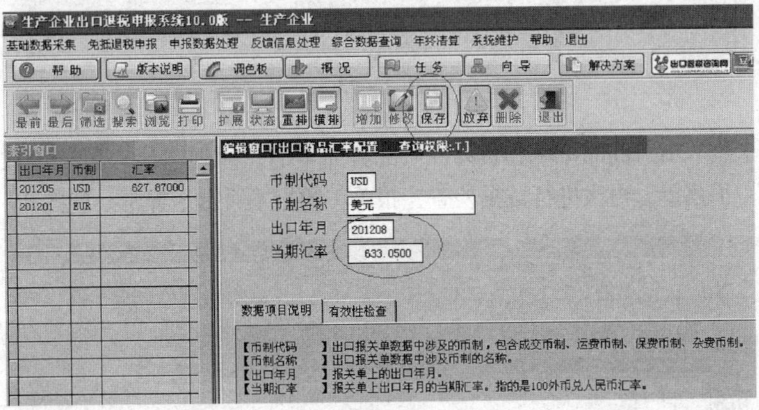

图 2－71

第八步　打开“海关贸易性质配置”子菜单，根据检查后提示的问题，对海关贸易性质进行配置。当然也可以先进行贸易性质配置，再进行检查和确认。在打开的窗口中左侧索引窗口选择出口记录，在右侧窗口录入有关数据，然后点击“保存”按钮。如图 2－72。

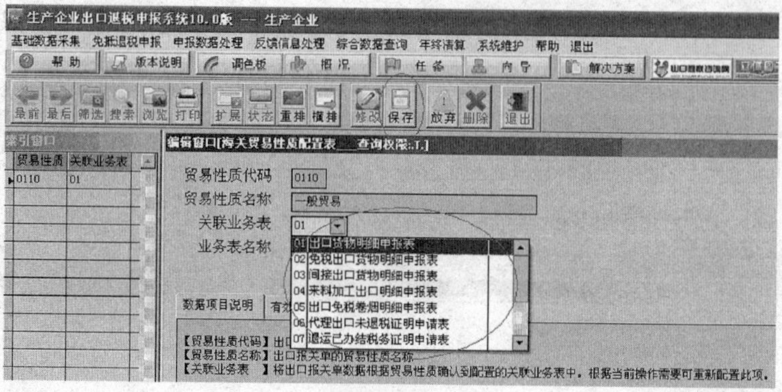

图 2-72

第九步　如果数据检查中发现其他数据异常，打开“出口报关单异常数据处理”子菜单，对异常数据进行修改。如图 2-73。

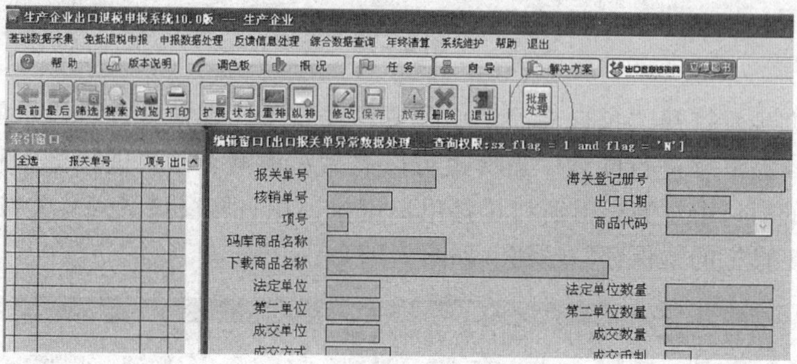

图 2-73

第十步　出口商品汇率和贸易性质配置完毕后，回到“出口报关单数据查询与确认”子菜单，再次进行数据检查，报关单数据不再提示异常。如图 2-74。

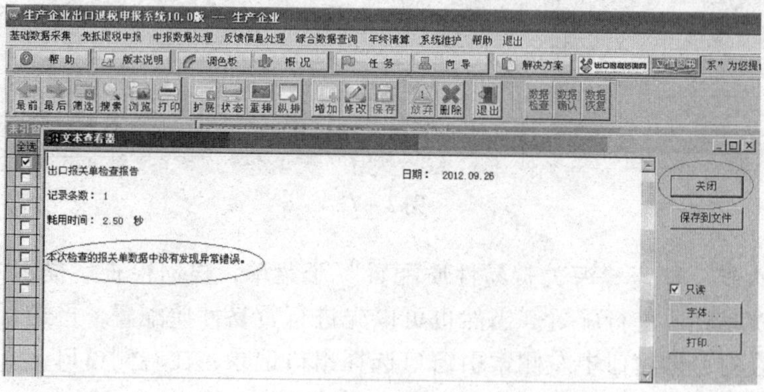

图 2-74

第十一步　点击工具栏的“数据确认”按钮，根据提示输入所属期后点击“确定”，系统提示得到确认的报关单数据。被确认的数据将从左侧索引窗口隐去。如果“确认数据”有误，可以点击“数据恢复”按钮，已确认的数据将重新显示在左侧索引窗口。如果要查看确认后的数据，请到“基础数据采集”下拉菜单“出口货物明细申报录入”菜单中查看。如图 2－75。

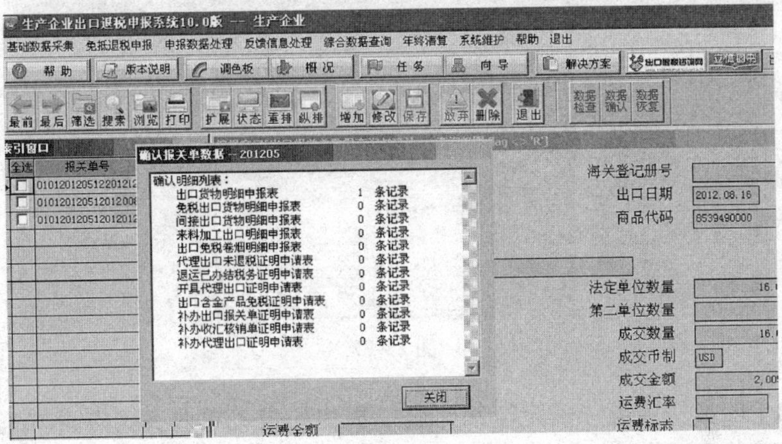

图 2－75

第十二步　如果要收齐前期出口货物的单证，打开“基础数据采集”下拉菜单“收齐出口单证明细录入”，在打开的窗口中，在左侧索引窗口选择要收齐的记录，然后点击工具栏的“批量接单”按钮，系统出现“批量收齐前期单证”小窗口。如图 2－76。

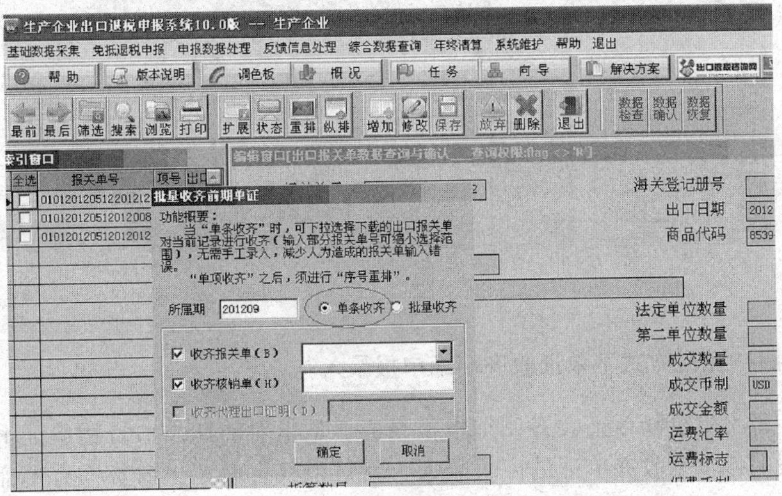

图 2－76

第十三步　在小窗口中勾选“收齐报关单”。在“收齐报关单”的录入栏下拉菜单中，选择收齐单证的出口货物的报关单数据。如图2－77。

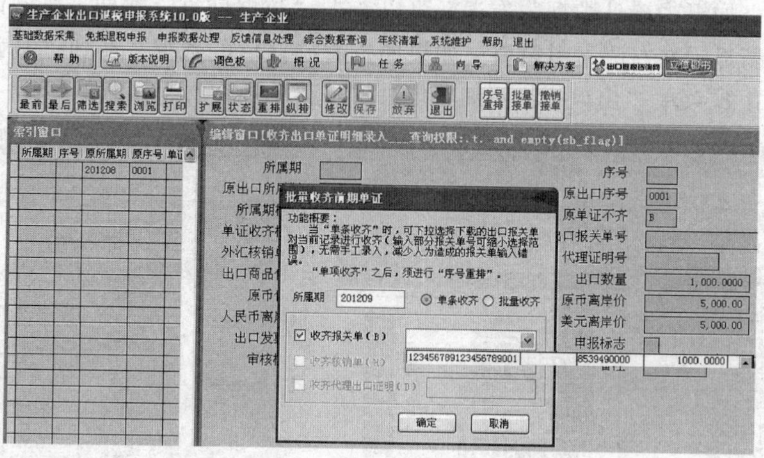

图2－77

第十四步　点击“确定”后，出口货物的报关单收齐。点击“确定”，完成单证收齐操作。如图2－78。

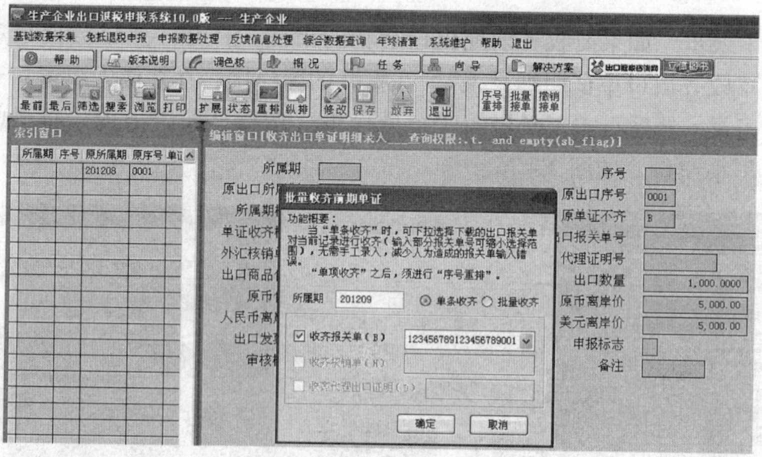

图2－78

（四）免税方式下单证收齐明细申报录入

免税出口货物单证收齐明细申报录入，是指对前期出口货物单证不齐明细申报的，本期收齐单证的申报录入。就是说只有前期出口货物有单证不齐标志的，本期才能收齐单证，如本版本申报系统以前版本录入申报的免税出口货物。

免税出口货物单证收齐明细申报录入与免抵退出口货物的单证收齐方式的录入方法基本上是一样的。下面就操作方法简单做一下介绍。

第一步　打开“基础数据采集”下拉菜单“免税出口单证明细录入”。

第二步　在打开的窗口中，选中窗口左侧索引窗口中需要收齐单证的记录，点击工具栏的“修改”按钮，使窗口右侧的记录处于可编辑状态。如图 2－79。

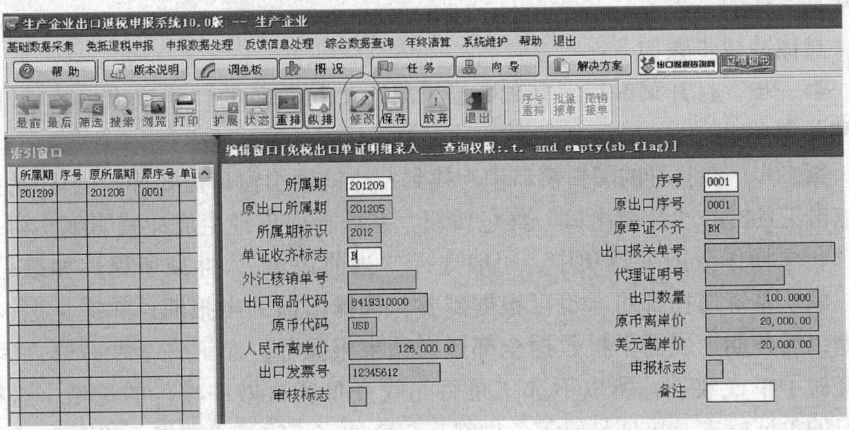

图 2－79

第三步　在白色的“所属期”、“序号”、“单证收齐标志”栏分别录入数据（其中所属期数据系统自动添加）后，点击工具栏的“保存”按钮，完成免税出口单证收齐录入。

五、出口货物冲减明细申报录入

企业出口的货物因故发生退运或退关，或者发现前期已作出口明细申报的数据当期有错误时，需要对退运、退关货物的申报记录或发现错误申报数据进行冲减。

如果冲减当期有出口货物需要做明细申报，一定要等冲减后再生成明细申报数据。如果出口货物已经生成了明细申报数据，则冲减操作不能进行，需要先撤销明细申报数据后才能冲减。

根据出口货物的免、抵、退税的情况，冲减录入分为免抵退税出口货物冲减明细录入和免税出口货物冲减明细录入两种。下面分别就这两种冲减方式的操作进行介绍。

（一）免抵退税出口货物冲减明细录入

出口货物明细冲减分为单证齐全冲减和单证不齐冲减两种。下面分别介绍这两种冲减方法。

1. 单证齐全冲减明细录入

单证齐全冲减是指对已经收齐单证的出口货物申报记录进行冲减。这种冲减相对单证不齐冲减，操作起来比较简单。不论因为什么原因所作的冲减，方法是一样的。

具体冲减步骤如下：

第一步　打开菜单栏“基础数据采集”下拉菜单的“生成出口货物冲减明细”菜单。

第二步　在打开的编辑窗口中，找到左边的索引窗口需要冲减的记录，然后点击工具栏的“冲减出口”红色按钮，系统界面出现生成冲减明细小窗口。在“记录操作范围”选项中，一般选择“当前记录”。冲减所属期如果是当期，默认系统选择即可。也可根据需要，选择以前的申报期，前提是把该申报期以后各期生成的申报数据全部做撤销申报操作。单证齐全冲减时，因为已经做了单证收齐，所以不选“是否先收齐单证再做冲减”的选项。这样，窗口的单证标志及单证号码等栏都是灰色的，不需录入数据。如图2－80。

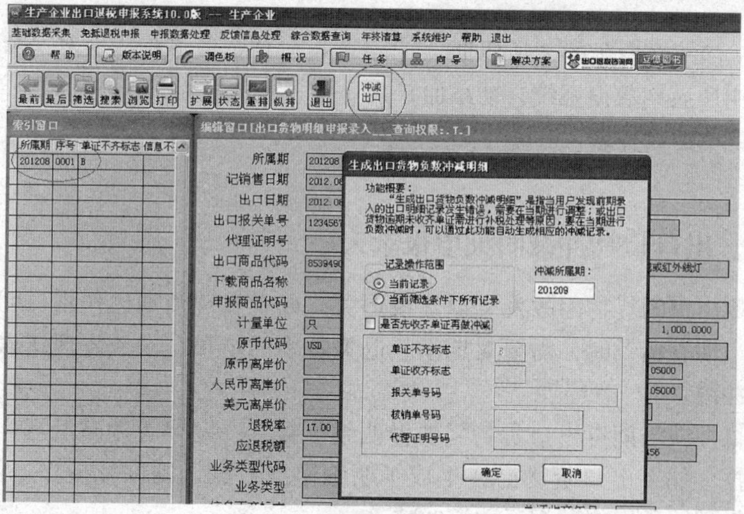

图2－80

第三步　点击“确定”，系统会在“出口货物明细申报录入”里增加一条与所选冲减记录的数据完全相同，序号为Z000，但均为负数的记录。如图2－81。

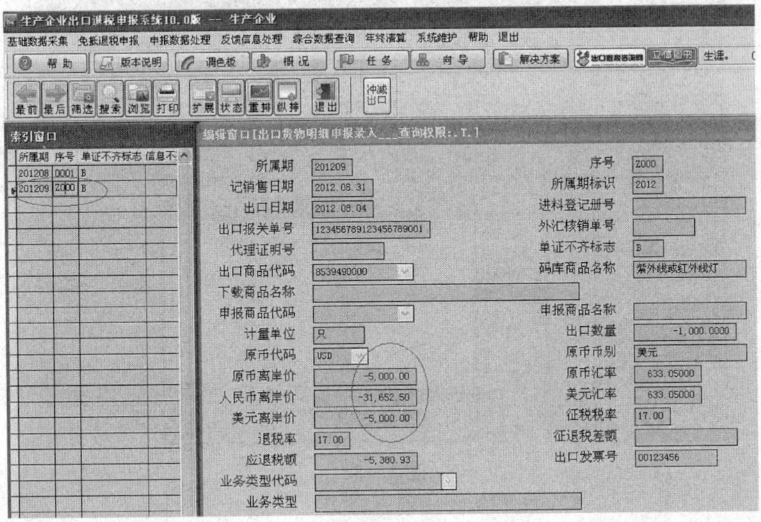

图 2-81

第四步　退出冲减窗口，进入“基础数据采集”——“出口货物明细申报录入”模块。在打开的窗口界面上，我们发现左侧索引窗口中增加了“Z000”序号，右边的编辑窗口显示的是负数冲减记录数据。如图 2-82。

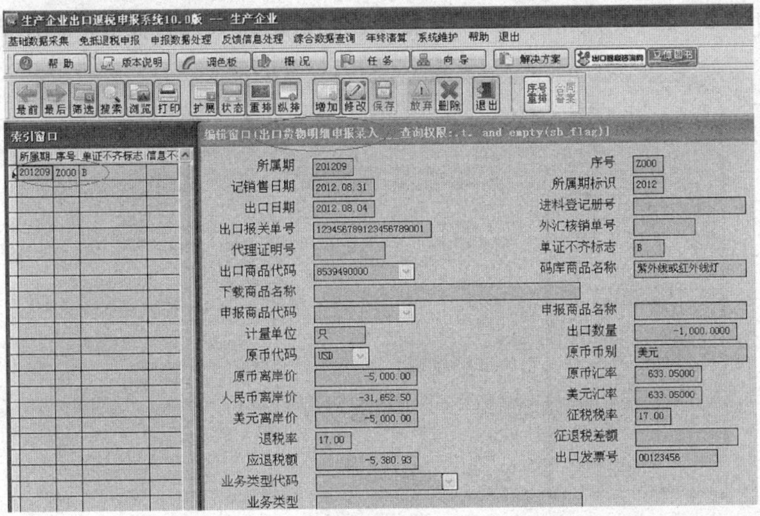

图 2-82

第五步　点击工具栏的“修改”按钮，使窗口处于白色的编辑状态。在窗口右侧的编辑窗口中，根据已录入的明细数据序号把“Z000”修改为“0002”，点击“保存”按钮。如果系统出现提示单号长度等内容的警告，忽略。如图 2-83。

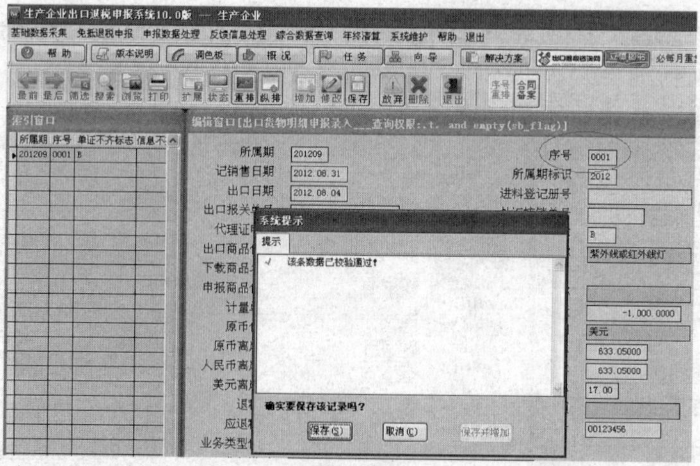

图 2-83

第六步　如果因退运退关而做的冲减，冲减操作到此结束。如果是因为录入数据错误而做的冲减，则还要录入一笔正确的明细申报记录。假设货物出口日期是8月16日，我们错录为8月4日。要按实际出口日期录入一笔正确的记录。

在“出口货物明细申报录入”窗口，点击“增加”按钮，按该笔出口货物原做明细申报时的录入方法重新录入一遍，序号为“0002”。把出口日期改为“2012.08.16”，点击“保存”。整个出口冲减录入过程完成。如图2-84。

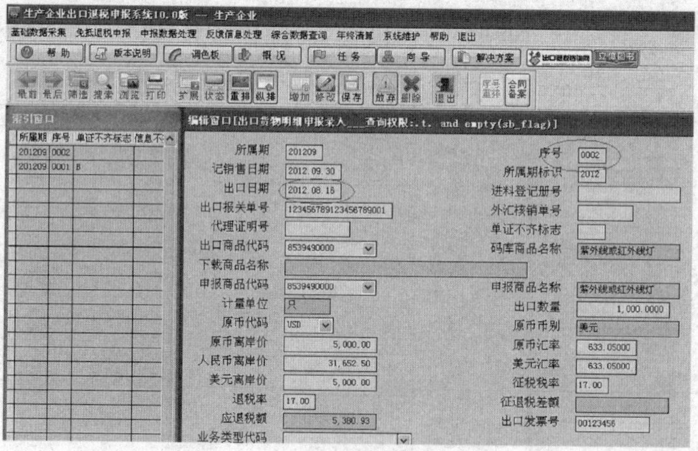

图 2-84

2. 单证不齐的冲减明细录入

单证不齐的冲减是指前期出口货物已做过免抵退税明细申报，在单证收齐之前发现错误或发生退运后所做的冲减。

单证不齐冲减，可以在明细申报期之后、单证收齐之前的其他申报期冲减，也可以在单证收齐的当期冲减。

在上面的单证收齐冲减的操作中我们已经说到，在生成冲减明细小窗口中，有一个“是否先收齐单证再做冲减”的选项，如果不勾选该项，则下面的“单证收齐标志”、“报关单号码”等栏目的界面是灰色的，不能录入数据。如果勾选该项，下面各栏就变成了可以录入数据的白色，需要在“单证收齐标志”栏添加报关单收齐标志“B”。回车后，“报关单号码”栏也变为可录入的白色，需添加报关单号。

是否选择“是否先收齐单证再做冲减”，要根据冲减原因来决定。一般情况下，冲减的原因不过以下几项：一是出口货物退关、退运；二是数据录入错误，如数量、金额、日期、收齐标志、商品代码、发票号码、退税率等；三是明细申报的记录与报关单的记录不一致；四是因某种原因而转内销的出口货物。在这四项原因中，第二项原因可以勾选“是否先收齐单证再做冲减”，也可以不选择。第一项和第四项因为不需要收齐单证，所以也不需勾选“是否先收齐单证再做冲减”，做不收齐单证冲减。唯有第三项原因还要做具体分析。如果出口商品在明细申报时录入的是一条记录，而报关单上是多条记录（即一对多），则可以选择先收齐单证再做冲减；如果出口商品在明细申报时录入的是多条记录，而报关单上是一条记录（即多对一），则只能先做冲减，然后再收齐单证。

小贴士

任何情况下的冲减都可以先冲减后做单证收齐，即不勾选“是否先收齐单证再做冲减”。但这样做有一个缺点：被冲减的数据和冲减的红字数据将永远保留在“索引窗口”中。如果做了勾选，就不会有此问题。

（1）冲减时不做单证收齐。

前文说过，这种冲减适用于出口货物退关退运、转内销的出口货物、数据录入错误等。生成冲减明细窗口中不用录入单证收齐标志、报关单号等。

如果是录入数据错误或明细申报与报关单是“多对一”错误，冲减后重新生成明细数据时，可以做出口当期单证收齐录入，单证不齐标志为空，添加单证号码即可；也可不做单证收齐，单证不齐标志栏添加“B”。

冲减步骤操作如下：

第一步　与单证齐全冲减的操作相同，打开“生成出口货物冲减明细”菜单（参照单证齐全冲减的第一步）。

第二步　在打开的编辑窗口中，也是在左侧的索引窗口选择需要冲减的记录，然后在工具栏中选择“冲减出口”红色按钮，系统出现生成冲减明细窗口。如图2-85。

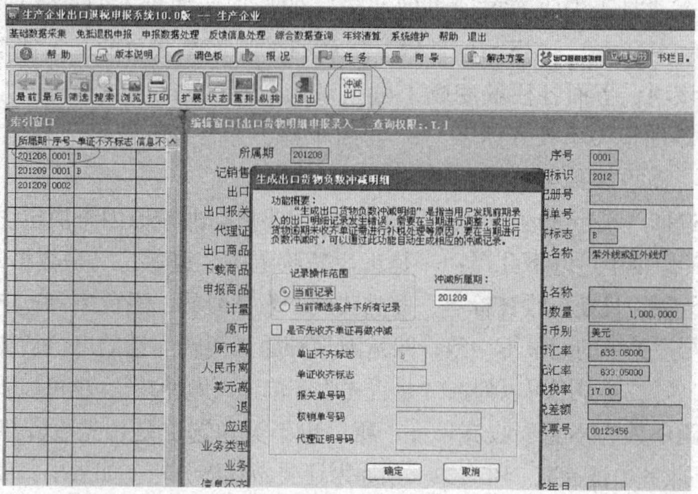

图2-85

第三步　在“生成出口货物负数冲减明细”窗口中，记录操作范围可选择“当前记录”。如果对所有记录都做冲减，可以选择“当前筛选条件下所有记录”。“冲减所属期”一般为当期，也可根据需要改为以前申报期。

如果是因为前期出口货物的退关、退运等而做的冲减，不需选择“是否先收齐单证再做冲减”项，直接点击“确定”按钮，系统生成一条明细数据冲减记录。如图2-86。

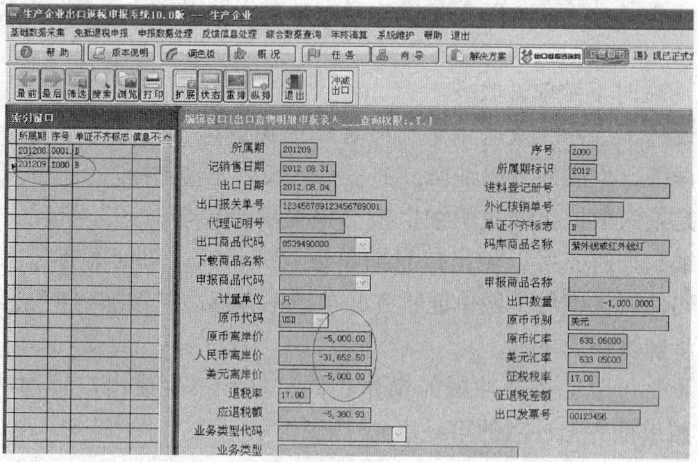

图2-86

第四步　退出冲减录入操作窗口，重新进入“出口货物明细申报录入”窗口，参照单证齐全的操作方法，把序号“Z000”修改为“0002”后，点击“保存”，冲减操作完成。如图2－87。

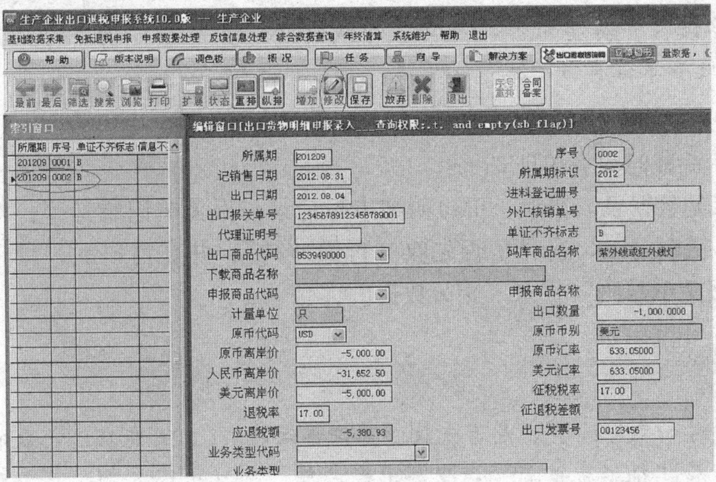

图2－87

第五步　如果上期已做明细数据申报的出口货物，本期发现录入的数据有错误，还需要做本步骤操作。冲减时刻不做单证收齐。这种情况下，同上面的“1”的操作一样，也不勾选“是否先收齐单证再做冲减”选项，只需冲减操作完成后再录入一笔新的正确的明细申报数据即可。以上面冲减为例，假设出口数量实际为100只，错录为1000只，在冲减后，录入序号为“0003”、出口数量为100只、其他数据不变的新的明细申报记录。如图2－88。

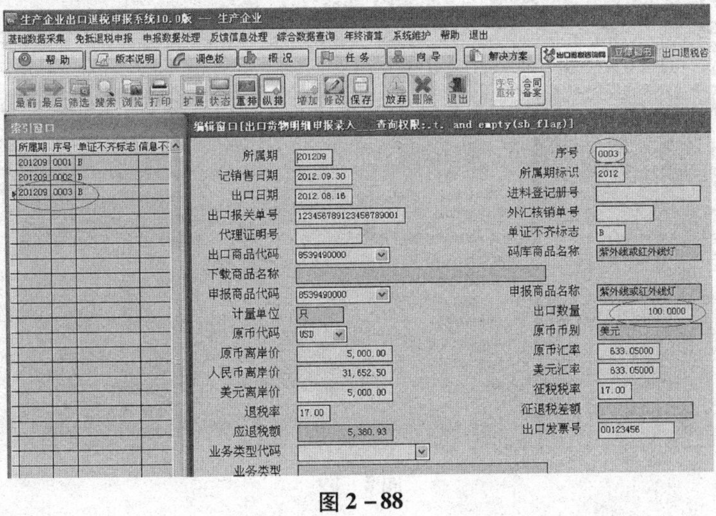

图2－88

小贴士

这种情况虽是本期发现了错误，但可以不在本期做冲减，等到该笔出口业务做单证收齐时再做冲减也可。冲减时除“多对一”情况外，其他勾选“是否先收齐单证再做冲减”。

（2）冲减时收齐单证。

如果是数据录入错误、出口明细申报记录与报关单记录是“一对多”等错误，冲减时可以勾选“是否先收齐再做冲减”，并在窗口的“单证收齐标志”、“报关单号码”栏录入相关数据。

小贴士

冲减时如果勾选了“是否先收齐单证再做冲减”，可能在汇总表的“免抵退税额”和“征退税差额”栏里会出现差额。一旦出现差额，可以改为对上面选项不做不勾选，即可避免。

冲减操作步骤如下：

第一步　打开“生成出口货物冲减明细”菜单模块，在打开的窗口左侧索引窗口中，选择要冲减的记录，然后点击工具栏的“冲减出口”红色按钮。如图2－89。

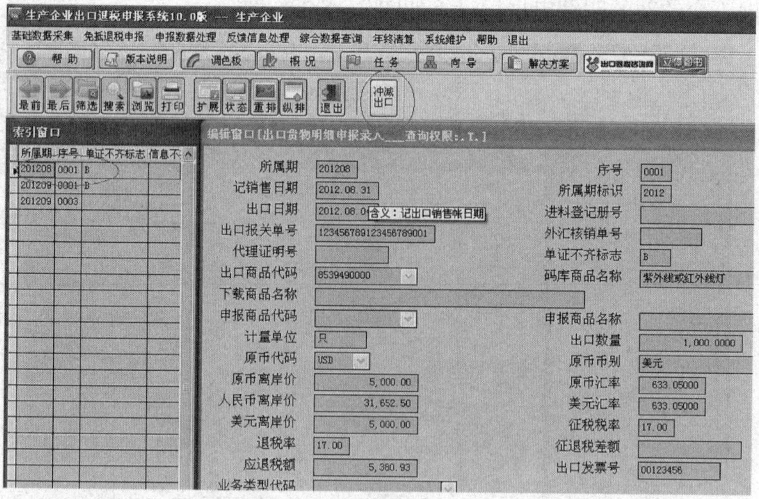

图2－89

第二步　在冲减明细小窗口，选择“当前记录”或“当前筛选条件下所有记录”，选中“是否先收齐单证再做冲减”。添加单证收齐标志和报关单号，然后点击“确定”。如图2－90。

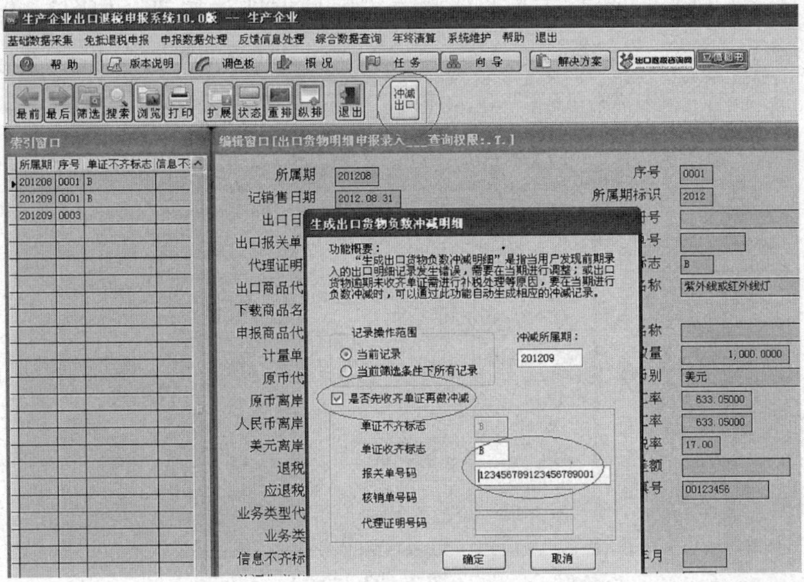

图2－90

第三步　系统生成一条负数的明细记录。如图2－91。

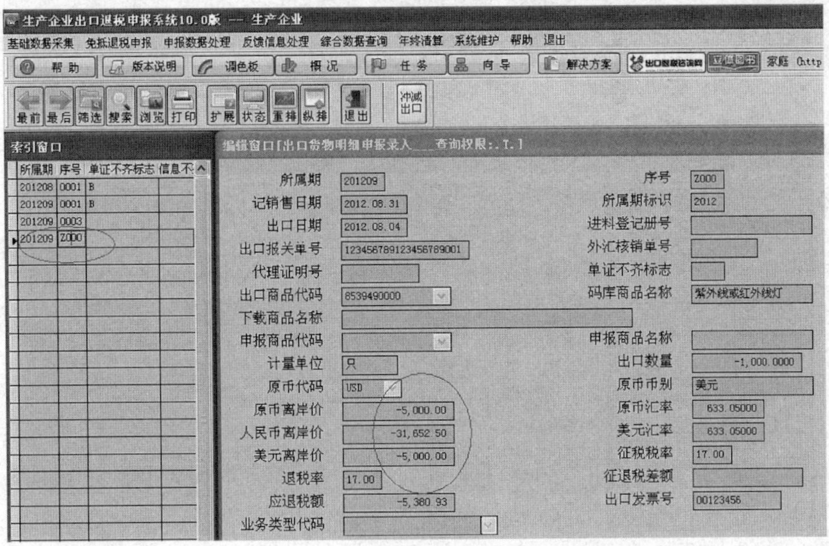

图2－91

第四步　退出冲减窗口，打开“出口货物明细申报录入”模块，点击序号以“Z”开头的明细记录。然后点击工具栏的“修改”按钮，按已录入的明细数据对序号加以修改，然后点击“保存”。为避免出现序号重复，不要忘记点击一下工具栏的“序号重排”按钮。如图2－92。

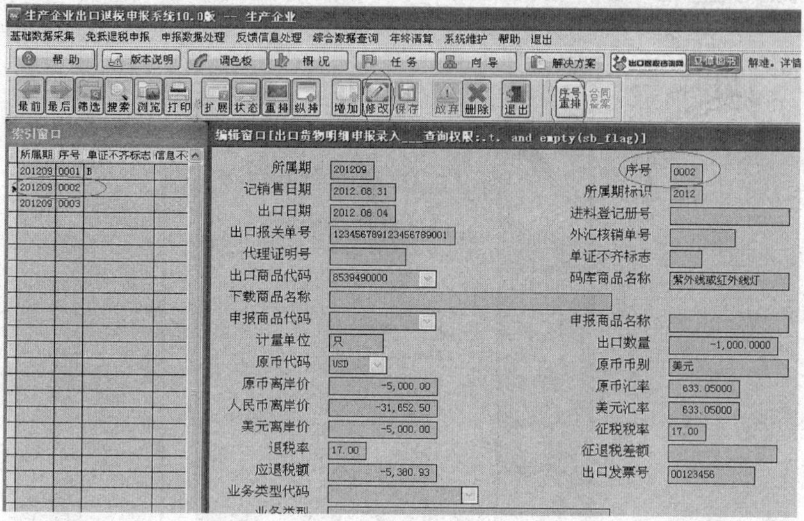

图 2－92

第五步　点击工具栏的“添加”按钮，重新录入一条正确的记录（假如出口数量错误）。整个冲减过程结束。如图 2－93。

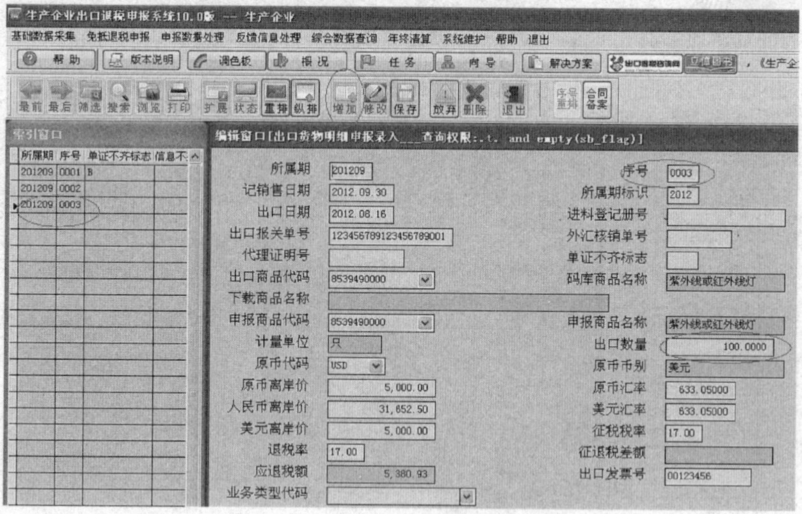

图 2－93

小贴士

由于选择了先收齐单证再做冲减，所以在冲减时要添加“BH”，重新录入明细数据时不要再加“BH”。

（二）免税出口货物冲减明细录入

企业出口的免税货物劳务因故发生退运或退关，或者本期发现前期已做出口明细申报的数据有错误时，需要对退运、退关货物或错误的申报数据进行冲减。

免税出口货物的冲减，与免抵退税出口货物的冲减的操作基本一样，但免税冲减不能选择“是否先收齐单证再做冲减”选项。也就是说免税出口的冲减没有出口单证不齐和单证收齐之分，直接冲减即可。

冲减的时候，如果是退关、退运的原因，冲减后不需再录入新的数据。如果是因为错误冲减，冲减后还要录入一笔新的正确数据。

免税冲减的操作步骤如下：

第一步　打开“基础数据采集”——“生成免税出口冲减明细”菜单。

第二步　在打开的窗口左侧索引窗口，选择要冲减的记录，然后点击工具栏的“冲减出口”按钮，系统显示冲减条件选择窗口。如图2－94。

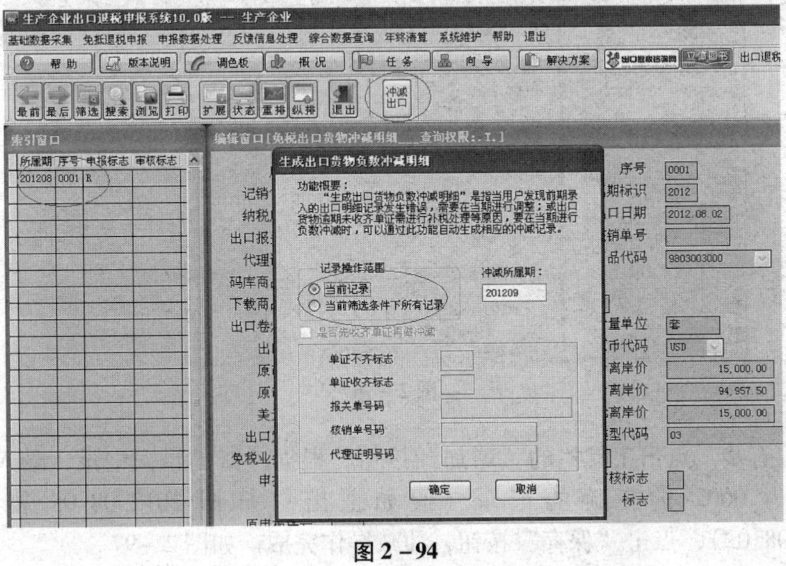

图2－94

第三步　根据企业实际情况，选择“当前记录”或“当前筛选条件下所有记录”选项，然后点击“确定”。系统生成一条负数记录。如图2－95。

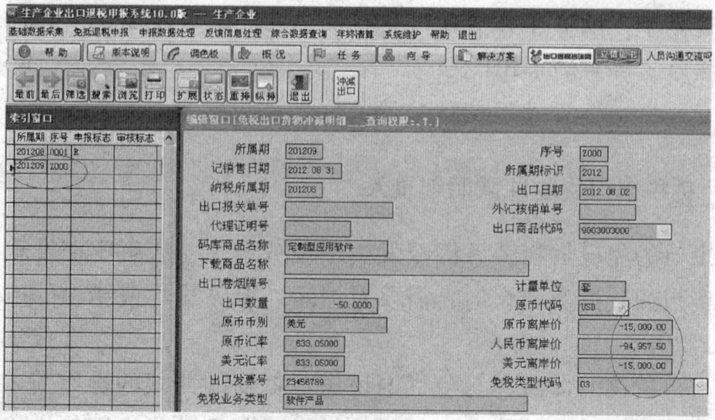

图2－95

第四步　退出冲减窗口，打开“基础数据采集”——“免税出口货物劳务录入”菜单。在左侧索引窗口选中刚刚生成的以“Z000”为序号的冲减记录，点击工具栏的“修改”按钮，在右侧的编辑录入窗口把序号改为“0001”。点击工具栏的“保存”按钮。如图2－96。

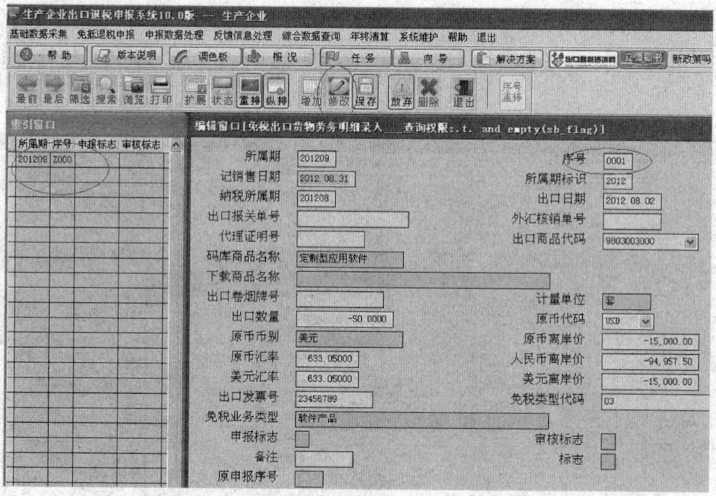

图2－96

第五步　点击工具栏的“增加”按钮，根据冲减的错误记录，录入一条序号为0002的正确的记录（假如把出口日期2012.08.05错录为2012.08.02），点击“保存”按钮，冲减操作完成。如图2－97。

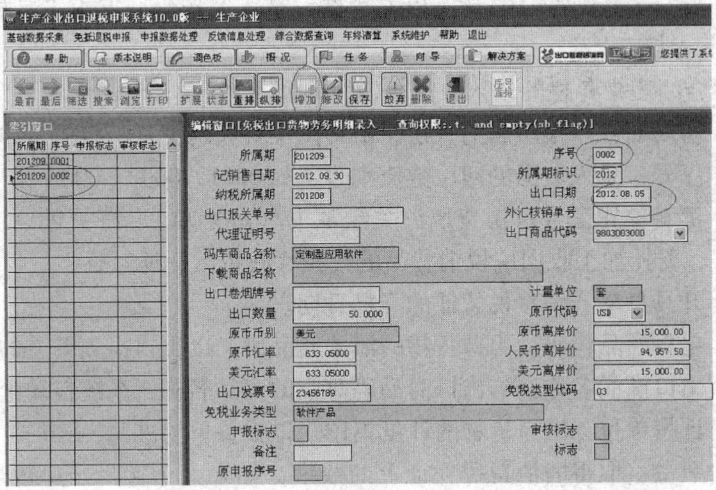

图 2－97

六、出口非自产货物申报录入

本表录入的内容是指生产企业出口的视同自产货物以及列明生产企业出口的非自产货物中，属于消费税应税商品的部分，非消费税应税商品不用录入。

出口非自产货物申报录入步骤如下：

第一步　打开菜单栏中“基础数据采集”下拉菜单“出口非自产货物申报录入”菜单。

第二步　在打开的窗口中，点击“增加”按钮，使窗口各栏变为可编辑状态。如图 2－98。

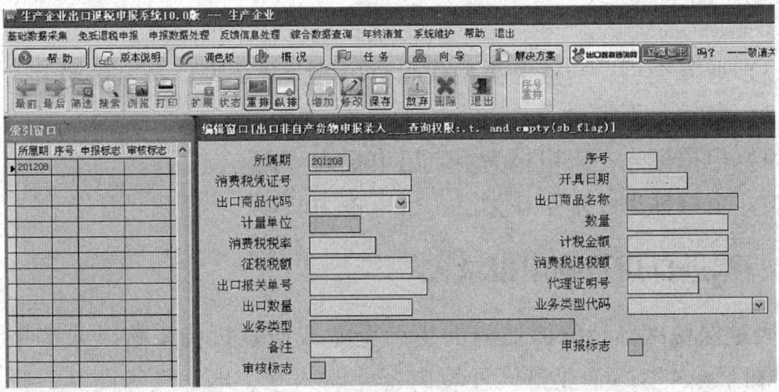

图 2－98

第三步　在窗口各栏中录入相关数据，录入完毕后，点击工具栏的“保存”按钮，结束录入。

下面介绍表中各栏的录入方法。

（1）所属期：申报所属的月份，由4位年号和两位月份组成，如201208。

（2）序号：录入数据的四位数流水号，如0001、0002、0003等。

（3）消费税凭证号：消费税海关缴款书（分割单）、海关进口消费税专用缴款书、委托加工收回应税消费品的代扣代收税款凭证号码。

（4）开具日期：消费税凭证的开具日期。

（5）出口商品代码：出口货物的海关商品码，以出口报关单上的为准。

（6）出口商品名称：与出口商品码对应的商品名称，系统自动生成。

（7）计量单位：出口货物的计量单位，以报关单为准。

（8）数量：取得的消费税凭证上的数量，如果大于实际出口数量，应开具分割单。

（9）消费税税率：出口货物适用的消费税率。实行从价定率计征的，以小数格式录入法定税率；从量定额计征的，录入法定单位税额。

（10）计税金额：出口货物进项发票列明的商品计税金额。

（11）征税税额：计税金额与消费税率或单位税额的乘积。

（12）消费税退税额：即上栏“征税税额”栏的金额。

（13）出口报关单号：出口消费税应税货物报关单的18位编号加上“0”和两位项号。

（14）代理证明号：委托代理出口消费税应税货物的代理证明编号加两位项号。

（15）出口数量：出口报关单上的数量。

（16）业务类型代码：出口应税消费品的业务类型代码。在栏目下拉菜单中选择。

（17）业务类型：与业务类型代码对应的业务类型，系统自动录入。

（18）备注：不需录入。

（19）申报标志：未申报为空，已申报为“R”。

（20）审核标志：未审核为空，已审核为“R”。

七、购进自用货物申报录入

本表是保税区等特殊区域内的生产企业或研发机构采购录入申报专用表格。特殊区域内生产企业自区外境内企业购入水、电、气等商品，研发机构采购国产设备，需要在表中录入数据进行申报。

操作步骤如下：

第一步　打开菜单栏中“基础数据采集”下拉菜单中“购进自用货物申报录入”菜单。

第二步　在打开的窗口中，点击“增加”按钮，使窗口中各栏处于可编辑状态。如图2－99。

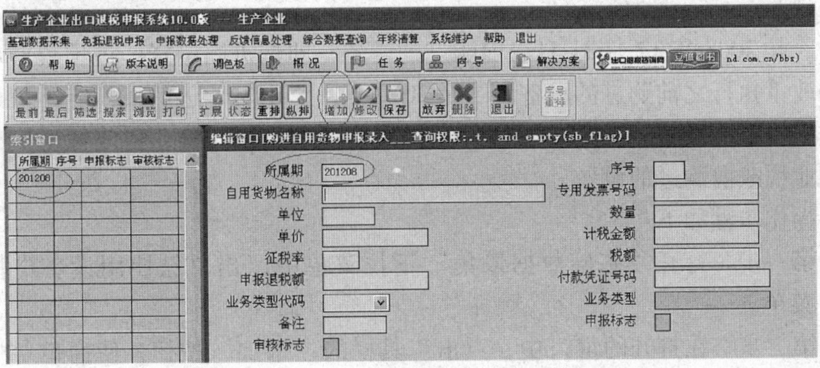

图2－99

第三步　在窗口各栏中录入相关数据，然后点击工具栏的“保存”按钮，完成录入。

下面介绍表中各栏的录入方法。

(1) 所属期：申报所属的月份，由4位年号和两位月份组成，如201208。

(2) 序号：录入数据的四位数流水号，如0001、0002、0003等。

(3) 自用货物名称：购进的自用货物的商品名称。

(4) 专用发票号码：购进自用货物的增值税专用发票的代码加上号码。

(5) 单位：购进货物的计量单位，按进项发票录入。

(6) 数量：购进货物的数量，按进项发票录入。

(7) 单价：购进货物的单价，按进项发票录入。

(8) 计税金额：进项发票上的计税金额。

(9) 征税率：购进货物的征税率，按进项发票录入。

(10) 税额：购货发票上的进项税额。

(11) 申报退税额：即上栏“税额”栏金额。

(12) 付款凭证号码：支付货物购进价款的付款凭证编号。

(13) 业务类型代码：购进货物的业务类型，在栏目下拉菜单中选择。

(14) 业务类型：与“业务类型代码”对应的业务类型，系统自动录入。

(15) 备注：不需录入。

（16）申报标志：未申报为空，已申报为“R”。

（17）审核标志：未审核为空，已审核为“R”。

八、出口已使用设备申报录入

出口企业出口以下已使用过的未抵扣进项税额的设备，应该录入本表申报退税。

一是2008年12月31日以前购进的设备，即购进固定资产进项税额可以抵扣政策执行之前购进的设备。二是2009年1月1日购进的按规定不可以抵扣进项税额的设备。三是非增值税纳税人购进的设备。营业税改征增值税出口企业税改前购进的设备。

操作步骤如下：

第一步　打开“基础数据采集”下拉菜单中“出口已使用设备申报录入”菜单。

第二步　在打开的窗口中，点击工具栏的“增加”按钮，使窗口各栏处于可编辑状态。如图2－100。

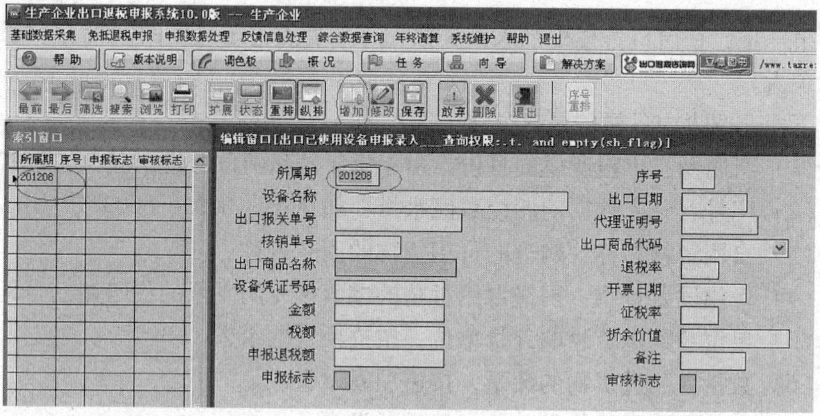

图2－100

第三步　在窗口各栏中录入相关数据。录入完毕后点击工具栏的“保存”按钮，结束录入。

下面介绍表中各栏的录入方法。

（1）所属期：申报所属的月份，由4位年号和两位月份组成，如201208。

（2）序号：录入数据的四位数流水号，如0001、0002、0003等。

（3）设备名称：出口销售的已使用过的设备名称。

（4）出口日期：设备出口的日期，以报关单上的出口日期为准。

(5) 出口报关单号：18 位出口报关单号码加“0”加两位项号。

(6) 代理证明号：委托代理出口货物的代理证明号码加两位项号。

(7) 核销单号：不用录入。

(8) 出口商品代码：出口已使用设备的海关商品编码。

(9) 出口商品名称：与出口商品代码对应的商品名称，系统自动录入。

(10) 退税率：出口已使用设备的退税率。

(11) 设备凭证号码：出口的已使用设备凭证编号。

(12) 开票日期：出口的已使用设备凭证的开票日期。

(13) 金额：出口的已使用设备凭证上的金额。

(14) 征税率：出口的已使用设备凭证上的征税率。

(15) 税额：出口的已使用设备凭证上的税额。

(16) 折余价值：出口已使用设备凭证上的原值减去折旧后的价值。

(17) 申报退税额：折余价值乘以退税率。

(18) 备注：不需录入。

(19) 申报标志：未申报为空，已申报为“R”。

(20) 审核标志：未审核为空，已审核为“R”。

九、零税率应税服务明细录入

所谓零税率应税服务，是指营业税改征增值税的企业和个人，在提供国际运输服务、向境外单位提供的研发服务和设计服务业务时，适用增值税零税率。

上述企业或个人在从事零税率增值税服务业务时，需要做零税率应税服务明细录入。

“零税率应税服务明细录入”菜单包括三个子菜单：国际运输服务明细申报录入、研发设计服务明细申报录入、收讫营业款明细清单录入。

下面分别介绍这三个菜单的操作方法。

(一) 国际运输服务明细申报录入

国际运输服务包括三方面内容：一是在境内载运旅客或者货物出境；二是在境外载运旅客或者货物入境；三是在境外载运旅客或者货物。企业发生这三项业务后，需要在系统录入有关数据，做免抵退税申报操作。

第一步　打开“基础数据采集”——“零税率应税服务明细录入”——“国际运输服务明细申报录入”菜单。

第二步　在打开的窗口中，点击工具栏的“增加”按钮，使窗口中各栏目处于可编辑状态。然后在栏目中录入相关数据。录入结束后，点击工具栏的“保存”按钮，完成录入操作。如图2－101。

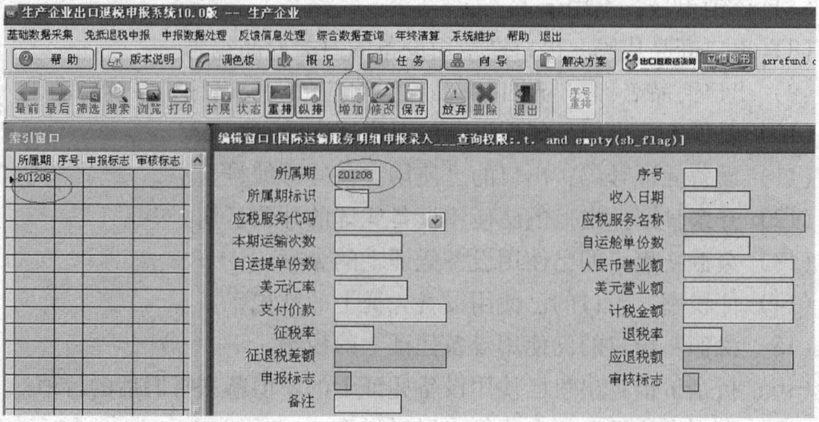

图2－101

数据录入方法如下：

（1）所属期：申报所属的月份，由4位年号和两位月份组成，如201208。

（2）序号：录入数据的四位数流水号，如0001、0002、0003等。

（3）所属期标识：录入数据的所属年度。

（4）收入日期：应税服务收入的所属日期。

（5）应税服务代码：应税服务业务的海关商品码。

（6）应税服务名称：与应税服务代码对应的业务名称，系统自动录入。

（7）本期运输次数：本所属期发生的运输次数。

（8）自运舱单份数：本所属期发生的运输业务自运舱单份数。

（9）自运提单份数：本所属期发生的运输业务自运提单（运单）份数或载客人数。

（10）人民币营业额：本所属期发生的运输业务的全部营业收入，包括已收和未收款。非人民币结算的按汇率折算为人民币。

（11）美元汇率：人民币对美元的折算率。

（12）美元营业额：以人民币营业额和美元汇率折算的美元金额。

（13）支付价款：申报企业支付给未实行营业税改征增值税的营业税纳税人的费用。

（14）计税金额：应税服务收入减去未实行营业税改征增值税企业费用后的余额。

（15）征税率：应税服务的增值税税率。

（16）退税率：应税服务的增值税退税率。

（17）征退税差额：申报的应税服务计税金额乘以征税率与退税率的差额。

（18）应退税额：申报的应税服务计税金额乘以退税率。

（19）申报标志：未申报为空，已申报为“R”。

（20）审核标志：未审核为空，已审核为“R”。

（21）备注：不需录入。

（二）研发设计服务明细申报录入

境内企业向境外企业提供的研发服务和设计服务收入，享受零增值税率。业务发生后，在本菜单中录入有关数据，做免抵退税申报。

第一步　打开“基础数据采集”——“零税率应税服务明细录入”——“研发设计服务明细申报录入”菜单。

第二步　在打开的窗口中，点击工具栏的“增加”按钮，使窗口各栏处于可编辑状态。然后在栏目中录入有关数据。录入结束后，点击工具栏的“保存”按钮，完成操作。如图2－102。

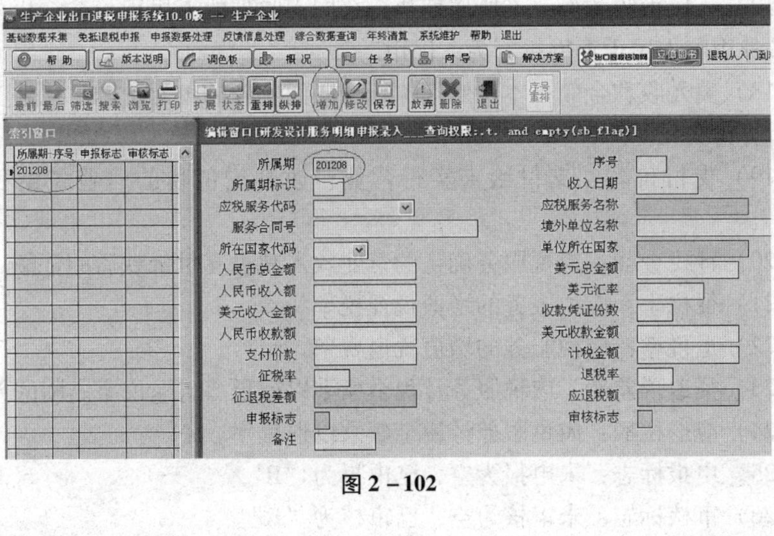

图2－102

数据录入方法如下：

（1）所属期：申报所属的月份，由4位年号和两位月份组成，如201208。

（2）序号：录入数据的四位数流水号，如0001、0002、0003等。

（3）所属期标识：录入数据的所属年度。

（4）收入日期：应税服务收入的所属日期。

（5）应税服务代码：应税服务业务的海关商品码。

（6）应税服务名称：与应税服务代码对应的业务名称。系统自动录入。

（7）服务合同号：与外商签订的服务合同编号。

（8）境外单位名称：签发服务合同的境外企业名称。

（9）所在国家代码：外商所在国家或地区的编码。

（10）单位所在国家：与“所在国家代码”对应的国家名称。系统自动录入。

（11）人民币总金额：服务合同人民币总金额。以外币结算的按外币与人民币汇率折算为人民币。

（12）美元总金额：服务合同美元总金额。非美元结算的折算为美元录入。

（13）人民币收入额：本所属期执行合同而确认营业收入的人民币金额。以外币结算的折算为人民币金额。

（14）美元汇率：人民币与美元的折算率。

（15）美元收入金额：本所属期执行合同而确认营业收入的美元金额。以非美元结算的折算为美元金额。

（16）收款凭证份数：收取服务款的银行收款凭证份数。

（17）人民币收款额：本所属期执行合同而收到的人民币价款。以外币结算的按外币与人民币汇率折算为人民币。

（18）美元收款金额：本所属期执行合同而收到的美元价款。以非美元结算的折算为美元。

（19）支付价款：支付给未实行营业税改征增值税的营业税纳税人的费用。

（20）计税金额：应税服务确认的营业收入减去支付价款后的金额。

（21）征税率：应税服务的增值税征税率。

（22）退税率：应税服务的增值税退税率。

（23）征退税差额：应税服务计税金额乘以征税率与退税率之间的差额。

（24）应退税额：应税服务计税金额乘以退税率。

（25）申报标志：未申报为空，已申报为“R”。

（26）审核标志：未审核为空，已审核为“R”。

（27）备注：不需录入。

（三）收讫营业款明细清单录入

境内企业向境外企业提供的应税服务，对收取的服务项目的营业款项，需要根据收款明细录入到系统菜单，做免抵退税申报。

操作步骤如下：

第一步 打开“基础数据采集”——“零税率应税服务明细录入”——“收讫营业款明细清单录入”菜单。

第二步 在打开的窗口中，点击工具栏的“增加”按钮，使窗口栏目处于可编辑状态。在栏目中录入有关数据后，点击工具栏的“保存”按钮，完成录入。如图2－103。

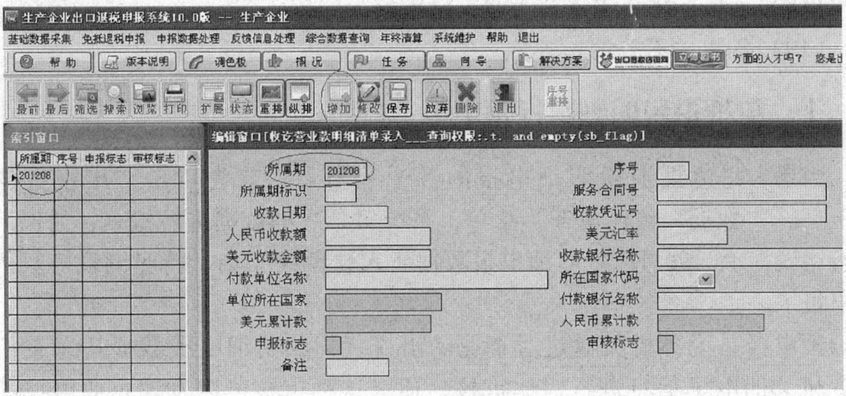

图2－103

数据录入方法如下：

（1）所属期：申报所属的月份，由4位年号和两位月份组成。如201208。

（2）序号：录入数据的四位数流水号。如0001、0002、0003等。

（3）所属期标识：录入数据的所属年度。

（4）服务合同号：与外商签订的应税服务合同编号。

（5）收款日期：收齐应税服务营业款的日期。

（6）收款凭证号：收取营业款的银行收款凭证编号。

（7）人民币收款额：银行收款凭证上的人民币金额。以外币结算的，按外币与人民币的汇率折算为人民币。

（8）美元汇率：人民币对美元的汇率。

（9）美元收款金额：银行收款凭证上的美元金额。以非美元结算的，按汇率折算为美元。

（10）收款银行名称：收到营业款的银行名称。

（11）付款单位名称：支付营业款的单位名称。

（12）所在国家代码：付款单位所在国家或地区的代码。

（13）单位所在国家：与所在国代码对应的国家或地区名称。

（14）付款银行名称：支付营业款的银行名称。

（15）美元累计款：截止到申报所属期当月已收的营业款美元金额。以非美元结算的，按汇率折算为美元，系统自动填列。

（16）人民币累计款：截止到申报所属期当月已收的营业款人民币金额。以外币结算的，按汇率折算为人民币。系统自动填列。

（17）申报标志：未申报为空，已申报为“R”。

（18）审核标志：未审核为空，已审核为“R”。

（19）备注：不需录入。

十、免抵退税明细数据预申报

当录入完免抵退税明细申报的各个表格后，首先点击“申报数据处理”——“数据一致性检查”菜单，系统对录入的数据进行检查，如果系统没有错误提示，就可以把明细申报数据拷入软盘或U盘，持盘到税务局进行预申报了。

预申报是税务机关通过对企业的出口货物的明细申报数据与海关传到税务机关的电子信息进行对比审核，通过这种审核可以发现企业申报的数据是否存在问题或错误，并把审核结果反馈到企业的报盘文件。企业则根据税务机关的反馈信息，对已经录入完成的明细申报数据进行检查，找出错误和问题出现的原因，通过调整或更改，重新生成正式的明细申报数据。

免抵退税明细数据预申报过程，是大部分地区的税务机关对企业的要求。但也有地区的税务部门不要求预申报，而是直接进行正式申报，则这些地区的企业就可以省略预申报过程。

有些地区的预申报是通过互联网进行的，这样企业就可以省略人员往返的路程之苦。企业通过互联网把预申报数据发送到税务机关的地址、邮箱，税务机关审核后再通过互联网把预审结果反馈给企业。

（一）生成预申报明细申报数据

第一步　各种申报数据录入完成后，打开菜单栏的“申报数据处理”——“数据一致性检查”下拉菜单。

第二步　在打开的窗口中，点击“数据一致性检查”，则系统开始对录入数据进行检查。检查完毕后，系统把检查结果显示在窗口。在提示的错误信息中，分析是否影响申报。如果发现有影响申报的错误，对其进行修改，其他不影响申报的错误提示可以忽略。如图2－104。

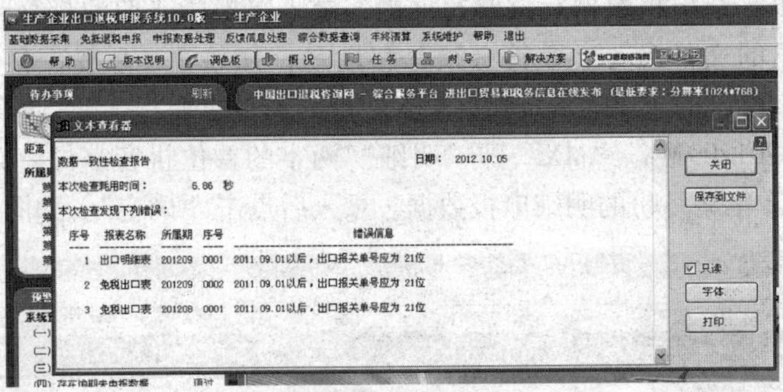

图 2－104

第三步 数据一致性检查无误后，就可以生成明细申报数据了。打开系统菜单栏的“免抵退税申报”的下拉菜单“生成明细申报数据”。如图 2－105。

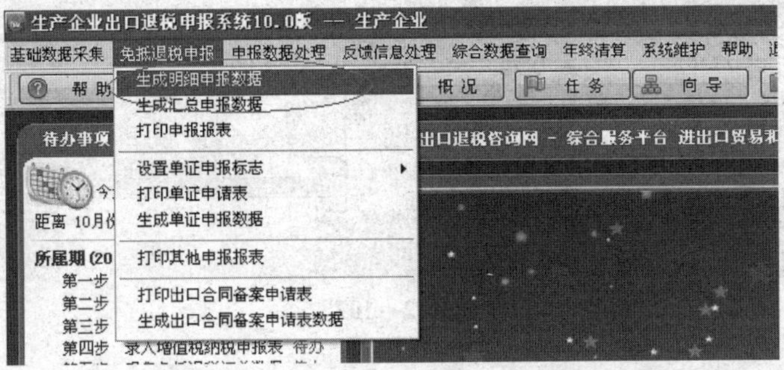

图 2－105

第四步 在打开的“生成申报数据”小窗口中，录入申报所属期后（系统默认当前），点击“确定”。如图 2－106。

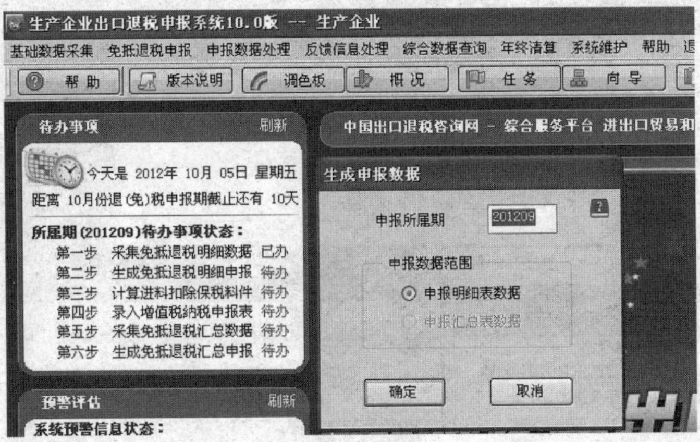

图 2－106

第五步　在申报数据存放路径框内，录入申报所属期的盘符路径和保存预申报数据的文件名称。盘符必须是移动盘，如软盘、U盘、移动硬盘等。可以点击小窗口的“浏览”按钮选择盘符。文件名称一般是申报年月加上“MX”，如201209MX。“MX”即“明细”两字的首位拼音字母。文件名的意思就是2012年9月份的明细申报数据。录入后点击“确定”。如图2－107。

图2－107

第六步　在“确认信息”小窗口，点击“是”。如图2－108。

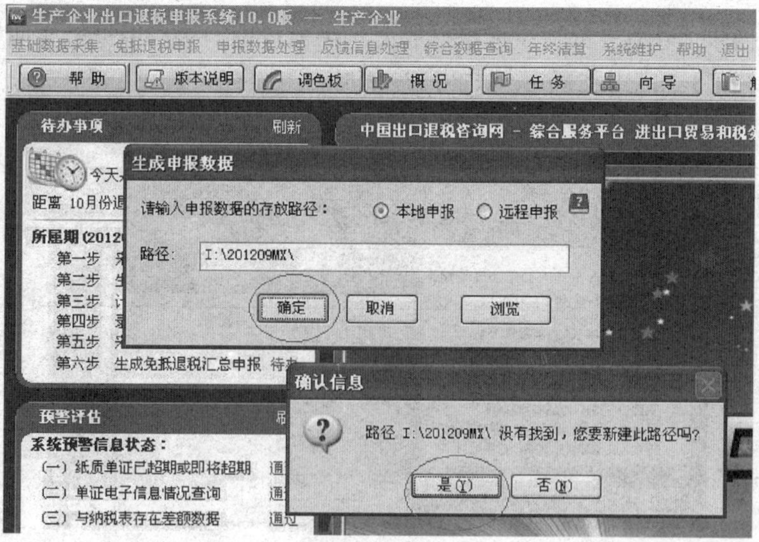

图2－108

第七步　系统开始生成明细申报数据。申报数据生成后，系统会提示生成的申报数据列表，如下图。点击“关闭”，生成申报数据操作过程结束。如图2－109。

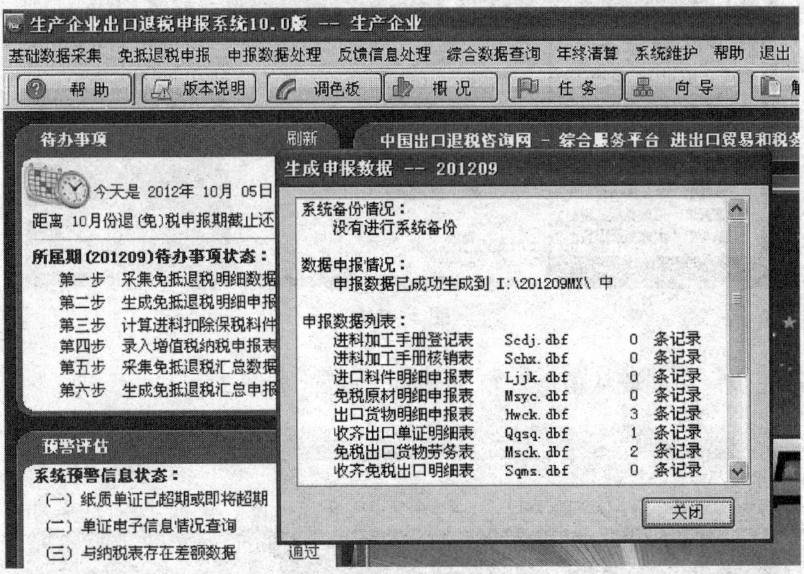

图2－109

小贴士

如果当月没有出口，需做零申报。零申报时生成的明细申报数据记录都为“0”。

（二）生成的预申报数据的撤销

明细申报数据生成后，如果发现录入的数据错误或路径、文件名等设置错误，可以撤销明细数据申报，然后再重新生成明细申报数据。

撤销已生成的申报数据步骤如下：

第一步　打开系统菜单栏“申报数据处理”的下拉菜单中“撤销已申报数据”菜单。

第二步　在打开的“撤销已申报数据”小窗口中，录入申报所属期（一般是默认当前日期），选择在申报数据范围为“申报明细表数据”，然后点击“确定”。如图2－110。

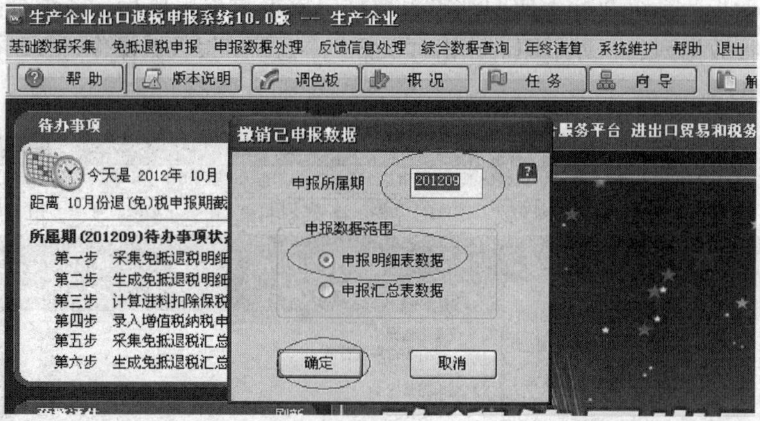

图2－110

第三步　在"确认信息"窗口点击"是"。如图2－111。

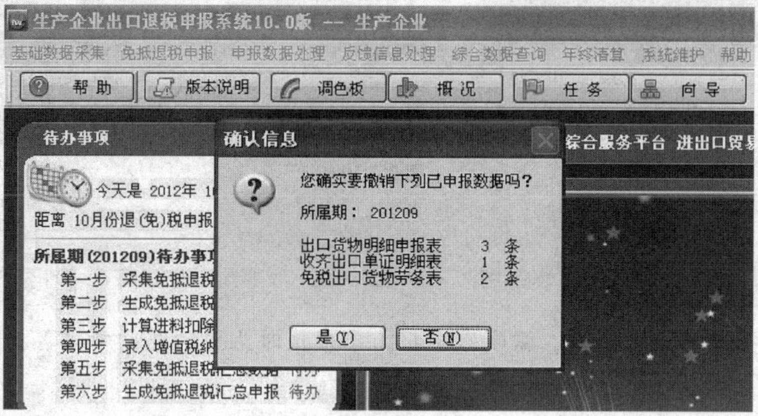

图2－111

第四步　系统提示已申报数据撤销成功。点击"确定"，撤销过程结束。

（三）预申报反馈信息的读入和处理

企业把出口明细申报数据、单证收齐申报数据生成预申报盘后，就可以到退税部门做出口货物明细数据预申报了。如果有进料加工业务，申报盘还应包括进料加工手册登记、进口料件明细申报、进料手册核销等数据资料。退税部门对企业提供的申报数据与海关等部门传来的出口电子信息比对审核后，把审核结果反馈到企业的申报盘中。企业拿回申报盘后，把退税部门预审的反馈信息做读入和处理后，完成出口货物明细申报数据的预申报过程。

退税部门反馈信息读入处理步骤如下：

1. 反馈信息读入

第一步　把存有退税部门反馈信息的预申报盘插入企业的电脑中，打开申报系统菜单栏的“反馈信息处理”——“税务机关反馈信息读入”菜单。

第二步　在打开后的反馈信息存放路径窗口，通过“浏览”按钮，选择存放反馈信息的路径和文件名。如图2-112。

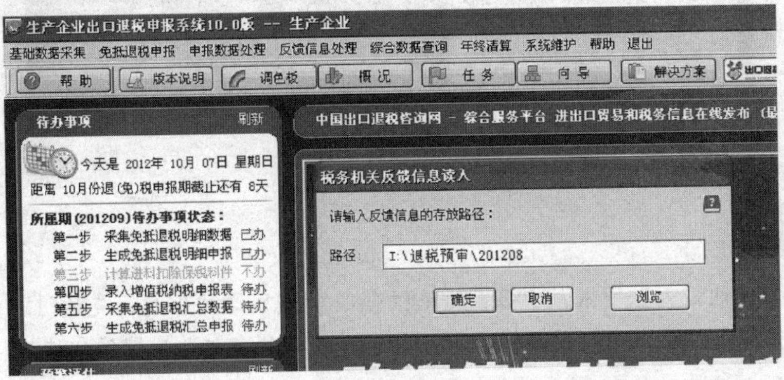

图2-112

第三步　点击“确定”按钮后，系统界面出现了反馈数据列表小窗口，如图2-113。

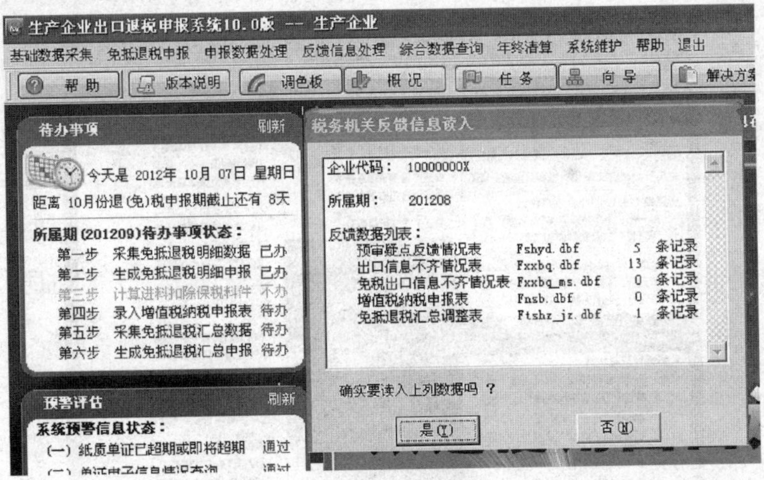

图2-113

第四步　点击“是”按钮后，退税部门反馈信息数据读入到企业的系统中。见图2-114。

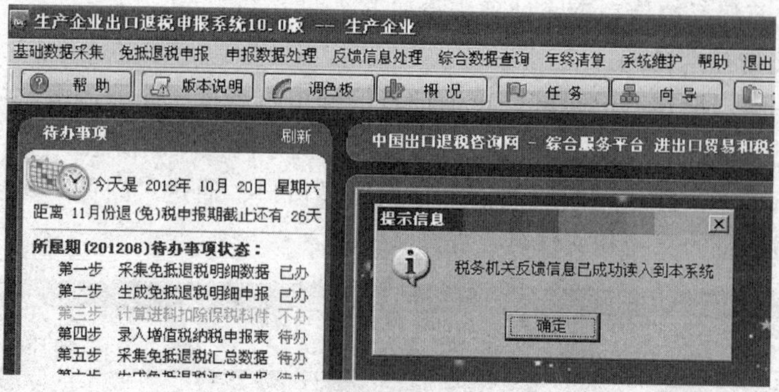

图2－114

小贴士

如果是通过互联网做预申报，对退税部门审核反馈的信息，先通过“税务机关反馈信息接收”菜单下载反馈信息，然后再做“税务机关反馈信息读入”。

2. 反馈信息查询

退税部门的反馈信息读入企业系统后，可以通过系统的反馈信息查询功能，查看申报数据的错误情况。如图2－115。

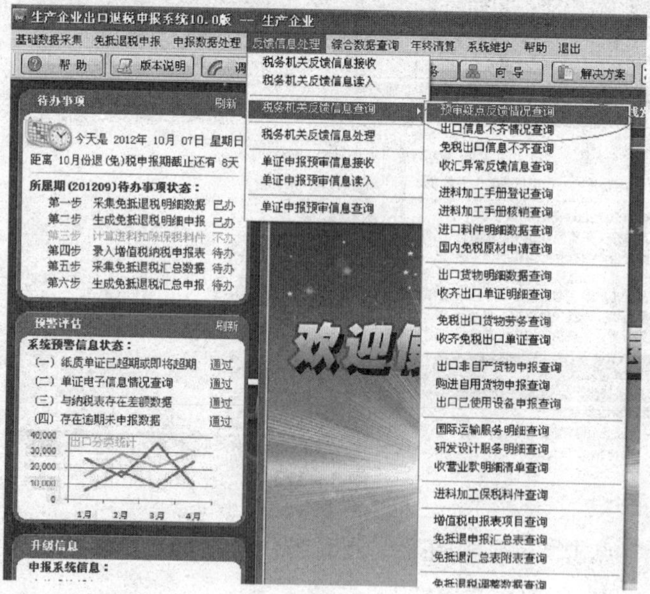

图2－115

点击有关查询菜单，就可以查看这些菜单的详细内容。如果系统提示有错误，就要分析错误的形成原因和性质。假如是比较严重的错误，能够影响申报数据的准确性，就要进入系统的“基础数据采集”菜单中，对已录入的数据加以修改。见图 2－116。

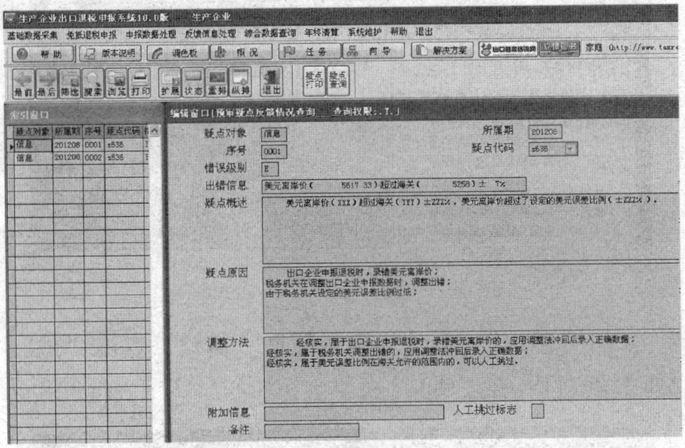

图 2－116

假如提示的错误经过分析，对申报数据没有什么影响，则错误可以忽略，直接进行反馈信息数据处理。

3. 反馈信息处理

反馈信息处理就是用退税部门对预申报数据审核后的反馈数据替换企业录入的申报数据。

进行反馈信息处理前，首先要撤销已申报数据，也就是说要撤销已申报数据申报标志。不论税务机关的反馈信息是否提示已申报数据有错误，企业都要做这一步。

税务机关反馈信息处理的步骤如下：

第一步　打开菜单栏“申报数据处理”——“撤销已申报数据”下拉菜单。如图 2－117。

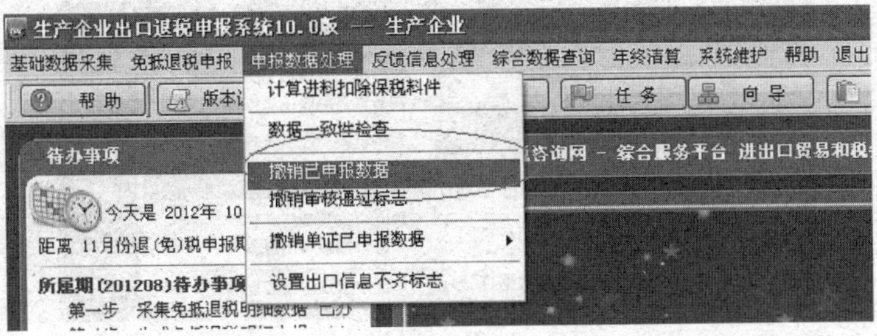

图 2－117

第二步　在打开的撤销数据小窗口，录入所属期。系统默认是申报当期。在“申报数据范围”选项中，选择“申报明细表数据”。见图 2－118。

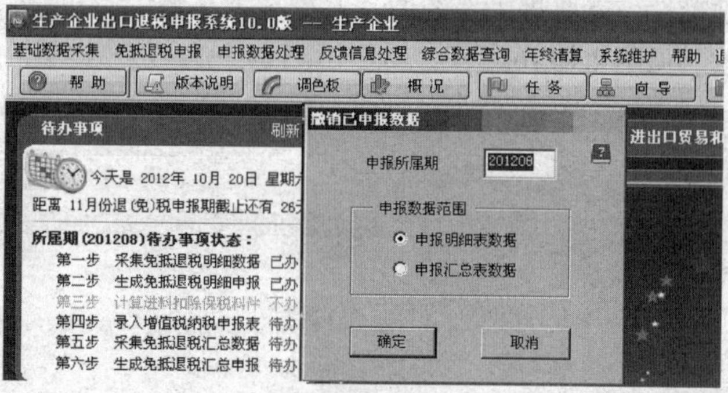

图 2－118

第三步　点击“确定”，显示“确认信息”窗口，点击“是”。申报数据撤销成功。如图 2－119。

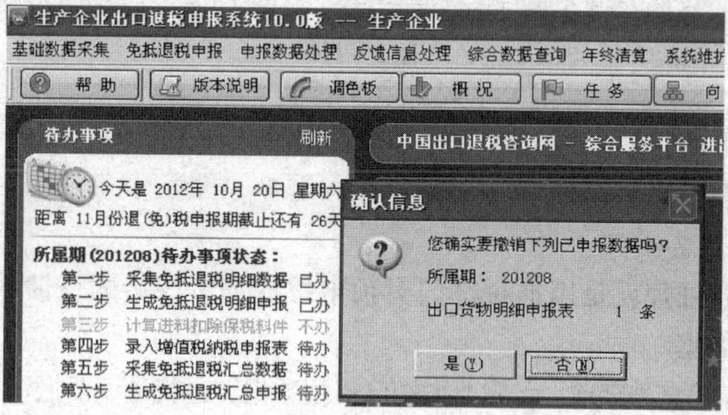

图 2－119

第四步　打开菜单栏“反馈信息处理”——“税务机关反馈信息处理”下拉菜单。如图 2－120。

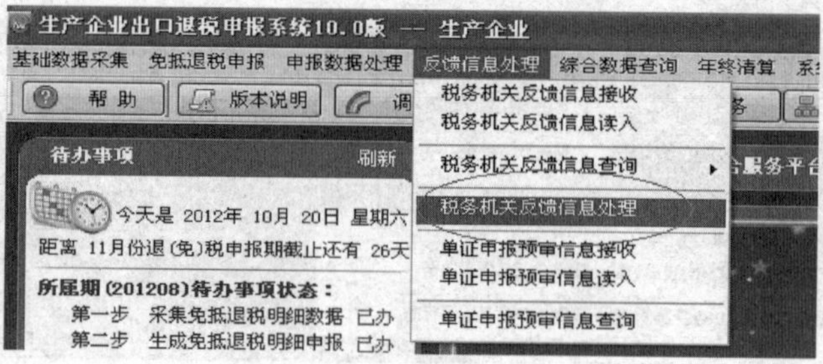

图 2－120

第五步　在打开的预审反馈处理窗口，系统提示了要处理的内容。如图 2－121。

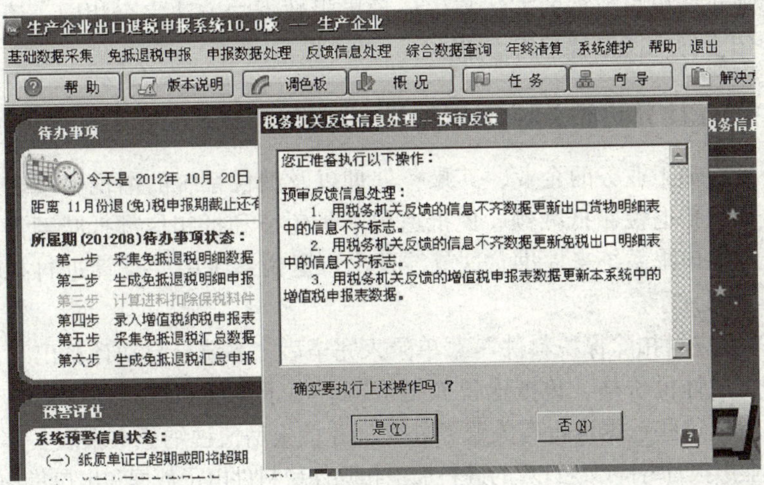

图 2－121

第六步　点击“是”按钮，系统的已录入数据被税务机关的反馈数据替换。反馈信息处理结束。如图 2－122。

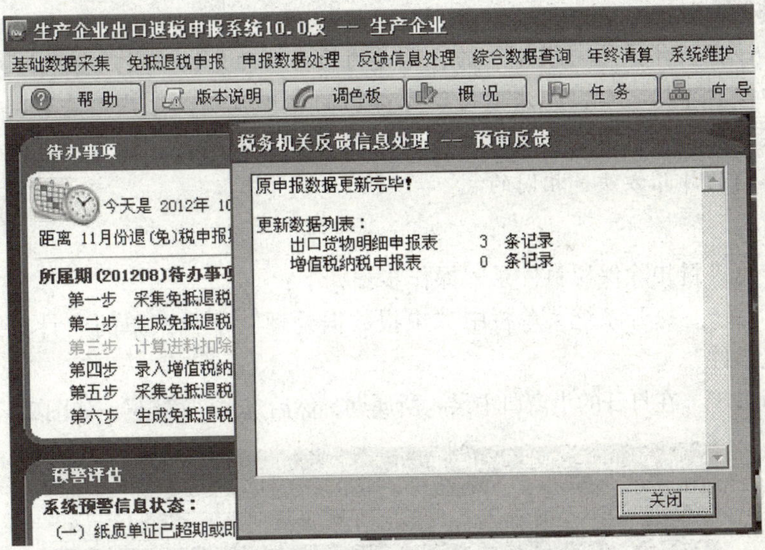

图 2－122

十一、生成正式申报明细数据

预申报数据读入处理完成后，再次进行数据一致性检查，如果确认没有错误后或错误可以忽略后，就可以重新生成明细申报数据做正式申报了。

生成正式申报数据的方法与生成预申报数据的方法完全相同，请参照上面的介绍去做，这里就不再多说。

十二、计算进料扣除保税料件

有进料加工业务的企业，其账务处理以及纳税系统的纳税申报表的某些数据，如免抵退税额抵减额、免抵退税不予免征和抵扣税额抵减额等，也需要免抵退税申报系统来提供。这就涉及出口退税系统中“计算进料扣除保税料件”的录入了。

“计算进料扣除保税料件”菜单录入完毕后，系统会自动计算出当月进口料件的组成计税价格、免抵退税额抵减额、不予免征和抵扣税额抵减额。企业可以根据这些数据进行有关账务处理，并填报增值税纳税申报表。

企业申报时需持系统计算的进料加工扣除保税料件电子数据和出口货物扣除保税进口料件申请表到税务机关申报。税务机关主管退税的部门对企业申报的有关数据进行审核，若无误，将为企业出具《生产企业进料加工贸易免税证明》。

小贴士

系统里的计算是“模拟”的，这是因为真正的免税证明是退税机关出的。但出口退税申报之前，无法取得退税部门的免税证明，也就无法取得申报所需的某些数据，所以这些数据只能通过模拟计算来取得。模拟计算的方法与退税部门的计算方法是相同的。

计算进料扣除保税料件录入操作步骤如下：

第一步　打开系统菜单栏中“申报数据处理”下拉菜单的“计算进料扣除保税料件”。

第二步　在打开的小窗口中录入所属期，然后点击“确定”。如图2－123。

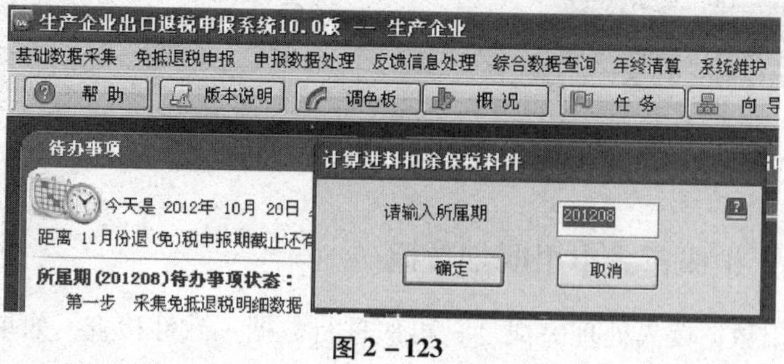

图2－123

第三步　系统自动计算出免抵退税额抵减额和不予免征和抵扣税额抵减额。如图 2－124。

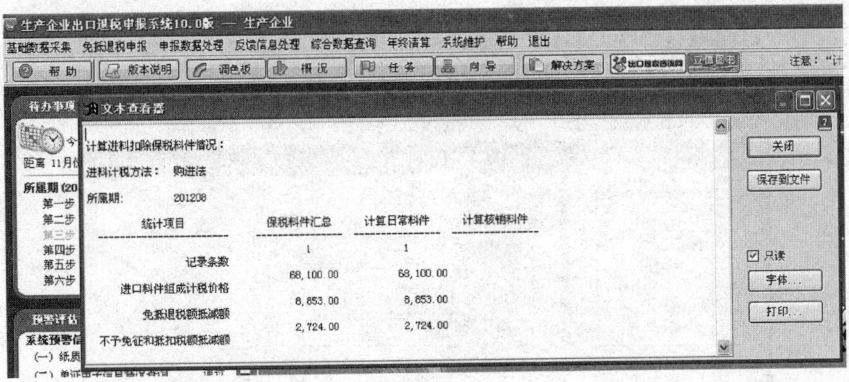

图 2－124

第四步　有了表中的数据，企业就可以根据这些数据做出有关账务处理，并填报纳税申报表了。

十三、增值税纳税申报表录入

出口企业的涉税申报包括纳税申报和免抵退税申报。虽然这两种申报是在税务机关不同的两个部门、用两个不同的电子系统进行的，但二者也是有联系的。免抵退税申报系统的“增值税纳税申报表”中的数据，就是根据纳税申报系统的同一报表的数据录入的。同时纳税申报系统的出口销售额及免抵退税额两个栏目的数据，则是根据当期出口货物和上期的免抵退税汇总表的数据录入的。因此，我们在录入免抵退税系统的纳税申报表之前，首先要完成纳税申报系统的纳税申报表录入。

纳税申报表是企业纳税申报最重要的报表，俗称“主表”。在免抵退税申报中，它也是必须录入的报表之一。数据录入的依据是纳税申报系统的增值税纳税申报表。

虽然免抵退税系统需要录入和报送增值税纳税申报表，但免抵退税系统里却不能打印这一报表，退税申报所用的纳税申报表是在纳税申报系统打印并经纳税申报的税务部门盖章的增值税纳税申报表。

增值税纳税申报表的录入步骤如下：

第一步　打开菜单栏中“基础数据采集”的下拉菜单的“增值税申报表项目录入”菜单。

第二步　在打开的窗口中，点击“增加”按钮，使窗口各栏变为可编辑状态。如图 2－125。

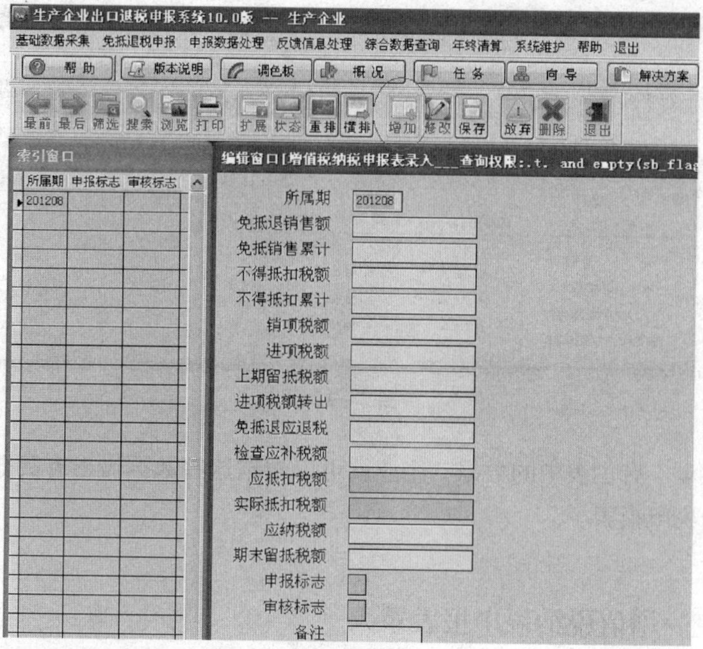

图 2－125

第三步　根据纳税申报系统里的增值税纳税申报表及附表的数据，录入本表的各栏里。录入完毕点击“保存”按钮，结束录入。如图 2－126。

下面介绍表中各栏数据的录入方法。

（1）所属期：申报所属的月份，由 4 位年号和两位月份组成，如 201208。

（2）免抵退销售额：当期的参与免抵退计算的出口货物销售额。根据纳税申报表的第 7 栏录入。

（3）免抵销售累计：截止到本期末的免抵退销售额本年累计金额。根据纳税申报表的第 18 栏录入。

（4）不得抵扣税额：本期出口货物的免抵退税不得免征和抵扣税额。根据纳税申报表附表 2 的第 18 栏录入。

（5）不得抵扣累计：本期出口货物的免抵退税不得免征和抵扣税额的本年累计金额。也是根据纳税申报表附表 2 的第 18 栏录入。

（6）销项税额：本期销售应税货物的纳税金额。根据纳税申报表的第 11 栏录入。

（7）进项税额：本期已经认证过的采购货物进项发票上列示的税额合计

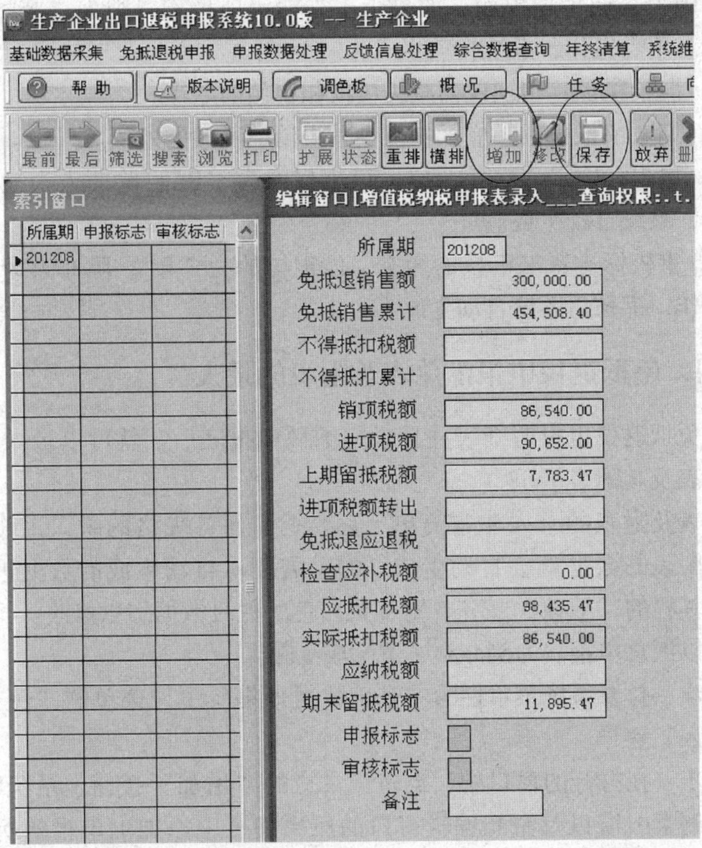

图 2-126

数。根据纳税申报表的第12栏录入。

（8）上期留抵税额：上期纳税申报表上的留抵税额。根据纳税申报表的第13栏录入。

（9）进项税额转出：本期的免抵退税不得免征和抵扣税额加上其他的进项税转出额的合计金额。根据纳税申报表的第14栏录入。

（10）免抵退应退税：上期免抵退税申报汇总表上免抵退税额。也就是本期的应退税额。根据纳税申报表的第15栏录入。

（11）检查应补税额：通过税务检查而应补缴的税额。根据纳税申报表的第16栏录入。

（12）应抵扣税额：本期可以用于抵减销项税的进项税额。不需操作，系统自动生成。

（13）实际抵扣税额：实际用于抵减销项税的进项税额。如果大于当期销项税额，则为当期销项税额；如果小于当期销项税额，则为“应抵扣税额”栏的金额。不需操作，系统自动生成。

（14）应纳税额：销项税额减去应抵扣税额的差额。

（15）期末留抵税额：应抵扣税额减去销项税额的差额。

（16）申报标志：未申报为空，已申报的为“R”。除非人为撤销，否则不需操作，系统自动生成。

（17）审核标志：未审核的为空，已审核的为“R”。除非人为撤销，否则不需操作，审核后系统自动生成。

十四、免抵退税申报汇总表及附表的录入

生成免抵退税申报明细表并且录完纳税申报表后，就可以录入免抵退税申报汇总表及其附表了。

汇总表及附表的录入非常简单，只要把前面各表格的录入工作完成后，汇总表及附表的数据就会自动生成。如果需要对自动生成的数据进行修改，可点击工具栏的“修改”按钮，对变成白色的栏目数据加以修改。

下面以汇总申报表为例介绍一下生成步骤。

第一步　打开系统菜单栏的“基础数据采集”下拉菜单的“免抵退申报汇总表录入”菜单。

第二步　在打开的窗口中，点击工具栏的“增加”按钮，系统将在编辑窗口的左侧索引窗口及右侧编辑窗口的所属期栏中添加上申报的所属月份，同时右侧的编辑窗口中可编辑栏目处于白色编辑状态。如图2－127。

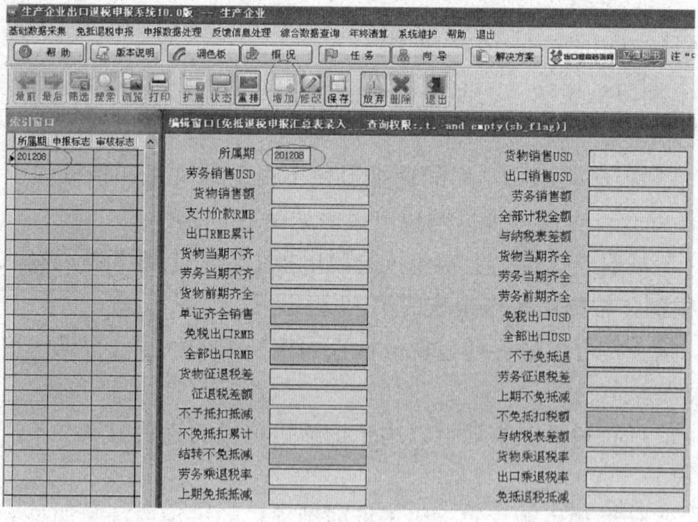

图2－127

第三步　按一下键盘上的回车键，所有数据自动填入各栏中。点击“保存”，汇总申报表录入完成。如图 2－128。

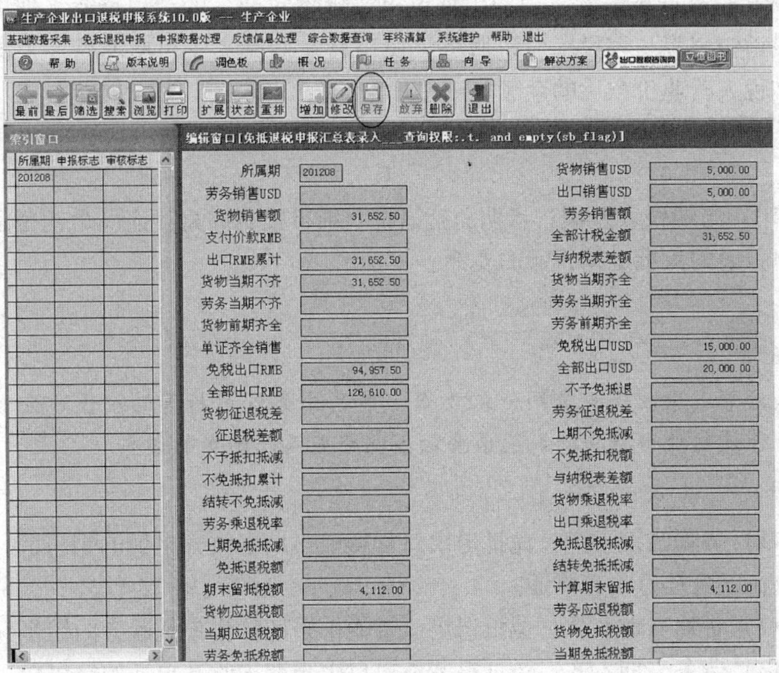

图 2－128

下面对表中各栏内容做一下详细介绍。

（1）所属期：申报当期的年、月，由 4 位年号和两位月份组成，如 201208。

（2）货物销售 USD：当期出口货物销售的美元金额，包括以非美元货币结算的其他外币折算的美元金额，即各明细申报表的货物销售额的美元合计数。

（3）劳务销售 USD：当期出口劳务销售的美元金额，包括以非美元货币结算的其他外币折算的美元金额，即各明细申报表的劳务销售额的美元合计数。

（4）出口销售 USD：当期货物销售和劳务销售的美元合计金额。

（5）货物销售额：当期出口销售的货物，根据外币销售额及汇率折算的人民币金额。即各明细申报表的货物销售额的人民币金额合计数。

（6）劳务销售额：当期出口劳务，根据外币销售额及汇率折算的人民币金额。即各明细申报表的劳务销售额的人民币金额合计数。

（7）支付价款 RMB：当期支付给非营业税改征增值税纳税人的营业价款。

（8）全部计税金额：当期免抵退出口货物和劳务的计税金额，即出口货物人民币销售额与零税率应税服务人民币营业额减去支付给非营业税改征增值税纳税人营业价款后的余额。

（9）出口 RMB 累计：免抵退出口货物销售额的人民币金额的本年度累计数。

（10）与纳税表差额：当期免抵退税明细申报表的累计人民币销售金额与纳税申报表的免抵退销售额的差额。

小贴士

差额形成原因一般是同一汇率下，单笔业务外币折算的人民币金额与多笔业务合计的外币折算的人民币金额因四舍五入而形成的误差。

（11）货物当期不齐：免抵退出口货物中当期未收齐单证的销售额。这些业务将在以后月份收齐单证。

（12）货物当期齐全：免抵退出口货物中当期已作单证收齐的销售额。

（13）劳务当期不齐：免抵退劳务出口中当期未收齐单证的销售额。

（14）劳务当期齐全：免抵退劳务出口中当期已作单证收齐的销售额。

（15）货物前期齐全：前期免抵退出口货物未收齐单证但在本期做了单证收齐的销售额。

（16）劳务前期齐全：前期免抵退劳务出口未收齐单证但在本期做了单证收齐的销售额。

（17）单证齐全销售：免抵退出口货物和劳务当期单证齐全销售额与前期单证收齐销售额的合计金额。

（18）免税出口 USD：免税出口货物的销售额。来料加工、转厂等贸易方式出口货物的企业出口销售的美元金额。

（19）免税出口 RMB：根据免税出口货物和劳务的外币销售金额及外币对人民币的汇率而折算的人民币销售额。

（20）全部出口 USD：免抵退出口货物和劳务与免税出口货物的美元销售额之和。系统自动生成数据。

（21）全部出口 RMB：免抵退出口货物和劳务的人民币销售额与免税出口货物的人民币销售额之和。系统自动生成数据。

（22）不予免抵退：不参与免抵退税计算的出口销售额，如转内销的出口货物等。

（23）货物征退税差：根据出口货物销售额与征退税率之差计算的不予免征和抵扣税额。

（24）劳务征退税差：根据劳务出口销售额与征退税率之差计算的不予免征和抵扣税额。

（25）征退税差额：货物征退税差额与劳务征退税差额的合计金额。

（26）上期不免抵减：上期汇总表结转来的不得免征和抵扣税额抵减额。

小贴士

有人说只有进料加工业务才需要录入此栏，此说法错误。如果当期冲减的出口销售额大于当期的出口销售额时，征退税差额就是负数，这个负数在下期的汇总表中就会自动添加在本栏。

（27）不予抵扣抵减：免抵退税不得免征和抵扣税额抵抵减。根据进料加工业务的进口料件计算。

（28）不免抵扣税额：免抵退税不得免征和抵扣税额。根据“当期征退税差额－（上期不免抵减 ＋ 不予抵扣抵减）”的差额录入。如果二者差额为正数，则录入差额。如果为负数或“0”时，则为空。此栏数据系统自动生成。

（29）不免抵扣累计：免抵退税不得免征和抵扣税额累计金额。

（30）与纳税表差额：当期的免抵退税不得免征和抵扣税额本年累计金额与纳税申报表有关栏目金额的差额。

（31）结转不免抵减：结转下期的免抵退税不得免征和抵扣税额。根据“当期征退税差额－（上期不免抵减＋不予抵扣抵减）”的差额录入。如果差额为正数，则为空；如果差额为负数或“0”时，则录入该差额。此栏数据系统自动生成。

（32）货物乘退税率：当期的免抵退税出口货物销售额与退税率的乘积。

（33）劳务乘退税率：当期的免抵退税劳务出口销售额与退税率的乘积。

（34）出口乘退税率：当免抵退税出口货物劳务金额与退税率的乘积。

（35）上期免抵抵减：上期汇总表结转下来的免抵退税额抵减额。

（36）免抵退税抵减：当期计算的免抵退税额抵减额。

（37）免抵退税额：一般为免抵退出口销售额乘以退税率，即第（22）项内容。但有进料加工业务或“结转免抵抵减”栏有数据时，需进行比较确定。如果“（免抵退销售额×退税率）-（上期免抵抵减+免抵退税抵减）”的差额为正数时，录入此正数；如果为负数或“0”时，则为空。此栏数据系统自动生成。

（38）结转免抵减：结转下期的免抵退税额抵减额。当“（免抵退出口销售额×退税率）-（上期免抵抵减+免抵退税抵减）”的差额为负数时，录入此差额。此栏数据系统自动生成。

（39）期末留抵税额：当期应抵扣税额减去当期实际抵扣的差额，即当期可以抵扣的进项税额等大于当期销项税额的部分。根据纳税申报表填列。

（40）计算期末留抵：计算期末的实际留抵税额。如果“期末留底税额-不免抵扣累计与纳税表差额”的差额为正数，录入差额；如果为负数或“0”，则为空。此栏数据系统自动生成。

（41）货物应退税额：当期收齐单证的免抵退出口货物的应退税额。系统自动生成数据。

（42）劳务应退税额：当期收齐单证的免抵退劳务出口的应退税额。系统自动生成数据。

（43）当期应退税额：当期计算的企业出口货物和劳务应退税额合计金额。“当免抵税额”栏数据大于“计算期末留抵”栏数时，录入后者；当前者小于或等于后者时，录入前者。系统自动生成数据。

（44）货物免抵税额：当期收齐单证的免抵退出口货物的免抵税额。系统自动生成数据。

（45）劳务免抵税额：当期收齐单证的免抵退劳务出口的免抵税额。系统自动生成数据。

（46）当期免抵税额：当期计算的企业出口货物和劳务免抵税额合计金额。即“免抵退税额”栏的数据减去“计算期末留抵”栏数据的正数差额。系统自动生成数据。

（47）申报标志：未申报的为空，已申报的为“R”。

（48）审核标志：未经过税务机关审核的为空，已通过审核的为“R”。

（49）备注：不用录入。

十五、免抵退税申报资料情况录入

在免抵退税申报系统10.0版本中，新增加了一个“免抵退税申报资料情况录入”菜单，用以反映企业申报时的各种申报资料情况。根据录入内容而生成的电子数据及免抵退税申报资料情况表，是企业做免抵退税申报时必须提供的资料之一，也是申报企业最后一个生成的申报表。

下面简单介绍一下申报表的录入方法。

免抵退税申报资料情况录入非常简单。打开“基础数据采集”下拉菜单中的“免抵退税申报资料情况录入”菜单，在打开的窗口点击工具栏的“增加”按钮，然后点击回车键，则申报资料数据自动填列到窗口各栏目中。一般不需要对数据进行修改，直接申报即可。各栏目的具体内容就不再做说明了。如图 2－129。

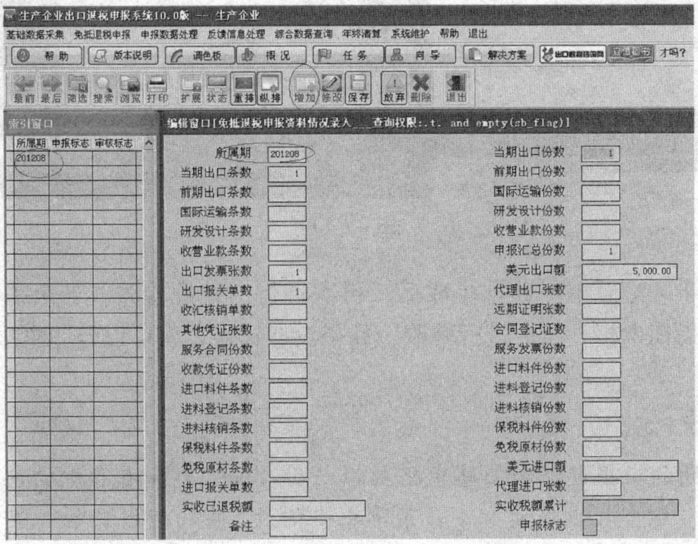

图 2－129

十六、生成免抵退汇总申报数据

以上所有的明细数据和汇总数据录入完毕后，首先要做一致性检查。如果提示有错误，返回有关录入菜单修改。如果没有错误，就可以生成免抵退税出口货物汇总申报数据了。

生成汇总申报数据步骤如下：

第一步　对生成的免抵退税明细申报数据进行一致性检查。检查方法与明细数据在预申报之前所做的数据一致性检查方法是一样的。即“申报数据处理”——“数据一致性检查”。这里不再详述。

第二步　打开“免抵退税申报”下拉菜单中“生成汇总申报数据”菜单。

第三步　在打开的“生成申报数据”小窗口中，选择申报所属期，一般为当期。在“申报数据范围”选项中，选择“申报汇总表数据”。然后点击“确定”。如图 2－130。

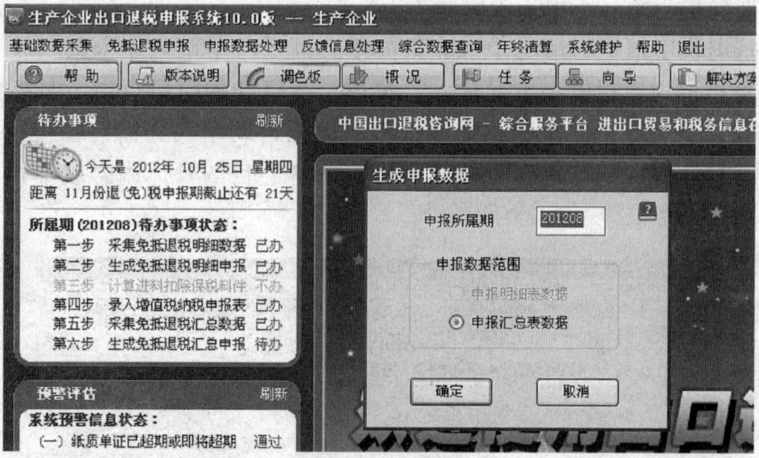

图 2－130

第四步　汇总申报数据生成后，再次进行一致性检查。如果系统提示有错误，先撤销申报，然后进行修改。如果没有错误，就可以打印申报表了。

小贴士

生成明细申报数据和汇总申报数据之后，如果再查看表中的内容，只能到菜单栏“综合数据查询”下拉菜单中查询，“基础数据采集”里已经不能显示内容了。

十七、打印申报表

免抵退税系统的报表打印是在专门的模块进行的。

打开系统菜单栏“免抵退税申报”的下拉菜单“打印申报表”。在打开的窗口中可以看到打印申报表窗口。如图 2－131。

所有需要打印的申报表都显示在了窗口中。我们可以根据自己企业的出口方式，选择需要打印的报表。

在窗口的上侧和右侧有所属期、报表打印格式、报表设置、报表打印等选择、设置功能。下面对窗口的有关打印功能加以说明。

（一）所属期

在报表的上方有“所属期”录入栏。系统默认的所属期是当期。如果需要打印前期的报表，可以手工录入该期的年、月。

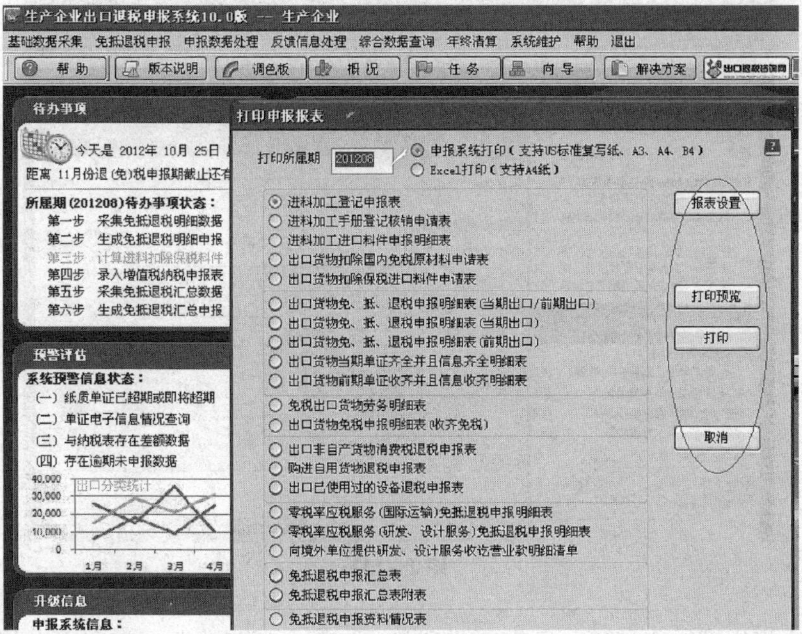

图 2－131

(二）报表打印格式

系统提供了两种打印格式可供选择，即“申报系统打印”和“EXCEL”打印。由于各地税务机关对报表纸型大小的要求不同，两个选项可以根据需要选择。如果税务机关要求提供纸型比较大的报表，如 A3、美国标准等，可选择“申报系统打印”；如果要求提供 A4 或 B5 纸型的报表，可以选择“EXCEL 打印”。

小贴士

打印机最好选择针式的宽行打印机。一可以打印大的纸型，二可以复写打印。

(三）报表设置

报表设置功能可以对打印的各项参数进行设置。

首先点击“报表设置”按钮，把其打开。如图 2－132。

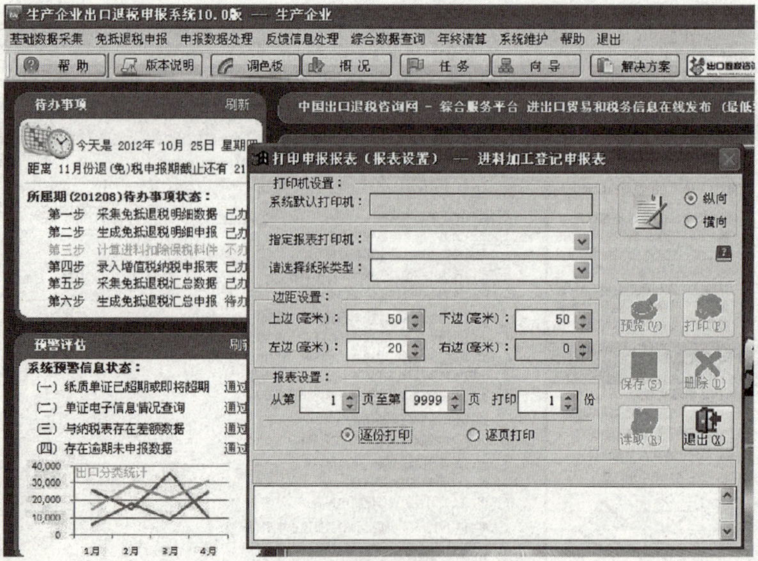

图 2－132

在报表设置窗口里，可以对打印机、纸型、纸张边距、打印方向等进行设置。因设置比较简单，具体设置方法这里就不在详述。

（四）打印预览

第一步　在打印申报表的窗口，选择要打印的报表，然后点击“打印预览”。

第二步　系统显示出选中的报表打印预览页面。点击窗口上部的打印机图标就可以对报表进行打印。如图 2－133。

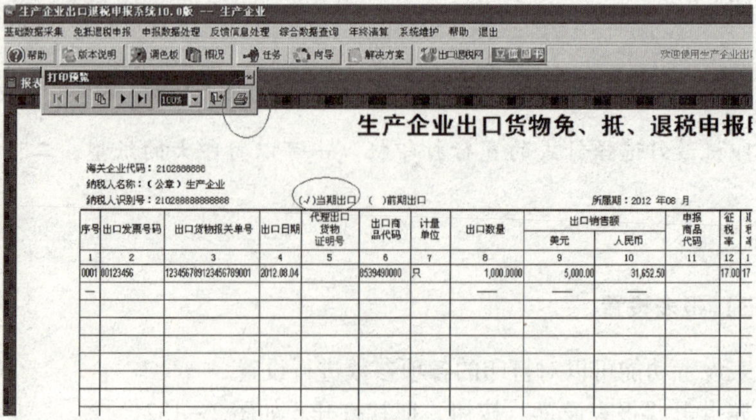

图 2－133

(五)报表打印

在打印申报表窗口，选择要打印的申报表，点击“打印”按钮，系统就开始打印选中的报表。或者点击“打印预览”窗口上面工具栏的打印机标志打印。

十八、正式申报需提供的资料

在免抵退税系统中录入完各种申报表格，并把它们打印出来之后，就可以到退税部门进行正式申报了。

免抵退税正式申报与预申报不同之处就在于，除了携带相关电子申报数据之外，还要提供有关的申报表和单证资料。

根据出口的业务性质不同，提供的报表资料和单证资料也不一样。而且由于每个地方的税务机关的要求不一样，提供的报表资料和单证资料的种类和份数也不相同。但对主要的报表和单证资料，各地税务机关的要求基本是一样的。

(一)一般贸易

一般贸易出口企业需提供的报表资料如下（以当地税务机关的要求为准）：

(1)生成移动存盘文件的明细申报和汇总申报的电子数据。

(2)出口货物报关单退税专用联。

(3)出口专用发票。

(4)增值税纳税申报表（税务机关纳税申报部门已盖章）。

(5)增值税纳税申报表附表2。

(6)生产企业出口货物当期或前期免抵退税申报明细表。

(7)生产企业出口货物当期单证齐全并且信息齐全明细表。

(8)生产企业出口货物前期单证齐全并且信息齐全明细表。

(9)生产企业出口货物免抵退税申报汇总表及附表。

(10)免抵退税申报资料情况表。

(11)委托外贸企业代理出口时双方签订的代理出口协议以及税务机关出具并盖章的代理出口货物证明。

(12)出口货物冲减说明。

(13)出口企业法人声明。

(14)税务部门要求的其他报表资料。

（二）进料加工贸易

有进料加工业务的企业，除了提供上述一般贸易企业所提供的资料外，还要另外报送以下资料：

（1）新申办的进料加工海关登记手册原件。

（2）要核销的进料加工海关登记手册原件。

（3）进口货物报关单。

（4）如果委托其他单位代理进口的，提供代理进口货物证明。

（5）生产企业进料加工登记申报表。

（6）生产企业进料加工进口料件申报明细表。

（7）生产企业进料加工手册登记核销申请表。

（8）生产企业进料加工出口货物扣除国内免税原材料申请表。

（9）生产企业进料加工出口货物扣除保税进口料件申请表。

（三）免税出口贸易

有免税出口产品的企业除提供一般贸易企业提供的资料外，还要提供以下报表：

（1）生产企业免税出口货物劳务明细表。

（2）生产企业免税出口货物免税申报明细表（收齐免税）。

（四）其他

如果有出口非自产货物、购进自用货物、出口已使用过的设备、零税率应税服务等业务，出口企业还应该提供下列报表：

（1）出口非自产货物消费税退税申报表。

（2）购进自用货物退税申报表。

（3）出口已使用过的设备退税申报表。

（4）零税率应税服务（国际运输）免抵退税申报明细表。

（5）零税率应税服务（研发、设计服务）免抵退税申报明细表。

（6）向外单位提供研发、设计服务收讫营业款明细表。

十九、正式申报反馈信息的读入与处理

生产企业报送的正式申报的数据，经退税部门审核后，就会在企业的申报盘中生成反馈信息。企业拿回申报盘后，要把税务机关的反馈信息进行读入、处理，以更新系统中的原有数据，确保企业申报系统中的数据与退税部

门审核系统的数据保持一致。

企业正式申报反馈信息的读入和处理方法，与预申报反馈信息的处理方法完全相同，可以参照预申报反馈信息的操作过程处理，这里就不再重复叙述了。

第四节　生产企业主要单证的申报

生产企业出口货物后除了正常进行免抵退税明细数据和汇总数据申报外，有时遇到特殊情况，如出口货物退运、单证丢失等，还需要向税务机关进行有关单证的申报操作。

免抵退税系统提供的单证申请报告包括：代理出口未退税证明申请、退运已办结税务证明申请、开具代理出口证明申请、代理出口货物证明申请、出口含金产品免税证明申请、补办出口报关单证明申请、补办收汇核销单证明申请、补办代理出口证明申请、出口备案申请表、收汇异常情况信息表等。

免抵退税单证申报操作在系统菜单栏“基础数据采集”——“免抵退税单证申报录入”模块中录入数据。录入完成后，在“免抵退税申报”——“生成单证申报数据”模块中生成存盘数据。然后在“打印单证申请表”中，打印出需要申报的单证表格。这样，企业就可以持数据盘和纸质表格到退税机关办理单证申报了。

一、单证申报的录入操作

（一）代理出口未退税证明申请

生产企业的出口货物如果是委托其他企业代理出口的，代理企业需要到税务机关为被代理企业出具《代理出口货物证明》，被代理企业凭其作为办理免抵退税申报的资料之一。如果被代理企业把该证明遗失，则不能办理免抵退税申报，但可以委托代理出口企业到其主管税务机关补办证明。代理出口企业的主管税务机关补办证明的前提条件是该批代理出口的货物尚未退（免）税。因此，被代理企业首先要在自己的免抵退税系统录入“代理出口未退税证明申请”的有关数据，并打印《关于申请开具〈代理出口未退税证明〉的报告》，然后携带申请的电子数据和打印的申请报告，向自己的主管退税部门进行申报。退税部门审核确认后，将为被代理企业出具《生产企业代理出口未退税证明》。被代理企业把退税部门的证明交代理企业，代理企业即可通过他们的主管税务机关为被代理企业补办《代理出口货物证明》。

代理出口未退税证明的录入操作步骤如下：

第一步　打开系统菜单栏“基础数据采集”——“免抵退税单证申报录入”——“代理出口未退税证明申请”菜单。

第二步　在打开的窗口中，点击工具栏的“增加”按钮，系统窗口的左侧索引窗口和右侧的编辑窗口同时增加了新的所属期。如图2－134。

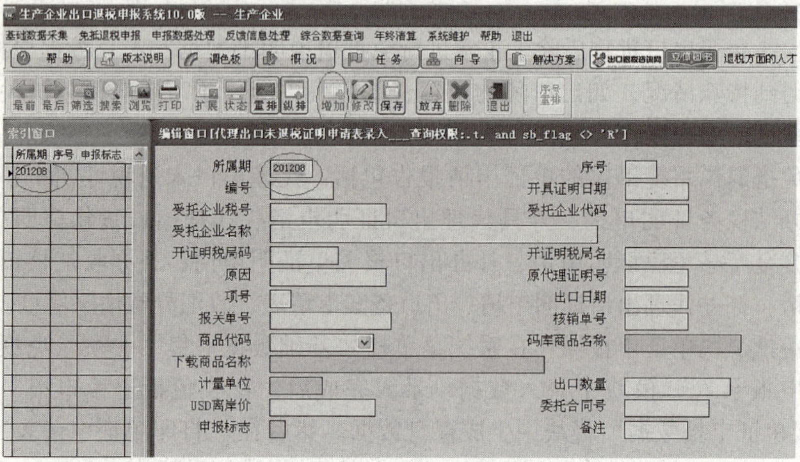

图2－134

第三步　根据出口货物的有关单证，在编辑窗口的白色可编辑栏内，录入有关数据。然后点击“保存”按钮，录入操作完成。

表中栏目录入内容详细说明如下：

（1）所属期：申请未退税证明的所属期，由4位年号和2位月份组成，如201208等。

（2）序号：申请未退税证明的顺序号，由4位流水号组成，如0001、0002等。

（3）编号：补办的未退税证明申请报告的编号，由所属期和4位流水号组成，如2009120001。系统自动生成，不用手工录入。

（4）开具证明日期：申请未退税证明的申报日期，以4位年号和4位月日表示，如20091231。

（5）受托企业税号：受托代理出口企业的纳税人识别号。

（6）受托企业代码：代理出口企业的海关代码。注意：不是技术监督局的企业代码。

（7）受托企业名称：受托代理出口的企业名称。

（8）开证明税局码：出具代理出口未退税证明的退税机关代码，指被代理出口企业的主管退税机关。

（9）开证明税局名：出具代理出口未退税证明的退税机关名称。

（10）原因：代理出口证明遗失的原因。

（11）原代理证明号：已经遗失的代理出口证明的编号。

（12）项号：已经遗失的代理出口证明中出口报关单的货物项号，即录入的报关单号最后所加的2位项号，如01、02等。

（13）出口日期：遗失的代理出口货物证明的出口货物报关单上的出口日期。

（14）报关单号：报关单的后18位号码加“0”和2位项号。

（15）核销单号：该单已取消，不用录入。

（16）商品代码：遗失的代理出口货物证明的出口货物报关单上的出口商品代码。

（17）码库商品名称：商品代码对应的商品名称，系统自动生成。

（18）下载商品名称：不用录入。

（19）计量单位：该批代理出口货物报关单上的出口商品计量单位，系统自动生成。

（20）出口数量：该批代理出口货物报关单上的出口数量。

（21）USD离岸价：该批代理出口货物报关单上标明的美元离岸价。

（22）受托合同号：委托代理出口货物的合同号码。

（23）申报标志：未申报为空，已申报为“R”。

（24）备注：不用录入。

（二）退运已办结税务证明申请

实行“免、抵、退”税的生产企业已办理过免抵退税申报的出口货物，可能已免、抵过内销货物的应纳税额，也可能既免、抵过内销货物的应纳税额，也已经办理了退税。因此，生产企业发生退关退运时，主管退税机关对已做过免抵退税申报的出口货物，企业要在免抵退税系统的“出口货物退运已办结税务证明”模块录入有关数据，并打印退运已办结税务证明申请书，然后持生成的电子数据和打印的申请书，向主管退税部门申请办理《出口货物退运已办结税务证明》。主管退税部门审核确认后，为企业出签章后的《出口货物退运已办结税务证明》。出口企业凭其向海关申请办理出口货物退运手续。

小贴士

据国家税务总局《关于发布〈出口货物劳务增值税和消费税管理办法〉的公告》（2012年第24号）要求，2012年7月份起，生产企业与外贸企业统一使用《出口货物退运已补税（未退税）证明》，但系统中尚未作修改，故这里仍以系统中为准。

申请办理《出口货物退运已办结税务证明》需提供的主要资料如下：

（1）申请报告。

（2）出口货物报关单。

（3）出口发票。

（4）退运已办结税务证明申请表。

（5）单证申报电子数据存盘文件。

退运货物已办结税务证明的录入步骤如下：

第一步　打开菜单栏的“基础数据采集”——“免抵退税单证申报录入”——“退运已办结税务证明申请”菜单。

第二步　在打开的窗口中，点击工具栏的“增加”按钮，系统在窗口中左侧的索引窗口和右侧的编辑窗口添加了新的所属期。如图2-135。

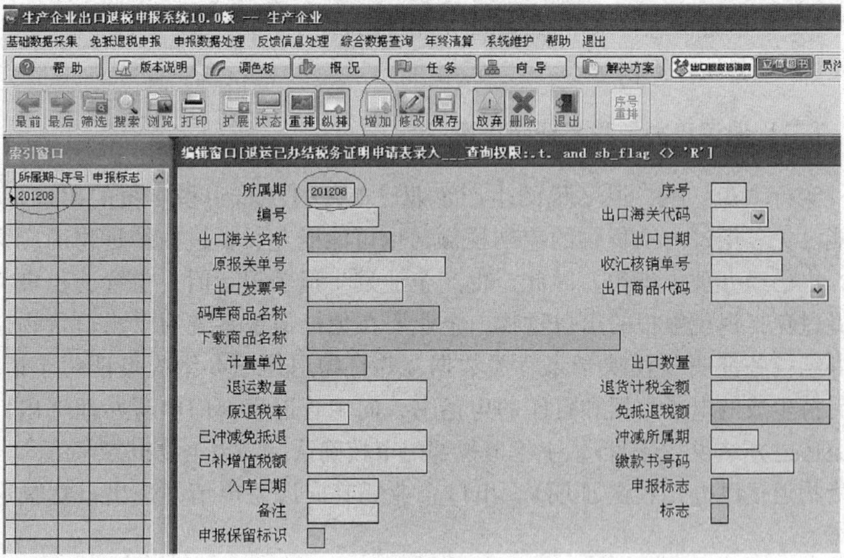

图2-135

第三步　根据企业出口的有关单证，在编辑窗口的白色可编辑栏内，录入有关数据，然后点击“保存”按钮，录入操作完成。

表中各栏录入内容说明：

(1) 所属期：申请证明的所属期，由4位年号和2位月份组成，如201208等。

(2) 序号：申请证明的顺序号，由4位流水号组成，如0001、0002等。

(3) 编号：申请的退运已办结税务证明的编号。由4位年号加2位月份和4位流水号组成，如2012080001等，系统自动生成。

(4) 出口海关代码：办理出口货物退运的海关的代码。点击该栏的下拉箭头，在下拉列表中选择。

(5) 出口海关名称：办理出口货物退运海关的名称。系统根据关别码自动生成。

(6) 出口日期：退运货物的出口报关单上标明的出口日期。

(7) 原报关单号：退运货物的出口报关单号码。

(8) 收汇核销单号：不用录入。

(9) 出口发票号：退运出口货物开具的出口专用发票号码。

(10) 出口商品代码：退运的出口货物原做免抵退税申报的海关商品代码。

(11) 码库商品名称：与商品代码对应的退运出口货物的商品名称，系统自动生成。

(12) 下载商品名称：不需录入。

(13) 计量单位：退运的出口商品的计量单位，系统根据商品代码和商品名称自动生成。

(14) 出口数量：退运的出口货物原做免抵退税申报时的出口数量。

(15) 退运数量：出口货物退运的数量。

(16) 退货计税金额：退运货物的实际金额。

(17) 原退税率：退运货物原做免抵退税申报时的退税率。

(18) 免抵退税额：退运货物原做免抵退税申报时计算的免抵退税额，系统自动生成。

(19) 已冲减免抵退：退运货物已经冲减的免抵退税额。

(20) 冲减所属期：退运货物做冲减操作的所属期，由4位年号和2位月份组成，如201208等。

(21) 已补增值税额：退运货物原出口时已申报的免抵退税额，退运后应补缴的增值税额。

（22）缴款书号码：已补增值税的完税凭证的号码。

（23）入库日期：已补增值税的缴税日期，由 8 位年月日组成，如 20120810 等。

（24）申报标志：未申报为空，申报为“R”。

（25）剩余各栏不用录入。

（三）开具代理出口证明申请

生产企业按国家税务总局的有关规定，出口货物必须是自产产品或视同自产产品。它不能像外贸企业那样代理其他企业出口货物。但特殊情况下也可以例外。根据国税发（2003）139 号文件《国家税务总局关于出口货物退（免）税若干问题的通知》的规定，生产型企业集团公司（或总厂）代理成员企业（或分厂）出口货物后，企业集团（或总厂）可向主管税务机关申请开具《代理出口证明》，由成员企业（或分厂）实行“免、抵、退”税办法。

生产企业代理出口货物后，必须在货物报关出口之日起 60 日内凭出口货物报关单（出口退税专用联）和代理出口协议，向主管税务机关申请开具代理出口证明，交付下属单位做申报出口退税的证明资料。如果因特殊原因不能在 60 天内申请开具的，可向税务部门请求延期。经税务部门审核核准后，可以延期 30 天。

开具代理出口证明申请的操作步骤如下：

第一步　打开系统菜单栏“免抵退税申报”——“免抵退税单证申报录入”——“开具代理出口证明申请”菜单。

第二步　在打开的窗口中，点击工具栏的“增加”按钮，系统将在窗口左侧的索引窗口和右侧的编辑窗口同时增加新的所属期。如图 2－136。

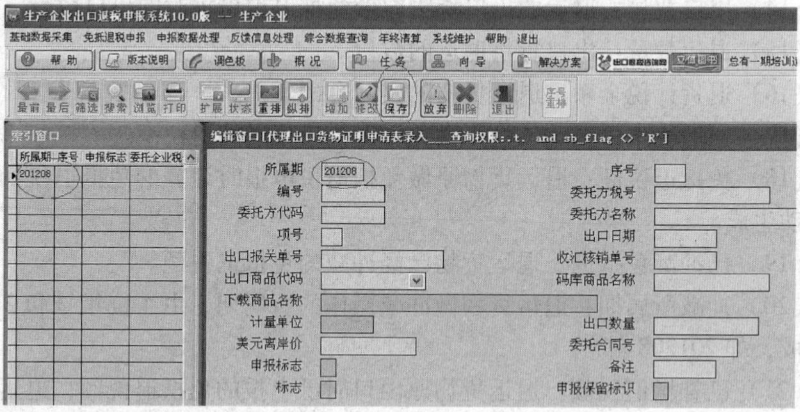

图 2－136

第三步　根据代理出口的有关单证，录入表中各栏的数据。然后点击“保存”按钮，完成录入。

表中各栏的录入内容说明如下：

（1）所属期：代理出口货物申报所属期，由 4 位年份和 2 位月份组成，如 201208 等。

（2）序号：申请的代理证明的顺序号，由 4 位流水号组成，如 0001、0002 等。

（3）编号：申请的代理证明的编号，由 4 位年号和 2 位月份加 4 位流水号组成，如 2012080001 等。

（4）委托方税号：委托代理出口企业的税号。

（5）委托方代码：委托代理出口企业的 10 位海关代码。如果企业没有在海关做过备案，则录入企业所在地 4 位行政区号，后面加 6 个 9，如 1001999999。

（6）委托方名称：委托代理出口的企业的名称。

（7）项号：代理出口证明中的出口报关单上货物的 2 位项号，如 01、02 等

（8）出口日期：代理出口的报关单上标明的出口日期，由 6 位年月日表示，如 20120810 等。

（9）出口报关单号：代理出口货物的报关单后 18 位号码加“0”和两位项号。

（10）收汇核销单号：不用录入。

（11）出口商品代码：报关单上标明的出口货物的海关商品代码。

（12）码库商品名称：报关单上与海关代码对应的商品名称。

（13）下载商品名称：不需录入。

（14）计量单位：出口货物的计量单位。系统根据商品代码等自动生成。

（15）出口数量：报关单上标明的出口数量。

（16）美元离岸价：报关单上标明的美元 FOB 价。如果不是 FOB 价，折算为 FOB 价。

（17）委托合同号：代理出口双方单位签订的代理出口合同编号。

（18）申报标志：未申报为空，已申报为“R”。

（19）剩余各栏不用录入。

（四）代理进口货物证明申请

主要是指生产企业以进料加工贸易方式代理进口货物的行为。由于生产

企业一般是不允许做代理进出口业务的，所以绝大部分的进出口代理都是由外贸企业来做的，生产企业代理进口货物只是特殊情况下的业务。

生产企业代理进口货物后，应在系统录入“代理进口货物证明申请”，打印开具代理出口证明申请表，持生成的电子申报数据盘和有关表格，向主管退税机关申请办理《代理进口货物证明》，税务机关审核出具证明后，代理进口生产企业交付给被代理企业，被代理企业凭其办理《进料加工免税证明》。

（五）出口含金产品免税证明申请

出口含金产品，我国目前实行免征增值税政策，相应的进项税额不退税或抵扣，转入成本处理。生产企业出口含金产品后，需在系统里录入出口含金产品免税证明申请，并打印出口含金产品免税证明申请表，向主管退税部门申请办理免税证明。税务机关审核无误后，出具《出口含金产品免税证明》给出口企业，出口企业在办理纳税申报手续时，作为向税收征管部门办理免税手续的资料。

生产企业代理进口和出口含金产品都是业务量比较少的出口行为。关于它们的单证申请的录入操作步骤和方法，这里就不再加以详细说明了。

（六）补办出口报关单证明申请

生产企业出口货物经海关签发的报关单如果因保存不善造成丢失或毁损等情况，可以在货物出口之日起6个月内，申请补办。

企业需在免抵退税系统录入补办出口报关单证明申请，并打印补办出口报关单证明申请表，持生成的电子数据申报盘和有关申报表格，向主管退税部门申请补办证明。税务机关审核无误后，将为申请企业出具《补办出口报关单证明》。企业凭退税部门出具的证明向海关申请补办报关单，海关审核后将给予补发，并在补办的报关单证明联上签注“补办”字样。

如果因报关单遗失而造成企业无法在规定期限内办理免抵退税申报的，可以在申报期限之前，向退税部门申请延期办理退税申报。经退税部门核准，申报时间可以延期3个月。

对企业遗失的自进出口之日起超过1年但未超过3年的出口报关单，企业需向外汇局申请《进出口货物报关情况证明》。外汇局审核并出具证明后，企业持外汇局证明到报关单原签发海关办理补办报关单手续。海关核实后，将凭外汇局出具的证明为企业补办报关单。

超过3年的报关单遗失不再补办。

补办出口报关单证明申请录入操作步骤如下：

第一步　打开系统菜单栏“基础数据采集”——“免抵退税单证申报录入”——“补办出口报关单证明申请”菜单。

第二步　在打开的窗口中，点击工具栏的“增加”按钮，系统将在窗口左侧的索引窗口和右侧的编辑窗口同时增加新的所属期。如图2－137。

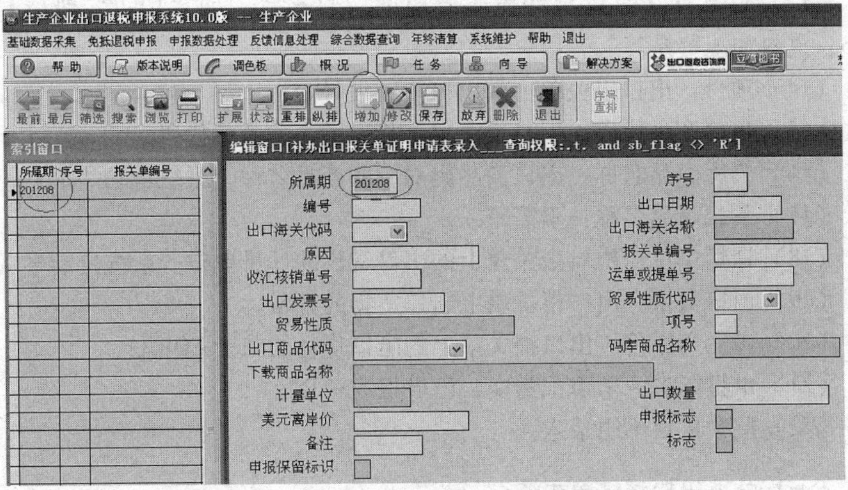

图2－137

第三步　根据货物出口的有关单证资料，录入表中各栏数据。录入完毕，点击“保存”按钮。

下面对表中栏目录入内容加以详细说明。

（1）所属期：单证申请所属期。由4位年份和2位月份组成，如201208等。

（2）序号：申请补办证明的顺序号。由4位流水号组成，如0001、0002等。

（3）编号：申请的补办证明的编号。由所属期的6位年月和4位流水号组成，如2012080001等。

（4）出口日期：出口货物报关出口的日期。由8位年月日表示，如20120801等。

（5）出口海关代码：出口货物报关的海关代码。

（6）出口海关名称：出口货物报关的海关名称，系统根据关别代码自动生成。

（7）原因：出口报关单补办的原因。

（8）报关单编号：出口报关单的后18位号码加“0”和2位项号。

（9）收汇核销单号：不用录入。

（10）运单或提单号：货运公司出具的出口货物的运单或提单号。

（11）出口发票号：为出口货物开具的发票号码。

（12）贸易性质代码：出口货物的贸易性质编码。在栏目下拉菜单选择。

（13）贸易性质：贸易性质码对应的贸易名称。如“10：一般贸易”、“15：进料加工贸易等”。

（14）项号：出口报关单上的出口货物项号。

（15）出口商品代码：出口报关单上货物的海关商品代码。

（16）码库商品名称：出口商品码对应的商品名称。系统自动生成。

（17）下载商品名称：不需录入。

（18）计量单位：出口报关单上的出口货物的计量单位。系统自动生成。

（19）出口数量：出口报关单上出口货物的数量。

（20）美元离岸价：出口报关单上的出口货物的美元FOB价。

（21）申报标志：未申报为空，已申报为“R”。

（22）剩余栏目不用录入。

（七）补办出口核销单申请

出口收汇核销单已于2012年8月份不再使用，也就不存在丢失和补办了。

（八）补办代理出口证明申请

生产企业为下属分厂或分公司代理出口开具的《代理出口证明》，因故丢失或毁损，须向退税主管部门申请补办。

补办申请程序如下：企业遗失代理出口证明后，需在出口退税出口之日起6个月内，在系统录入补办代理出口证明申请，并打印补办代理出口证明申请表。然后持生成的电子数据盘和有关的表格，到主管退税部门申请补办手续。退税部门审核无误后，将为企业补办《代理出口证明》。

补办代理出口证明的录入操作步骤如下：

第一步　打开菜单栏“基础数据采集”——“免抵退税单证申报录入”——“补办代理出口证明申请”菜单。

第二步　在打开的窗口中，点击工具栏的“增加”按钮，系统将在窗口左侧的索引窗口和右侧的编辑窗口同时增加新的所属期。如图2－138。

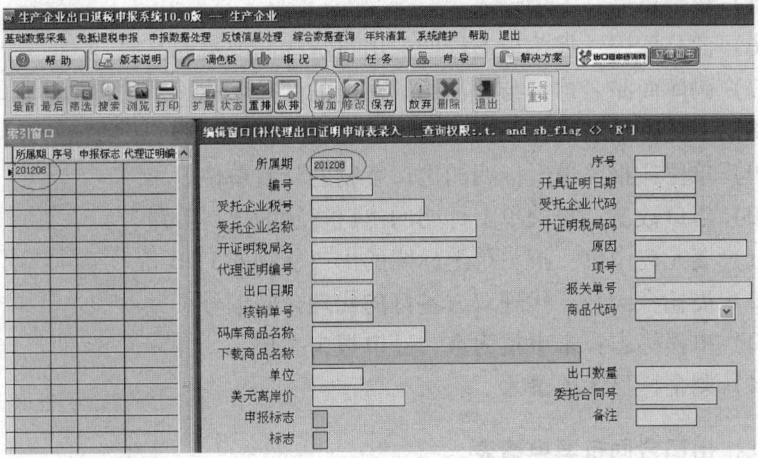

图 2-138

第三步　根据出口货物的有关单证资料，录入表格中各栏的数据。录入完毕，点击工具栏的“保存”按钮以保存数据。

下面对表中录入的数据内容做详细说明。

（1）所属期：补办证明申请的申报所属期。由 4 位年号和 2 位月份组成，如 201208 等。

（2）序号：补办申请的顺序号。由 4 位流水号组成，如 0001、0002 等。

（3）编号：补办代理证明的编号。由 6 位所属期和 4 位流水号组成，如 2012080001 等。

（4）开具证明日期：开具代理出口证明的日期。由 8 位年月日组成，如 20120801 等。

（5）受托企业税号：委托开具代理证明的企业的纳税人识别号。

（6）受托企业代码：委托开具代理证明的企业的海关备案代码。如果没有海关代码，录入 4 位行政区码和 6 个 9，如 1001999999。

（7）受托企业名称：委托开具代理证明的企业名称。

（8）开证明税局码：开具代理证明的税务局的代码。

（9）开证明税局名：开具代理证明的税务局的名称。

（10）原因：补办代理证明的原因。

（11）代理证明编号：开具的代理证明的编号。

（12）项号：代理出口货物的项号。

（13）出口日期：报关单上标明的出口日期。

（14）报关单号：出口货物报关单的后 18 位编号加“0”和 2 位项号。

（15）核销单号：不用录入。

（16）商品代码：报关单上标明的出口货物的海关商品码。

（17）码库商品名称：与商品编码对应的商品名称。系统自动生成。

（18）下载商品名称：不需录入。

（19）单位：报关单上标明的出口货物的计量单位。

（20）出口数量：报关单上标明的出口货物的出口数量。

（21）美元离岸价：报关单上标明的出口货物的FOB价。

（22）委托合同号：代理双方签订的代理合同编号。

（23）申报标志：未申报为空，已申报为“R”。

（24）剩余栏目无须录入。

（九）出口合同备案申请表

出口合同备案申请表是在国家对出口产品的退税率调整之后，为防止出口企业以涂改、伪造合同及倒签合同日期等手段弄虚作假，骗取退税而采取的一项防范措施。

备案程序是：对于提高退税率之前签订的合同，在免抵退税系统录入有关数据并生成电子申报数据存盘文件，打印出口合同备案申请表。然后持电子数据盘及有关申报表格，到退税部门做出口合同备案手续。

由于合同备案不是经常用到，我们只对系统的备案操作步骤做简单介绍，对录入的详细内容就不再详述。

出口合同的操作步骤如下：

第一步　打开系统菜单栏“基础数据采集”——“免抵退税单证申报录入”——“出口合同备案申请”菜单。

第二步　点击“增加”按钮，使窗口的申报表变成白色的可编辑状态。

第三步　根据已签订的合同内容，录入表中各栏的数据。录入完毕，点击“保存”按钮。

二、单证申报标志的设置和撤销

（一）单证申报标志的设置

在生成单证申报数据之前，需要给已录入的申报数据加上待申报或已申报标志。待申报标志为“1”，已申报标志为“R”。

添加申报标志的操作步骤如下：

第一步　找到系统菜单栏“免抵退税申报”——“设置单证申报标志”

菜单，点击打开需要添加申报标志的单证。

第二步　在打开的单证申报表窗口，点击工具栏的“设置标志”按钮，如图 2－139。

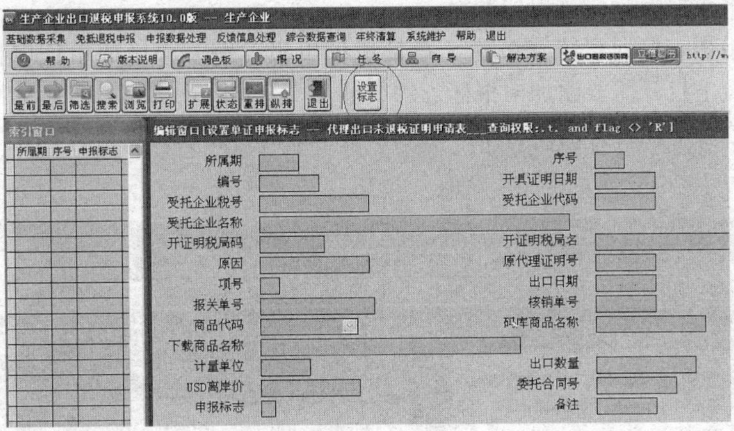

图 2－139

(二) 单证申报标志的撤销

如果设置的申报标志因故需要撤销时，操作步骤如下：

第一步　找到系统菜单栏的“申报数据处理”——“撤销单证已申报数据”菜单。选择需要撤销标志的单证并打开。

第二步　在打开的窗口中，点击工具栏的“撤销申报”按钮，则单证录入窗口的“申报标志”栏被去掉，变为空白。如图 2－140。

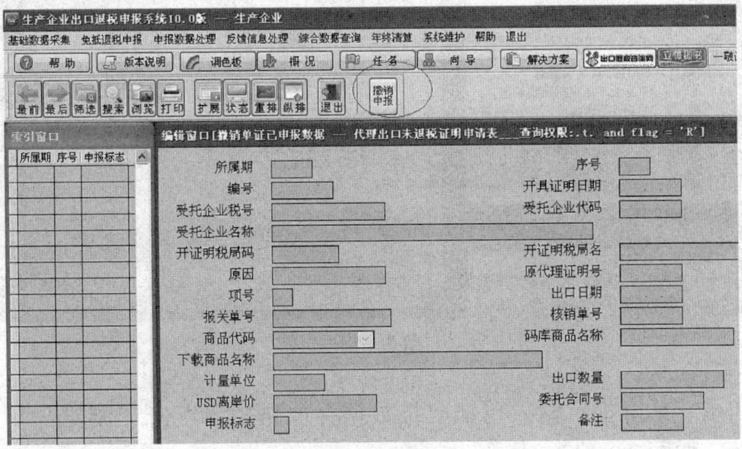

图 2－140

三、生成单证申报数据

单证申报表录入操作完成后，就可以生成申报数据了。

申报数据的操作过程如下：

第一步　找到系统菜单栏“免抵退税申报”——“生成单证申报数据”菜单，点击打开需要添加申报标志的单证。

第二步　在打开的窗口中，录入申报单证的所属期，点击“确定”。如图 2－141。

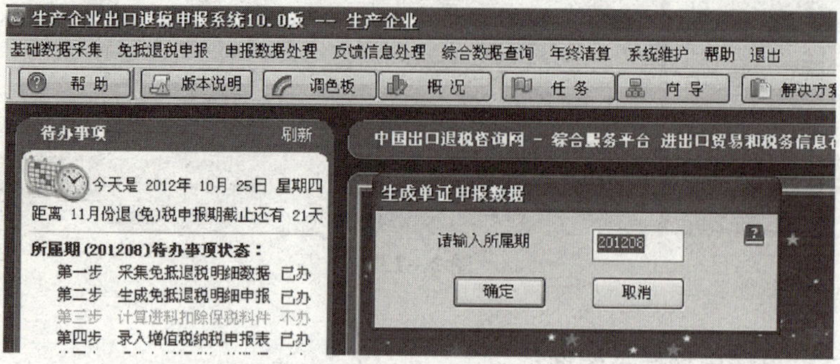

图 2－141

第三步　系统出现生成单证申报数据列表窗口，点击“是”。如图 2－142。

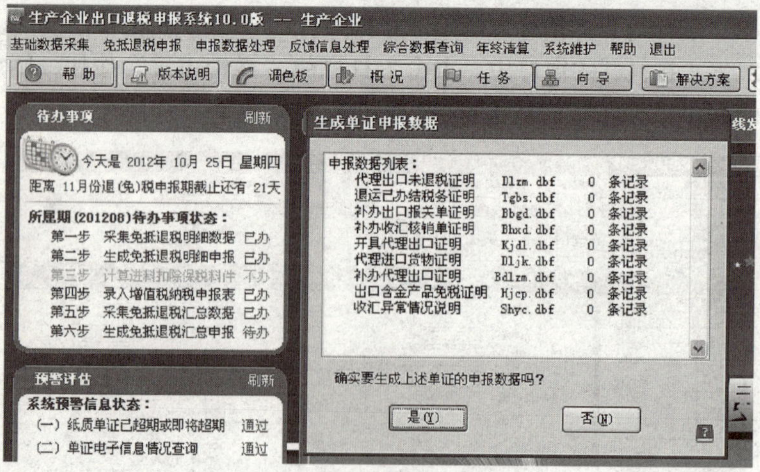

图 2－142

第四步　系统提示输入单证申报数据存放路径。点击“浏览”可选择盘符和路径。如图 2－143。

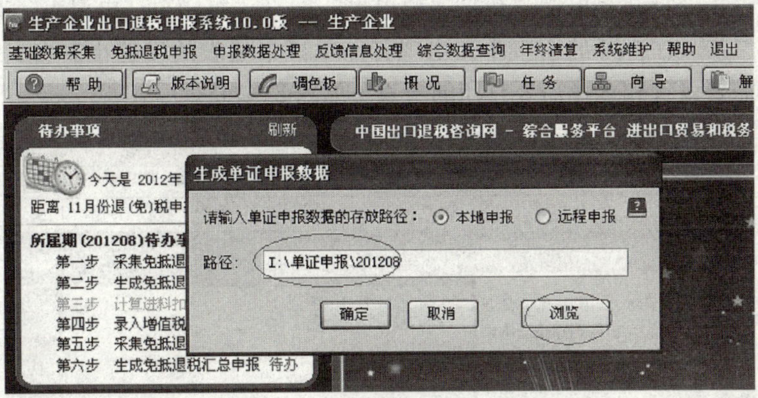

图 2－143

第五步　选择好路径后，点击“确定”按钮，系统生产开始生产单证申报数据。

第六步　系统提示生成单证申报数据，点击“关闭”，操作完成。如图 2－144。

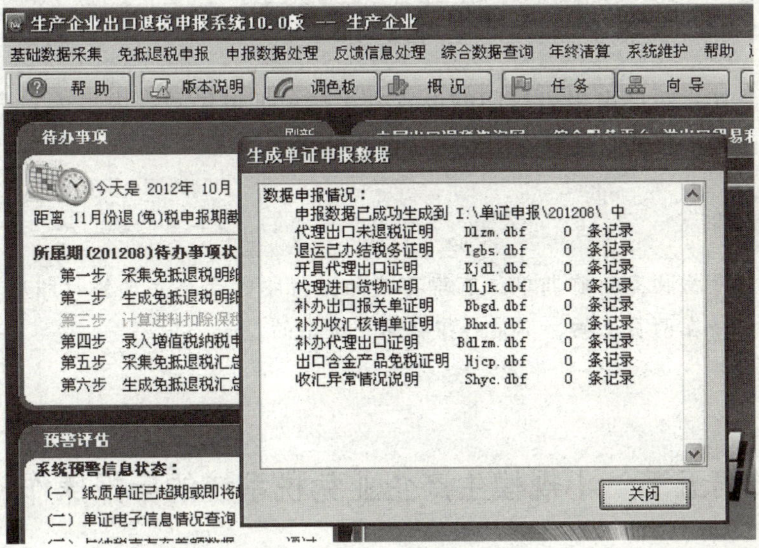

图 2－144

四、打印单证申请表

在生成单证申报数据后，就可以根据实际需要，打印单证申报表格了。打印单证申报表的操作步骤如下：

第一步　打开菜单栏“免抵退税申报”——“打印单证申报表”菜单。

第二步　在打开的窗口中，出现打印单证申报表的设置小窗口，企业可以根据需要设置和选择需要打印的报表。如图 2－145。

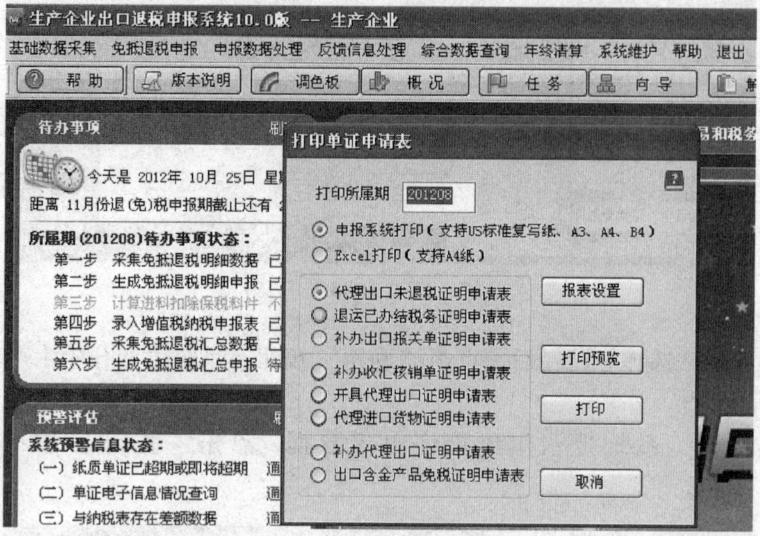

图 2－145

第三步　单证申报表打印的设置方法与免抵退税数据申报表完全相同，请参照上节的报表打印设置内容进行设置打印。

小贴士

如果年初收齐的前期单证有跨年度的，打印时两个年度的打印数据系统是分别打印在两页上的，不是打印在同一页上的。

第五节　小规模生产企业免税系统的申报操作

小规模生产企业免税申报系统的下载、安装、代码维护、系统配置等，与一般纳税人免抵退税系统基本上是一样的，申报程序也大致相同，只是申报表内容与提供的申报资料略有不同。

下载安装免税系统后，首先要对系统进行系统数据更新、初始化和参数设置。这些操作的菜单模块都在系统窗口上方的“系统维护”里，其设置方法请参照本章第三节“一般纳税人免抵退税系统的申报操作”有关内容进行操作。

下面我们对小规模生产企业免税系统的申报过程和操作步骤做一下介绍。对系统的下载、安装及各栏目的录入内容等就省略不讲了。

一、出口货物核销的期限

根据国家政策规定，按季度进行纳税申报的增值税小规模纳税企业，应在办理纳税申报后的下个季度的纳税申报期内，向主管税务机关申请办理出口货物免税核销手续。如果无法按上述规定期限办理免税核销申报手续，可在申报期限内向主管税务机关提出有合理理由的免税核销延期申报书面申请，经核准后，可延期一个季度办理免税核销申报手续。

按月纳税申报的增值税小规模纳税企业，自出口货物之日次月算起的四个月之内的各申报期内，收齐出口货物的有关出口凭证，并携带税务机关要求的表格及电子申报数据，到出口税务机关办理出口货物免税核销手续。

小规模生产企业出口货物后，如果未按时申报或未按时核销，将视同内销货物征税。在系统里要做冲减处理。

二、出口货物明细数据预申报

小规模生产企业出口货物后，要在规定的申报期内，将当期出口退税货物的有关数据以及收齐前期出口货物单证的数据，录入免税系统中，持电子申报数据和打印的有关申报资料，向主管退税部门办理免税出口数据预申报。

小规模纳税人的免税申报顺序，与一般纳税人一样，也是从明细数据录入开始的。下面按申报的先后顺序对申报操作的整个过程分别进行简单介绍。

（一）免税出口明细申报录入

小规模纳税人免税系统明细数据录入是在“基础数据采集”下拉菜单“小规模出口免税申报录入”里进行，这是与一般纳税人免抵退税系统的不同之处。打开该菜单后，点击工具栏的“增加”，依次录入窗口各栏。与一般纳税人免抵退税系统相比，免税系统明细录入窗口增加了一些栏目，但增加的大部分内容（如从量定额征税、从价定额征税等）都是不需录入的，而有些内容（如免征税额等）又是自动生成的。免税明细录入窗口如图 2－146。

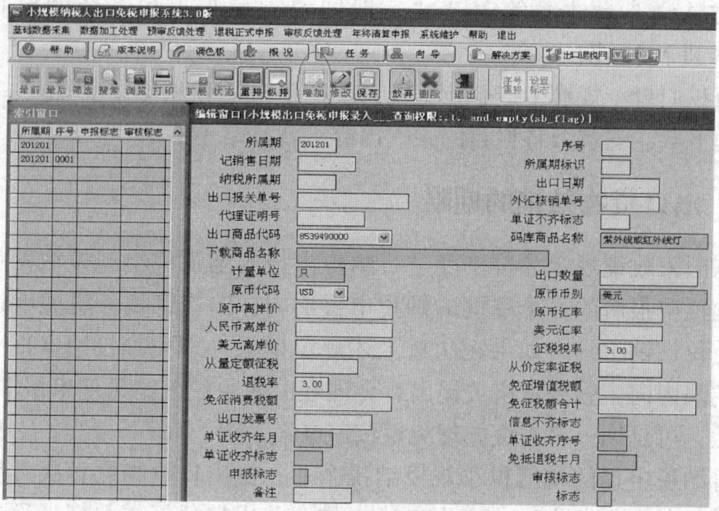

图 2－146

免税申报明细数据录入完毕后，需要给录入数据添加上“申报标志”，否则不能生成免税预申报数据。添加方法是：数据录入完毕，点击工具栏的“保存”，然后点击工具栏的“设置标志”按钮。如图 2－147。

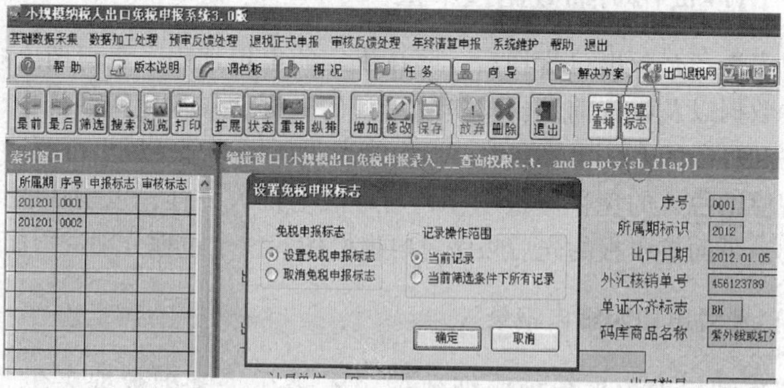

图 2－147

点击“确定”后，则窗口最下方的“标志”栏里将添加上申报标志“1”。

（二）免税出口冲减申报录入

如果前期免税出口货物本期发生退关、退运，或前期免税出口货物录入的数据本期发现错误后，本期需要对原出口明细数据做红字冲减。与免抵退税系统不同的是，小规模纳税人免税系统没有专门的冲减菜单。做数据冲减时，与出口明细录入的位置一样，也是在系统的“小规模出口免税申报录入”里录入。

只不过是在录入数据时，在“原币离岸价”一栏里用负数表示，则“人民币离岸价”、“免征增值税额”等相关栏目的数据都会变成负数。数据保存后，同样点击“设置标志”按钮添加申报标志。操作窗口如图2－148。

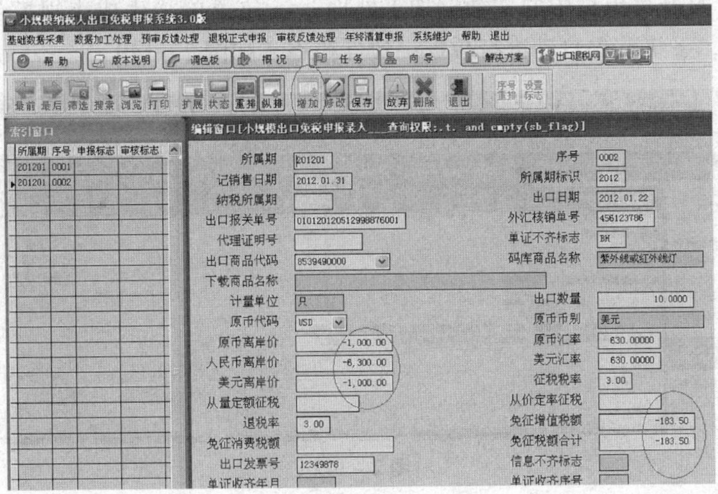

图2－148

（三）免税出口单证收齐录入

小规模纳税人免税系统的单证收齐录入与一般纳税人也不一样。它的收齐单证是在“基础数据采集”的下拉菜单“小规模出口免税申报核销录入”里进行操作录入。录入方法与免抵退税系统基本一样。先点击工具栏的“修改”按钮，使窗口处于编辑状态。然后录入序号、添加收齐标志、录入单号等。最后点击“保存”。如图2－149。

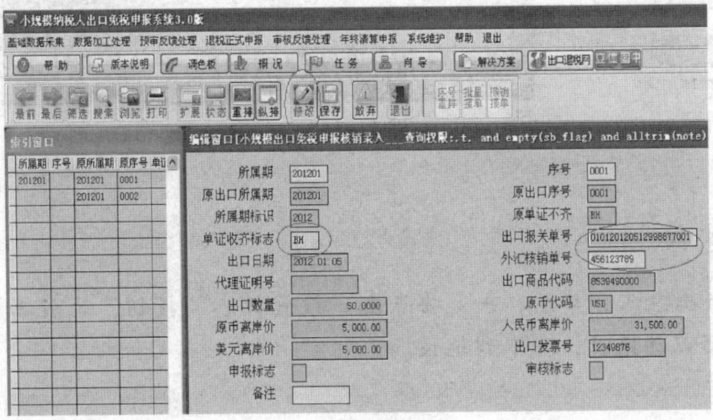

图2－149

（四）生成免税预申报数据

小规模纳税人免税申报，也是包括预申报和正式申报两个过程。预申报过程是：打开菜单栏中的“数据加工处理”下拉菜单“生成小规模免税预申报数据”，系统首先自动进行数据一致性检查。如图 2－149。

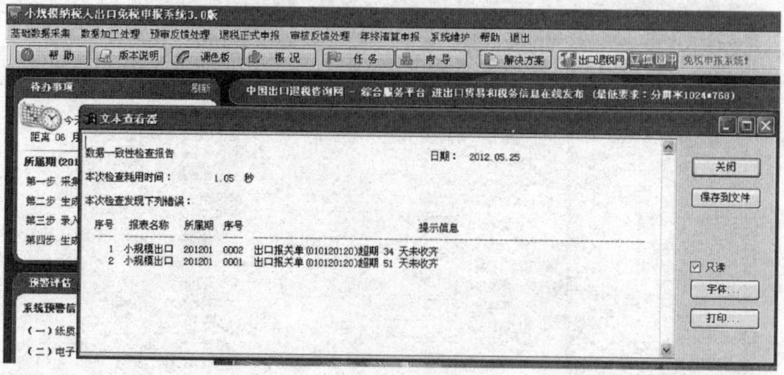

图 2－149

关闭一致性检查提示窗口，根据系统提示选择预申报数据存放路径。点击“确定”，生成免税预申报数据。如图 2－150。

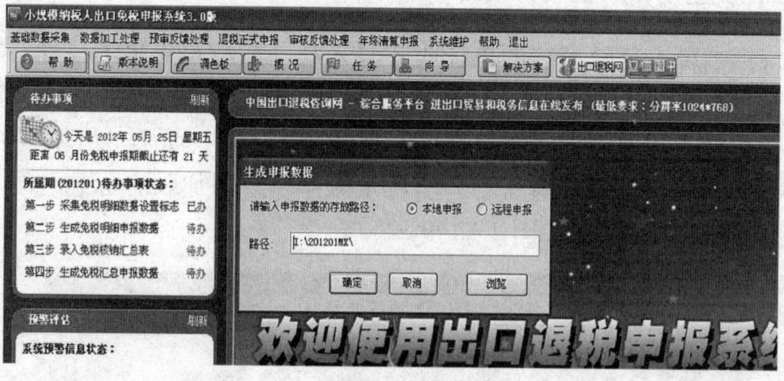

图 2－150

小贴士

明细数据录入完毕后，一定要点击“设置标志”按钮，为数据设置标志，否则生成预审数据时，找不到记录。

（五）免税预申报信息的反馈处理

免税出口预申报经过退税部门预审后，将把预审结果反馈给预审企业。预审企业通过“预审反馈处理”模块对预审反馈信息进行处理。如图2－151。

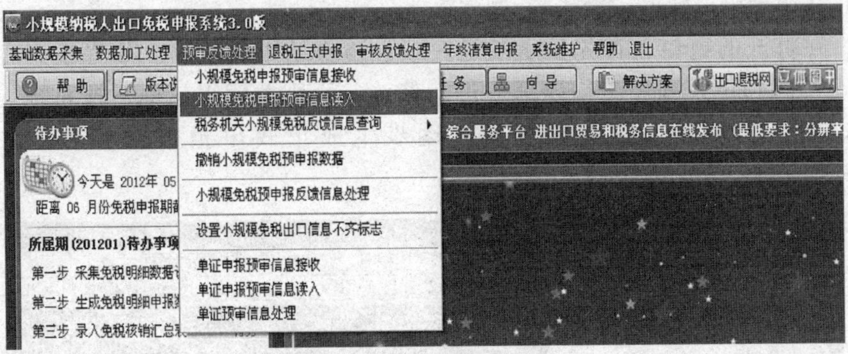

图 2－151

通过互联网远程预申报的企业，打开菜单栏里“预审反馈处理”下拉菜单中“小规模免税申报预审信息接收”子菜单，把预审反馈信息存入电脑预设文件夹后，再打开“小规模免税申报预审信息读入”菜单，按存入的路径把预审信息读入系统。通过 U 盘等媒介进行预审的企业，直接打开“小规模免税申报预审信息读入”来读入 U 盘里的预审反馈信息。预审反馈信息读入后，通过“税务机关小规模免税反馈信息查询”菜单来查询预审疑点，对错误的地方加以修改。无误后，打开“撤销小规模免税预申报数据”菜单，撤销生成的申报数据。最后再点击“小规模免税预申报反馈信息处理”菜单，用税务机关预审后的数据替换原录入的申报数据。如图 2－152。

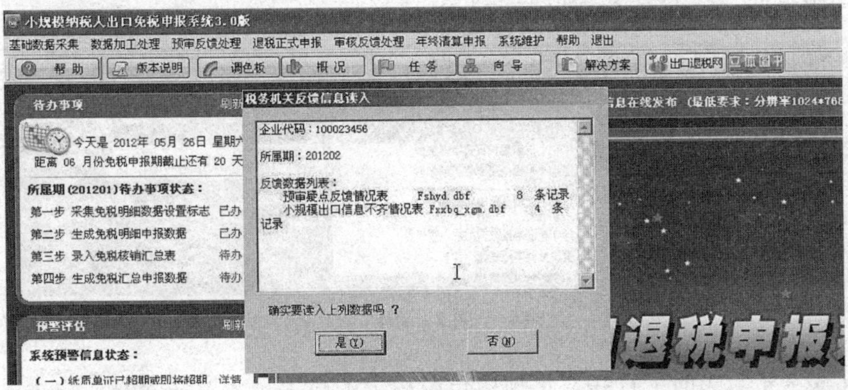

图 2－152

（六）生成正式免税申报明细数据

企业把免税预申报反馈信息读入系统后，就可以做免税正式申报了。

免税正式申报是通过菜单栏“退税正式申报”下拉菜单“生成小规模免税正式明细申报数据”录入的。

在打开的窗口，首先显示的是一致性检查结果提示框。如果检查存在问题，回到录入程序对错误部分进行修改。否则关闭提示框，按系统提示窗口录入所属期、存放路径等，逐步生成正式申报数据并存盘。如图2－153。

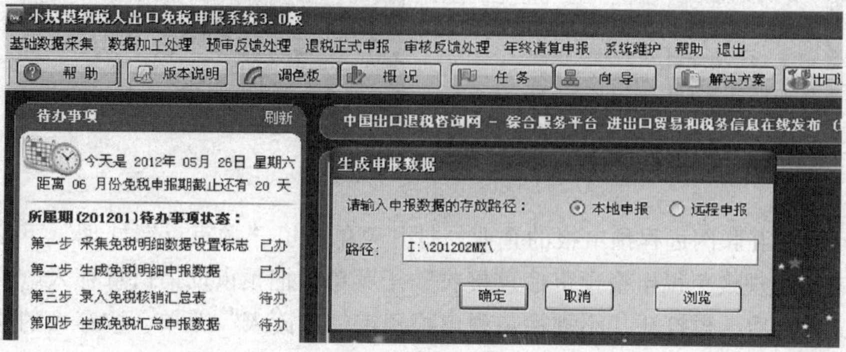

图2－153

（七）生成免税汇总申报数据

生成免税汇总申报数据在菜单栏“退税正式申报”的下拉菜单“生成小规模免税汇总申报数据”中进行。整个过程分为“汇总表录入”和“生成汇总申报数据”两个步骤。如图2－154。

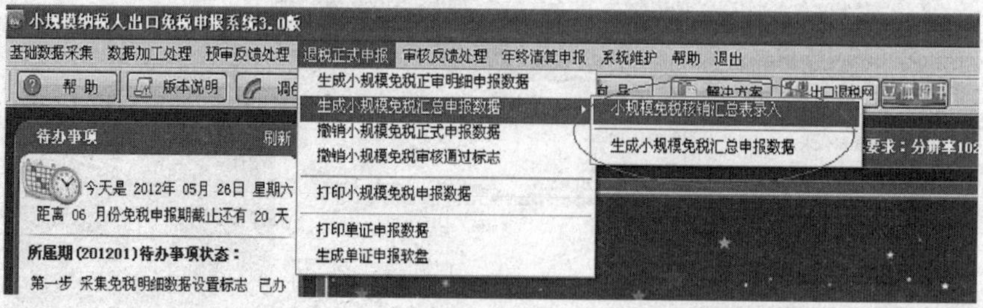

图2－154

录入汇总表时，打开“小规模免税核销汇总表录入”子菜单，点击工具栏的“增加”按钮，按回车键后汇总表的数据就会自动生成。如图2－155。

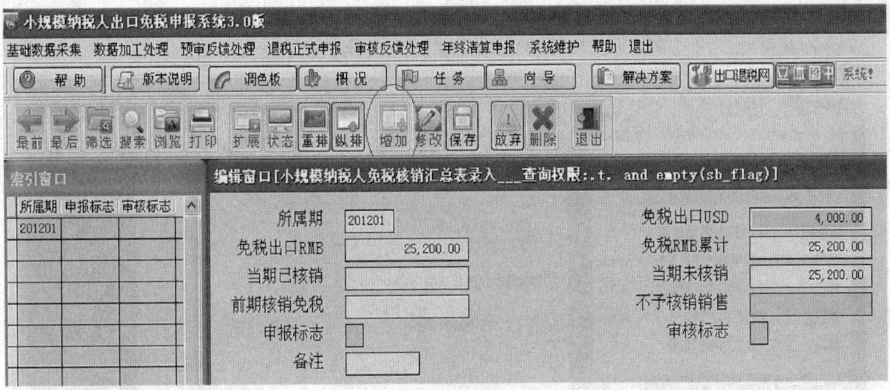

图 2－155

生成汇总申报数据时，打开“生成小规模免税汇总申报数据”子菜单，首先也是出现一致性检查报告窗口。如果有错误，回到录入程序进行修改。否则关闭窗口，录入所属期和数据存放路径，系统将生成免税汇总申报数据。如图 2－156。

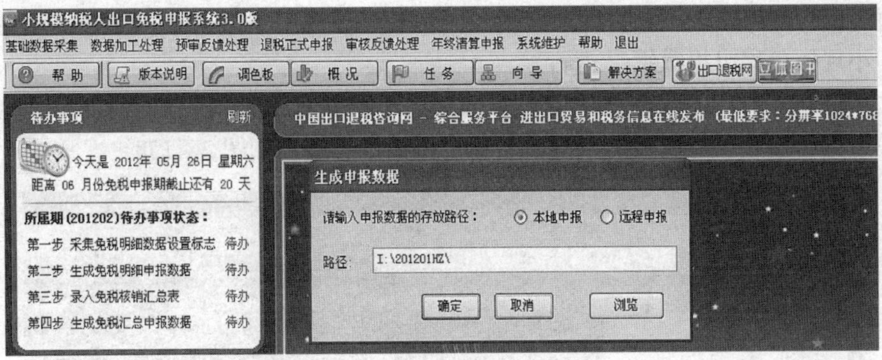

图 2－156

（八）撤销免税正式申报数据

生成小规模纳税人免税正式申报数据后，如果发现其中有录入错误，可以撤销生成的申报数据，修改后，再重新生成正式申报数据。

撤销免税正式申报数据是通过菜单栏“退税正式申报”的下拉菜单“撤销小规模免税正式申报数据”来操作的。在打开的窗口中，选择申报所属期和申报数据范围，点击“确定”，申报数据将被撤销。如图2－157。

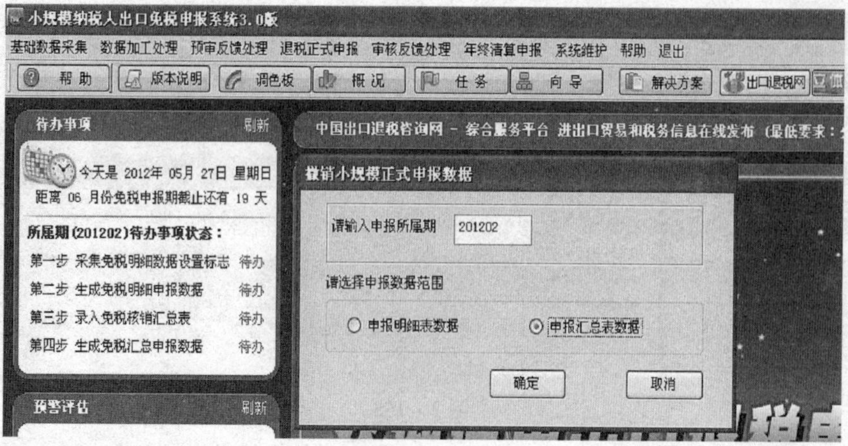

图 2－157

（九）打印免税申报表

小规模纳税人明细申报数据和汇总申报数据录入完成并生成申报数据后，就可以打印申报表了。打印时，通过菜单栏“退税正式申报”下拉菜单“打印小规模免税申报数据”进行。

打开“打印小规模免税申报数据”菜单，共有三种报表需要打印，即免税申报明细表、免税核销申报表、免税核销汇总表。如图 2－158。

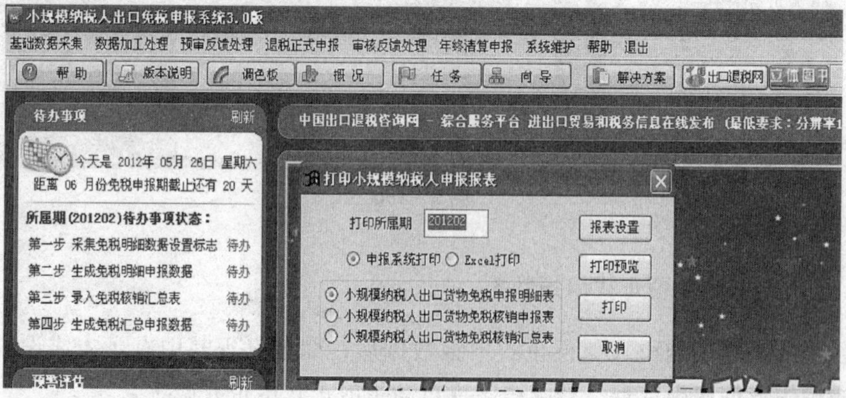

图 2－158

打印时，可以点击“打印”按钮，直接进行打印。也可以点击“打印预览”按钮，先预览一下表格内容，然后再打印。

三、小规模纳税人免税单证申报录入

小规模纳税人除了录入申报数据外，有时还需要做单证录入。这些单证录入都在“基础数据采集”下拉菜单“单证申报录入”的子菜单中，企业可根据需要打开菜单，在录入窗口中录入即可。录入方法请参考本章第三节有关单证录入的内容。

（一）生成单证预申报数据

单证录入完成后，也需要与明细数据预申报一起做单证预申报。首先生成单证预申报数据。生成路径在菜单栏“数据加工处理”下拉菜单“生成小规模免税预申报数据”中。如图2－159。

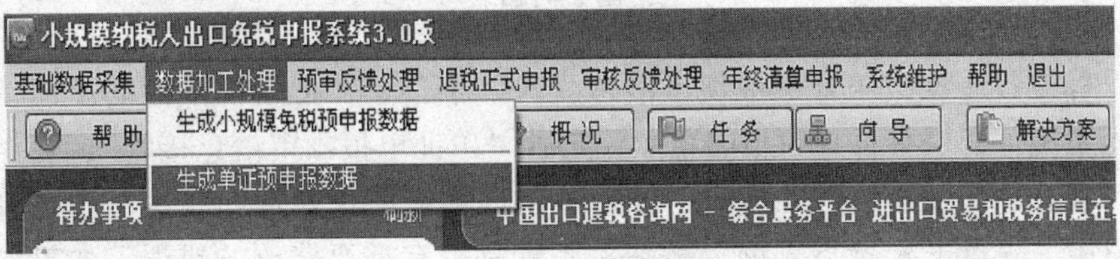

图2－159

在打开的窗口后，首先系统也是做一致性检查。如果发现错误，退回录入窗口修改。否则关闭窗口，进入单证预申报生成窗口，选择数据存放路径，点击“确定”，系统将生成单证申报数据。如图2－160。

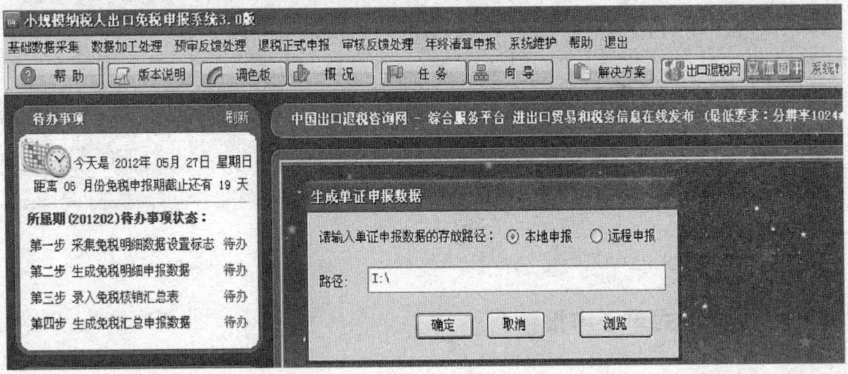

图2－160

（二）单证预申报反馈信息处理

单证预申报后，需要根据退税部门的预审反馈信息对系统的单证信息进行处理。单证预审反馈信息处理在菜单栏“预审反馈处理”下拉菜单中。如图2-161。

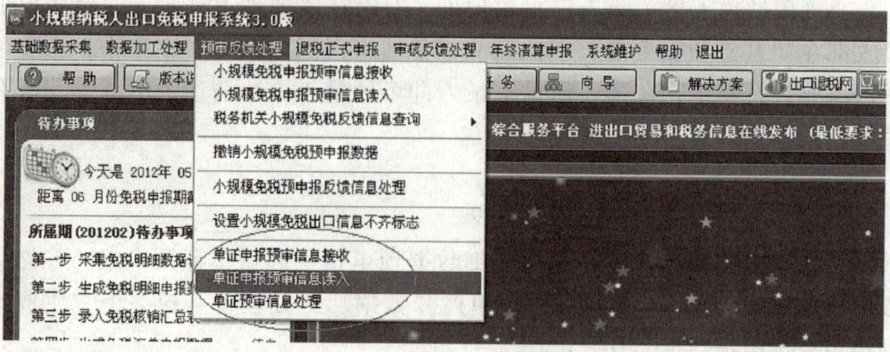

图2-161

首先要通过“单证申报预审信息读入”子菜单，把退税部门的反馈信息读入系统。如果有远程申报的企业，先做“单证申报预审信息接收”，再做读入处理。单证反馈信息处理时，打开“单证预审信息处理”子菜单。在打开窗口中，先点击“疑点查询”按钮，查看是否有需要修改的错误。如果没有错误，点击“反馈处理”按钮，系统将把退税部门反馈信息读入系统。如图2-162。

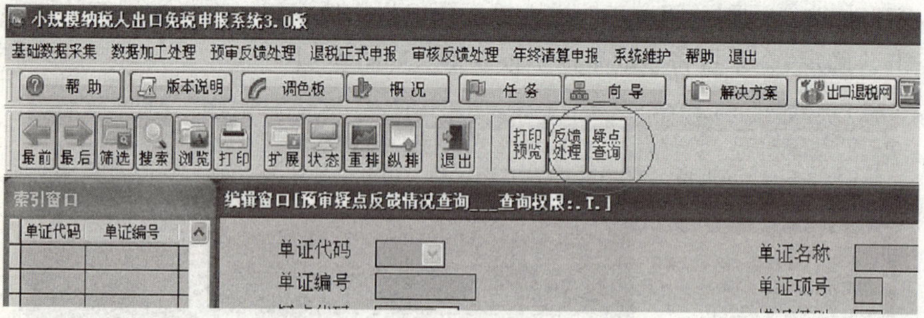

图2-162

（三）生成正式单证申报数据

单证预申报反馈信息处理完毕后，就可以生成正式单证申报数据，进行正式申报了。

单证正式申报数据生成路径在菜单栏“退税正式申报”的下拉菜单中。如图2-163。

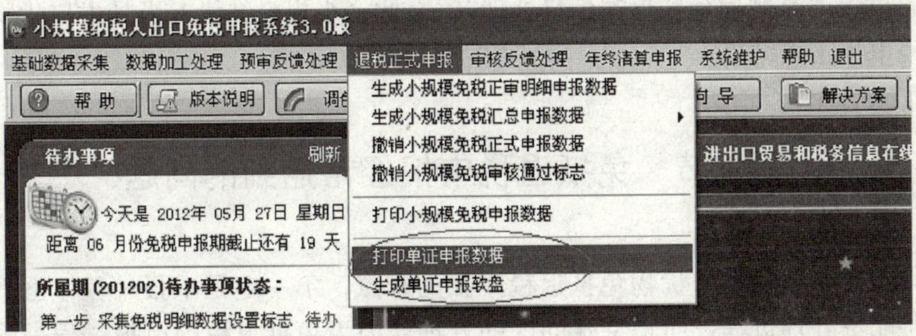

图 2－163

通过“生成单证申报软盘”子菜单，根据窗口提示，录入申报数据存放路径，生成单证申报数据。通过“打印单证申报数据”子菜单，打印出单证申报表格。然后就可以正式做单证申报了。

四、小规模纳税人正式申报需提供的资料

小规模纳税人完成申报数据和单证录入，并打印出申报数据表格和单证数据后，要持退税部门要求的资料和电子数据，到退税部门做正式申报。

（一）小规模纳税人自营出口货物需提供的申报资料

（1）小规模纳税人出口货物免税申报明细表。
（2）小规模纳税人出口货物免税核销申报汇总表。
（3）出口货物专用发票。
（4）出口货物报关单。
（5）免税申报电子数据。

（二）小规模纳税人委托外贸企业代理出口货物的，除提供上述资料外，还需提供以下资料

（1）代理出口协议。
（2）代理出口证明。

五、小规模纳税人正式申报反馈信息的处理

小规模纳税人免税正式申报结束后，需要把退税部门的审核信息读入企业的免税系统中。正式申报反馈信息处理在菜单栏“审核反馈处理”的下拉菜单中进行。

与预审反馈信息读入的方法一样，也是先做“读入税务机关反馈信息”，

然后再做“小规模免税反馈信息处理”。至此，小规模纳税人当月出口货物的免税申报正式结束。

第六节　免抵退税申报经常遇到的问题

生产企业的出口货物免抵退税申报的难点，不一定是申报过程，也不一定是账务处理过程，而是特殊问题的处理。因为免抵退税的申报过程是固定的程序，会计新手开始接触系统时会感到心里没有底，甚至有点不知所措，但经过几个月的熟悉，就会轻车熟路了。而免抵退税的账务处理也是固定的模式，它与内销货物账务处理的区别，就是多计算几个数据，多做几条会计分录，二者没有重大区别。

虽然免抵退税系统的操作录入本身比较容易，但在操作过程中往往遇到许多意想不到的问题，这也是令操作者最头疼的问题。这里就在实际工作中经常遇到的问题单独作为一节进行讨论。

为了与工作习惯相适应，我们也按免抵退税工作的先后顺序来说明。有些问题前面的章节已陆续提到过，这里再统一起来做一下详细的介绍。

一、计算的问题

1. 购进货物的进项发票

生产企业出口货物，在与会计同行的交流中，经常有人问到购进货物普通发票的退税问题。按国家税务总局的有关规定，出口生产企业只有从供货单位索取的增值税专用发票才可以作为退税的依据。购货的普通发票是不能退税的。

为了多退税，出口生产企业要尽量从增值税一般纳税人那里采购原材料等。但小规模纳税人供货商从税务局代开的增值税专用发票也可以退税。虽然税务局代开的发票的进项税率只有3%，但总比一分不退要好，积少可以成多。

还有就是第一章中提到的进项发票的认证时限一定不要超过。

2. 免抵退税不得免征和抵扣税额的计算

出口货物后，在当月做免抵退税申报时，都要计算当期出口货物的不得免征和抵扣税额并做账务处理。一般情况下，许多人习惯根据每一笔出口发票，单独计算不得免征和抵扣税额并填制记账凭证，然后汇总填报纳税申报表。但这样做了账务处理后，在做一致性检查时，往往提示汇总表上的出口销售额与纳税申报表存在几分钱的差额。

差额形成的原因是计算时四舍五入造成的。因为汇总表是根据本月的出口货物的人民币合计金额计算的不得免征和抵扣税额，这就与每笔单独计算的结果有时产生误差。

这种误差原来是不允许存在的。虽然自2009年起允许出现误差，但下月纳税申报时必须就这几分钱做账务调整，操作起来比较麻烦。所以为了避免这种情况，建议在做免抵退税不得免征和抵扣税额的计算时，不要每笔单独计算，而是以汇总表上的不得免征和抵扣金额作为填制记账凭证的依据，这样就不会出现差额了。

3. FOB价的折算

根据国家的有关政策规定，出口计算企业免抵退税额时，销售金额必须按FOB价计算。也就是说出口企业计算退税的出口成交方式必须是离岸价。

如果出口合同注明的成交方式是FOB，则可以直接在免抵退税系统里录入申报。如果成交方式不是FOB，需要换算为FOB后再录入系统进行申报。

企业以非FOB成交方式出口货物时，一般出口报关单上都会在“标记唛头及备注”栏里显示该出口货物的FOB价格。如果报关单没有显示FOB价，需要人工计算出FOB价。

计算方法很简单。成交方式为CIF价的，以CIF价减去运费和保险费后，即为FOB价。成交方式为C&F价的，以C&F价减去运费后即为FOB价。

这里所说的运费指的是货物离港后的海上运费，不包括卖方承担的境内运费。

许多人经常提到一个问题：非FOB价出口的运费和保险费账务上怎么处理？要回答这个问题，首先要弄清楚运费和保险费的性质。既然国家规定出口销售必须按FOB价记销售，那么发生的运费和保险费就不属于企业的营业收入范围之内。如果按CIF或C&F价记的销售收入账，则收汇后就要冲减销售收入；如果出口记账时把运费和保险费作为代垫费用记入往来账，则收汇后仍记入往来账；如果出口时运费和保险费已作为费用入账，则收汇后冲减费用。大部分情况都是作为代垫费用处理的。

二、系统错误问题

在免抵退税申报过程中，经常遇到系统方面的错误。这些错误主要有OLE错误、找不到变量×××等，一般都是因为退税系统文件被损坏造成的。有些可以通过复制其他电脑的退税系统的相同文件来覆盖解决，有些则需要有一定专业电脑知识的人来修复。最好的解决方法就是重新下载安装系统，这是从根本上的解决方法。但要重新安装系统，首先要做好系统备份。应该养成每次申报完毕后都要备份数据的习惯，这样才能做到有备无患。

三、系统操作的问题

1. 外币汇率问题

做免抵退税系统录入时，需要录入两个汇率，一个是“原币汇率”，一个是“美元汇率”。

原币汇率其实就是企业根据出口货物的结算货币做账务处理时的记账汇率。这个汇率是由企业的会计制度规定的。它可以说每月月初汇率，也可以是货物出口当日汇率。不论采用月初还是当日汇率，按规定一年之内是不允许改变的。

如果出口货物是以美元结算的，美元汇率就是原币汇率。如果出口货物不是以美元结算，由于各地的税务机关对非美元结算的出口货物折算美元的要求不一样，美元汇率就要认真确定了。原来可以通过电子口岸的查询功能查询出口货物折算的美元金额，自国家收汇监管制度改革后，电子口岸的查询功能已经停止使用，现在出口企业可以到贸易收汇监管系统里去查询。

当在监管系统也查不到折算美元信息时，出口企业只能根据估计的出口日期到银行网站去查找汇率了。希望估计的出口汇率与报关单上是一致的，如果不一致，需要在做单证收齐时冲减后重录。

2. “0”申报的操作

当企业整月都没有出口业务时，企业也必须做免抵退税申报。由于没有出口数据，就要做“0”申报。

做“0”申报时，首先要录入明细申报表空表并生成明细申报表。然后录入纳税申报表。最后录入汇总表。

做“0”申报时，不需要提供明细表的，只提供电子数据盘和汇总表及附表就可以了。

3. 申报数据生成后又撤销修改的问题

申报数据已经生成申报盘后，如果发现申报数据有误，需要撤销汇总数据和明细数据时，回到基础数据采集模块进行修改。

修改数据时，由于有些数据的修改并不影响汇总数据（如出口日期等），许多对系统不熟悉者，以为只修改明细数据就可以了，于是生成明细申报数据后就直接生成了汇总数据，结果不能通过申报审核。

这种情况一定要注意：修改明细表并生成明细申报数据后，即使汇总数据没有错误，也一定要打开汇总表，按住回车键重新输一遍数据，然后再重新生成汇总申报数据。否则欲速则不达。

4. 进料加工实耗法和购进法要分清

在“系统维护”模块的“系统配置”下拉菜单“系统参数设置与修改”的“业务方式”窗口里，选择“有进料加工业务”。然后在“系统维护”模块的“系统配置”下拉菜单“系统配置设置与修改”里，在“进料计算方法”栏目里做出选择。如果上述工作不处理好，在计算进料扣除保税料件时，系统里将没有数据。

5. 预审反馈处理问题

如果企业一直在做出口货物明细数据预申报，则即使反馈信息没有数据也要做反馈信息处理。因为预申报反馈信息处理一方面可以查看明细申报数据的错误疑点，另一方面也是对前期已经申报的单证的电子信息的后续处理。只有做反馈信息处理后，才能把收齐前期出口货物单证的信息读入企业的系统，同时把前期单证不齐标志取消。

四、打印问题

打印过程中遇到最多的问题就是“页标头过大，不能放入页中”的问题。这主要是由于打印时设置的纸张大小与打印机的型号不匹配造成的。

除了宽行针式打印机或专门准备的能打印 A3 纸型的打印机外，其他的打印机一般只能打印 A4 纸以下的纸型。如果税务机关要求的报表是 A3、美国标准等纸型，这时候如果在一般喷墨、激光或票据针式打印机上打印报表，就会出现所说的问题。遇到这种情况，可以试着调试纸型大小或边距。如果没有效果，或者采用 EXCEL 打印，或者换更大的打印机。

第三章

电子口岸执法系统操作的经验与技巧

第一节 系统介绍

一、关于系统

电子口岸执法系统简单地说，就是一个与外贸有关的政府各部门及进出口企业对进出口业务数据进行共享的一个平台。按国家有关部门的定义就是："中国电子口岸执法系统是海关总署等国务院十二部委在电信公网上（Internet）联合共建的公共数据中心，它是运用现代信息技术，借助国家电信公网资源，将国家各行政管理机关分别管理的进出口业务信息流、资金流、货物流电子底账数据集中存放到公共数据中心，在统一、安全、高效的计算机物理平台上实现数据共享和数据交换。各国家行政管理部门可进行跨部门、跨行业的联网数据核查，企业可以在网上办理各种进出口业务。"

电子口岸执法系统自 2003 年全面推广使用后，成果显著。它有两个显著特点：特点之一就是使海关、外汇管理局、外贸部门、银行、税务等部门与进出口有关的数据集中起来，实行了跨部门的信息共享。加强了政府管理部门之间、政府部门与企业之间的互相监督，提高了政府部门的办事效率，对企业走私活动、偷税漏税、骗汇骗税等违法活动起到彻底的抑制作用。特点之二就是企业的单证申领和报送、数据查询等进出口业务的办理可以通过系统在互联网上进行，为企业节省了时间，节约了成本，提高了效率，加快了退税的速度，对中国进出口企业的发展起到了非常大的推动作用。

2012 年 8 月 1 日起，根据外汇制度改革的规定，废除了出口收汇核销单，取消了收汇核销制度。以新的"货物贸易外汇监测系统"代替原来的收汇核销系统。这一变化的结果，就是电子口岸的"出口收汇"子系统的菜单功能基本都失效了。它的一些功能转移到了外汇监测系统中，而有些功能则被停用，自身只保留了很少能使用的功能，这就大大降低了电子口岸的作用。

电子口岸的重要性虽然大不如从前，但它还是出口退税不可缺少的电子系统之一。尤其"出口退税"子系统不但没有受到影响，反而增加了"出口数据下载"的新功能。

二、系统功能

电子口岸系统包括二十多个子系统，最常用的就是"出口收汇"、"出口退税"两个子系统。

这两个子系统是对出口信息的查询和报关单的管理、核查和操作的子系统。系统为出口报关货物建立了电子底账数据。出口单证的基本信息以及使用操作情况都将保存在电子口岸数据中心，供政府有关部门和企业等使用单位进行查询或操作。货物出口后，系统又把企业出口报关单的交单信息等通过电子口岸数据中心传送税务局等有关部门，以便这些部门对出口企业的有关数据进行比对审核，为退税工作提供了方便。

下面介绍一下这两个子系统的主要功能。

（一）“出口收汇”子系统的功能

1. 结关报关单查询

企业通过此功能菜单，可以查询企业出口货物已经结关的报关单信息。

2. 组合查询

停止使用。

3. 出口收汇核查情况

包括“业务数据查询”、“业务数据下载”两个子菜单。通过它们可以对出口业务的收汇核注情况和报关单信息等数据进行查询。

4. 返回主页

返回到执法系统的主页窗口。

（二）“出口退税”子系统的功能

1. 结关信息查询

企业出口货物离境后，可以通过此功能查询本企业的结关电子信息，包括已结关货物的报关单编号、结关日期、申报地海关等信息，以便及时申报领取纸质报关单。

2. 数据报送

企业拿到纸质报关单后，在与电子口岸的电子数据核对无误后，通过此功能把报关单信息报送给海关口岸数据中心，由口岸数据中心传送给税务机关。

3. 数据查询

通过此功能，可以对出口报关单的状态进行实时查询。

4. 数据下载

从电子口岸把出口货物报关单等数据下载到出口企业的电脑里，以便出口企业在退免税申报系统做收齐出口货物单证的单号录入。

5. 业务规范

收汇核销业务的操作规范，不是系统的业务功能模块。

6. 返回主页

返回到执法系统的主页窗口。

第二节　系统的安装

一、系统安装前的准备工作

电子口岸执法系统的发展过程也是不断完善的过程。电子口岸的早期用户使用的都是支持 WINDOWS 95 和 WINDOWS 98 操作系统的 1.1.3 老版本软件。现在的用户基本上用的都是支持 WINDOWS XP 的 2.1.3 版本的软件。据说现在已经有 3.1.1 版本了，但笔者还没有见过。

企业取得外贸进出口权之后，需要向海关申请购买电子口岸软件。经各省级电子口岸数据分中心批准之后，企业可以领购到两张光盘、两张 IC 卡、一个读卡器。

两张光盘中的大光盘里是电子口岸客户端安装程序。小光盘里是读卡器控件驱动程序。

读卡器是企业读入 IC 卡的专用工具。老式的读卡器与电脑相连时，用的是串行接口。新的读卡器是通过 USB 接口与电脑连接，比老的读卡器使用更加方便。

两张 IC 卡包括法人卡和操作员卡。法人卡是用来给操作员授权和办理延期登记手续等管理功能用的。操作员卡是用来办理电子口岸业务用的，如核销单的申领和向外汇局交单，报关单数据向国税局报送等。一个公司法人卡只有一张，而操作员卡可以根据业务量和工作需要办理多张，如进口业务操作员卡、出口业务操作员卡、收汇核销的操作员卡等。

老式 IC 卡卡号是以 0 开头的 13 位数字，新卡的卡号是 8 开头的 13 位数字。

IC 卡需 2 年做一次年检（证书更新）。因为电子口岸 IC 卡的数字证书有效期是 2 年，如果 IC 卡的数字证书快要到期，电子口岸执法系统将在证书到期之前的 2 个月开始，以文字的方式在操作窗口的下方提示用户。用户应在到期之前，持 IC 卡及企业证明等到主管海关（购卡时制卡的海关）的制卡数据分中心办理数字证书更新手续。证书更新后的密码要恢复到初始密码的 8

个“8”。用户回到本企业后需要进入电子口岸执法系统中重新修改密码才能使用。

使用IC卡登录电子口岸执法系统时，如果连续3次或累计5次密码输入错误，用户需持被锁定的IC卡、操作员身份证和企业证明等到制卡海关的数据分中心办理解锁手续。解锁后密码恢复成初始密码8个“8”，用户需进入电子口岸系统将密码修改后，再次登录电子口岸才能进行业务操作。

如果是新办理的IC卡，还需要经过外汇局审核授权后，才能上网使用。

二、系统软件的安装

（一）安装盘的安装操作

把安装光盘放入电脑的光驱，运行setup. exe文件，系统开始初始化。

初始化完成后，系统开始安装。

系统的安装过程与其他软件的安装过程是一样的，安装步骤不再做详细介绍。但安装过程中有几点需要注意：

一是在“安装类型”窗口选择安装类型时，一般选择“完全”。

二是在“请选择用户类型”窗口，一般选择“IC卡用户”。特殊企业除外。

三是在“根证书存储”窗口，选择“是”。

系统安装完成并重启后，系统快捷图标显示在电脑桌面。如图3－1。

图3－1

（二）读卡器控件及驱动程序的安装操作

系统安装后，还要安装读卡器控件和驱动程序。

安装时，关闭所有运行的程序，把读卡器自带的小光盘放入光驱，打开后双击运行“企业控件安装程序”。如图3－2。

图3－2

在“应用界面选择”窗口，选择“中国电子口岸－首页”后，如图3－3。

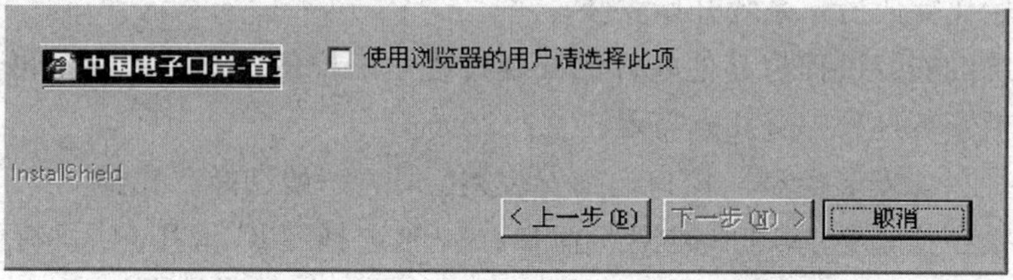

图3－3

电脑提示控件安装完成后，会自动继续进行浏览器版程序的安装。

浏览器版程序安装结束后，系统自动安装读卡器驱动程序。安装路径不要人为选择，默认即可。

系统提示安装完成后，点击“完成”，结束全部安装。

整个安装过程比较简单，只要点击“下一步”或“next”，安装向导就能引导用户顺利完成安装。所以详细安装步骤也不再详述。

小贴士

在读卡器控件和驱动程序安装完成之前，不要把读卡器与电脑连接，安装完成后再连接。

（三）读卡器测试

读卡器控件安装完成后，安装程序会在桌面自动生成测试工具的快捷方式。把读卡器与电脑连接好，把IC卡插入读卡器，然后点击“测试图标”，启动智能卡测试工具，在命令栏输入智能卡口令，默认口令为8个“8”，然后点击“开始测试”。如图3－4。

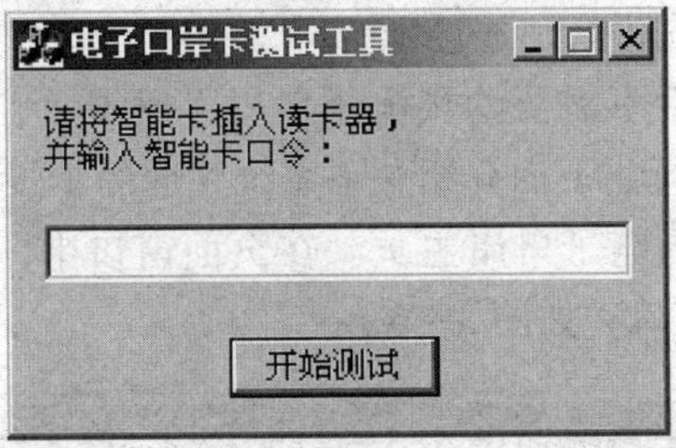

图3－4

测试完成后，如果IC卡工作正常，系统会提示正常，点击“确定”结束测试。如图3－5。

图3－5

如果测试失败，会显示相应的错误代码，用户需要卸载已安装的驱动程序后重新安装。

第三节　系统的具体操作过程

一、系统操作流程简介

（1）向电子口岸数据中心进行新系统注册。

（2）登录电子口岸，修改登录密码。

（3）在出口收汇系统查询出口货物结关信息。

（4）向税务局报送报关单信息。

（5）为退税系统下载报关单信息。

（6）为避免遗漏操作步骤，实时查询报关单的使用状态。

二、新系统注册

电子口岸执法系统安装完成后，还不能直接使用。原来的电子口岸系统一直是收费的，自2012年起开始免费使用了。但在免费使用电子口岸系统前，需要使用单位首先进行注册。

虽然注册新系统后不需要购买电子口岸上网卡了，但新系统注册还是要通过“在线购卡”进行。下面介绍一下系统注册的步骤。

第一步　打开中国电子口岸主页。在页面窗口中，点击右侧的“在线购卡”，进入系统注册窗口。如图3-6。

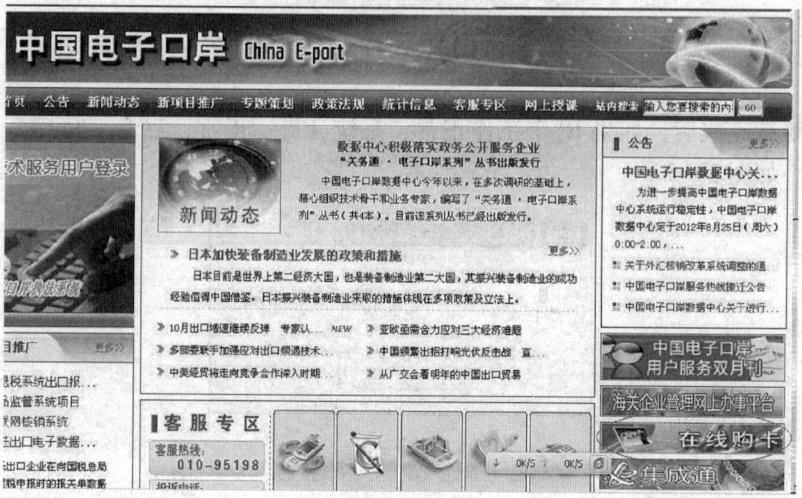

图3-6

第二步　在系统注册窗口，点击“新系统注册”按钮。如图3-7。

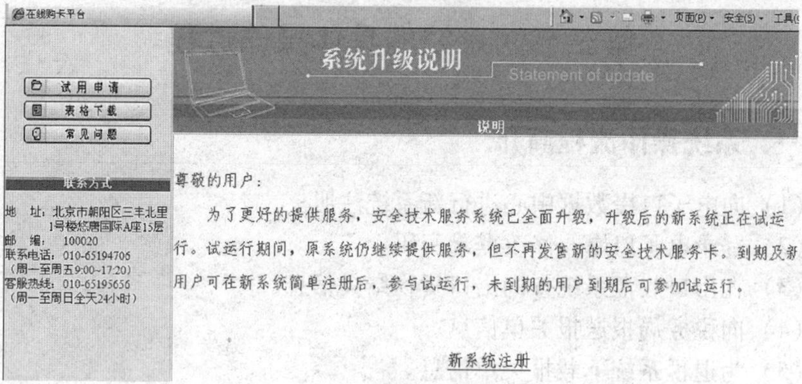

图3-7

第三步　在系统提示窗口，点击“确定”后进入注册资料录入界面。如图3－8。

图3－8

第四步　在窗口各栏中录入企业的有关资料，点击窗口下面的“注册”按钮。如图3－9。

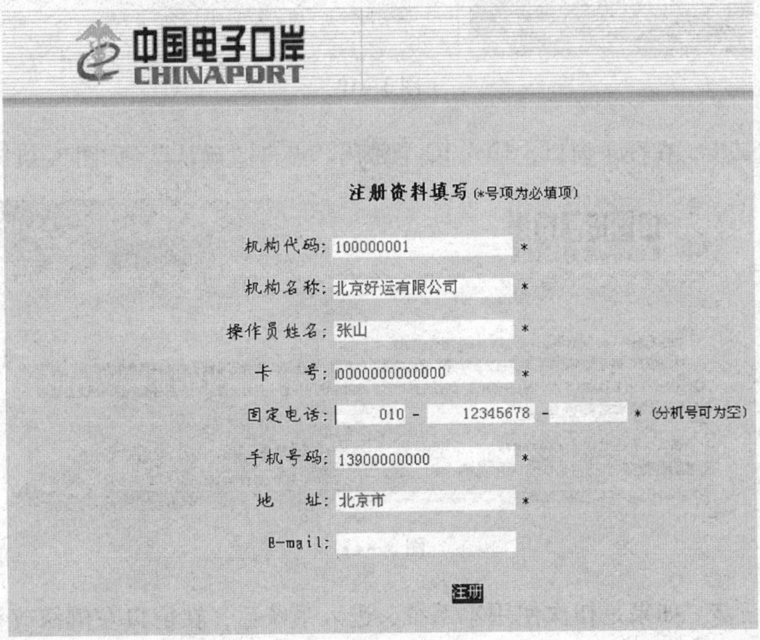

图3－9

第五步　系统提示注册成功，重新登录系统后就可以进行操作了。

三、系统登录与口令修改

首次使用电子口岸执法系统，登录系统后首先要修改登录密码。

系统登录与密码修改步骤如下：

第一步　打开中国电子口岸主页，点击“安全技术服务用户登录”。如图3－10。

图3－10

第二步　在登录窗口，输入IC卡密码。点击“确认”。如图3－11。

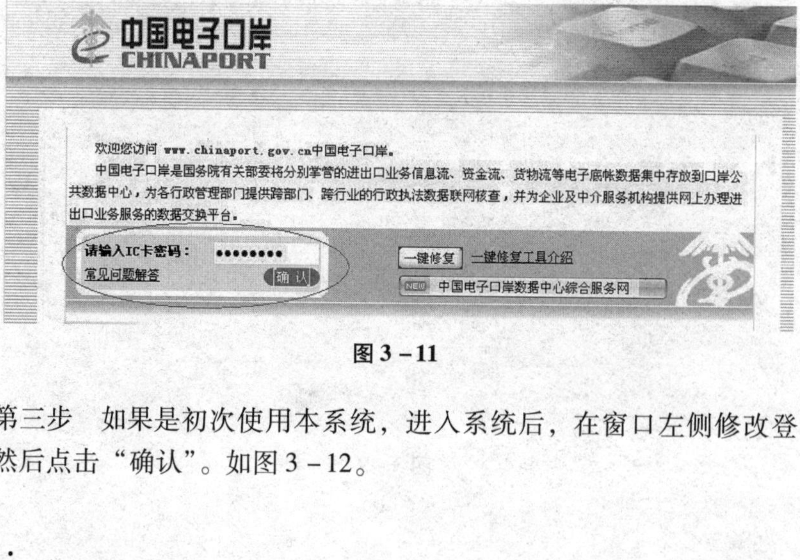

图3－11

第三步　如果是初次使用本系统，进入系统后，在窗口左侧修改登录口令，然后点击“确认”。如图3－12。

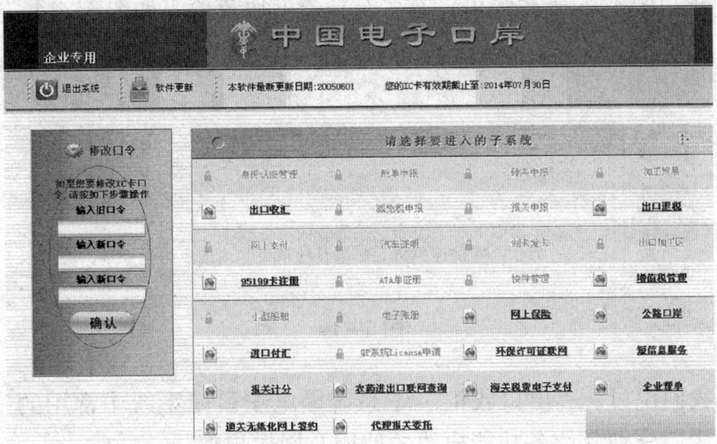

图 3－12

第四步　密码修改后，系统返回主页，需用新密码重新登录。

提　示

输入登录密码时，如果输入错误密码，累计 5 次不正确的话，IC 卡将被锁死。解锁需要到发卡海关的数据分中心办理解锁手续。

四、“出口收汇”子系统的操作

在电子口岸执法系统主页，点击“出口收汇”，进入“出口收汇”子系统。如图 3－13。

图 3－13

在“出口收汇”子系统里，有多个功能模块菜单。如图3－14。

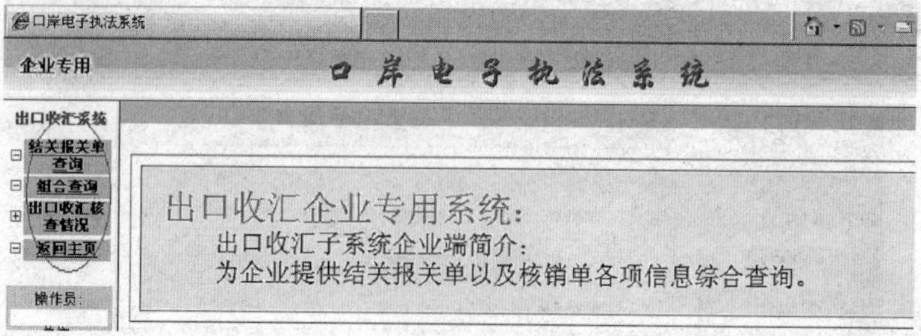

图3－14

前面我们说过，“出口收汇”子系统是电子口岸系统中常用的一个子系统。下面我们分别介绍各功能模块的使用及操作步骤。

（一）结关报关单查询

企业出口货物时，需要携带出口报关单、出口合同、出口发票、货物箱单等资料向出口海关履行一定的申报程序。这些程序包括填制有关单据、查验货物、缴纳关税等。只有办理完这些手续，得到海关放行许可后，货物才能出关。这个过程就是结关。

结关后，海关将把出口货物报关单的信息通过数据中心上传到电子口岸。出口企业可以通过电子口岸的“结关报关单查询”菜单，查询出口货物的结关情况。

查询步骤如下：

第一步　在“出口收汇”子系统的窗口，点击左侧的“结关报关单查询”菜单。打开的窗口中，在“定义多重条件”栏录入报关单号，点击“条件设定”按钮，单号进入查询条件框内。如图3－15。

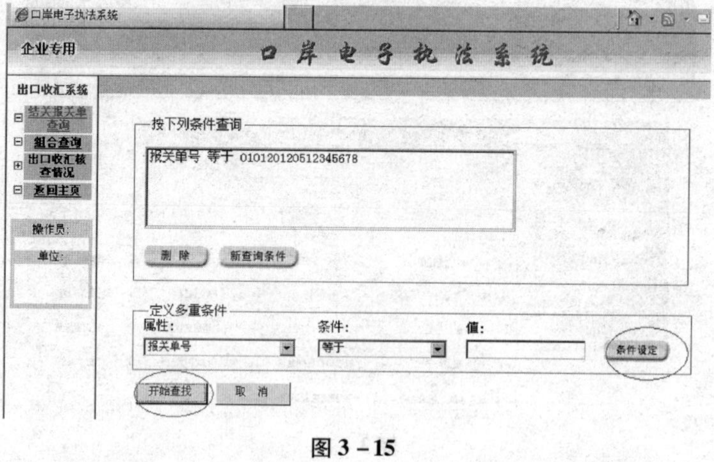

图3－15

第二步 点击查询窗口的“开始查找”按钮，则该报关单数据显示在窗口的列表中。如图 3－16。

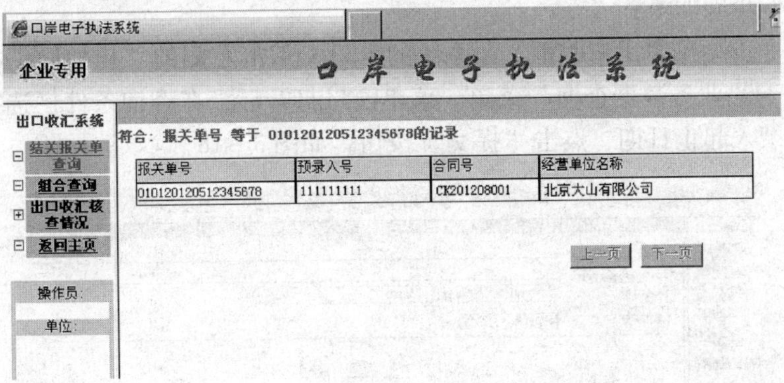

图 3－16

第三步 点击报关单号，可以查看报关单的详细信息。如图 3－17。

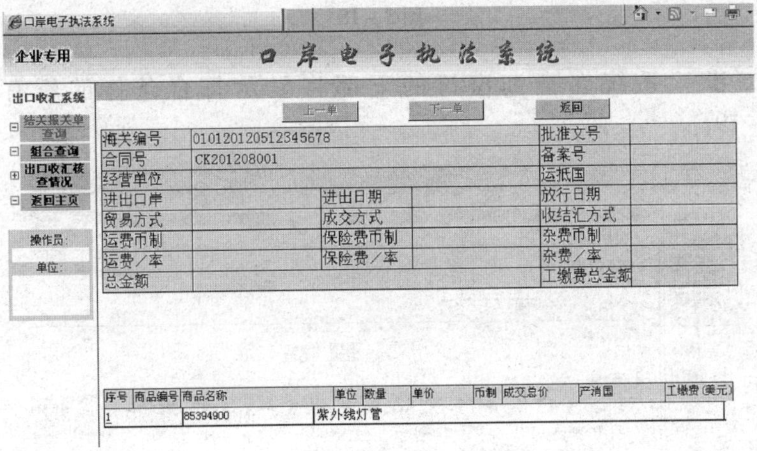

图 3－17

（二）组合查询

因外汇制度改革，自 2012 年 8 月 1 日起，组合查询功能已经停止使用。

（三）出口收汇核查情况

本菜单的功能是在货物出口后，可以在电子口岸执法系统对业务数据进行的查询和下载的操作。它包括以下两项内容：业务数据查询、业务数据下载。

下面对这些内容做一下简要介绍。

1. 业务数据查询

业务数据查询就是对出口货物的有关收汇数据及核注情况进行查询操作。

操作步骤如下：

第一步　在“出口收汇”子系统的窗口，点击左侧的“出口收汇核查情况”——“业务数据查询”菜单。菜单窗口打开后，在查询条件栏选择收汇类型并录入起止日期，点击“提交”按钮。如图3－18。

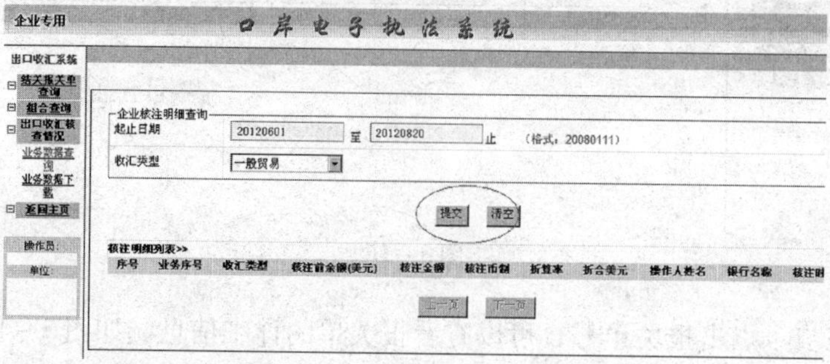

图3－18

第二步　系统在查询窗口的下部将显示符合条件的所有记录。如图3－19。

图3－19

2. 业务数据下载

“业务数据下载”就是对出口货物的报关单数据和收汇核注数据进行的下载查询过程。它包括“报关单信息下载”和“核注明细下载”两项内容。如图3－20。

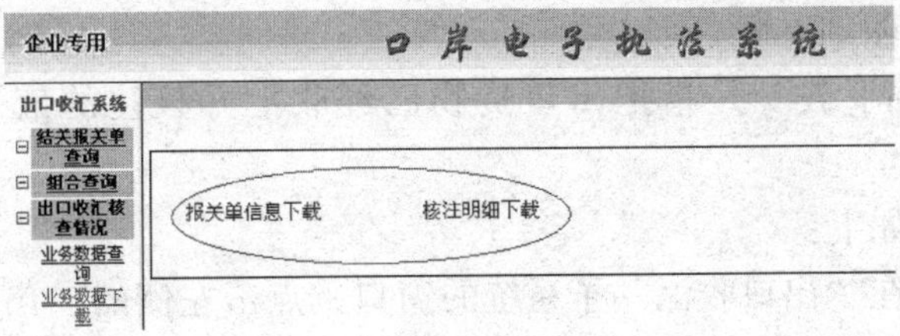

图 3－20

（1）报关单信息下载。

“报关单信息下载”是指下载海关上传的电子口岸的、企业已经出口结关的报关单数据的过程。

操作步骤如下：

第一步　在“出口收汇”子系统的窗口，点击左侧的“出口收汇核查情况”——“业务数据下载”菜单。菜单窗口打开后，在查询条件栏选择贸易方式并录入起止日期，点击“导出 EXCEL”按钮。如图 3－21。

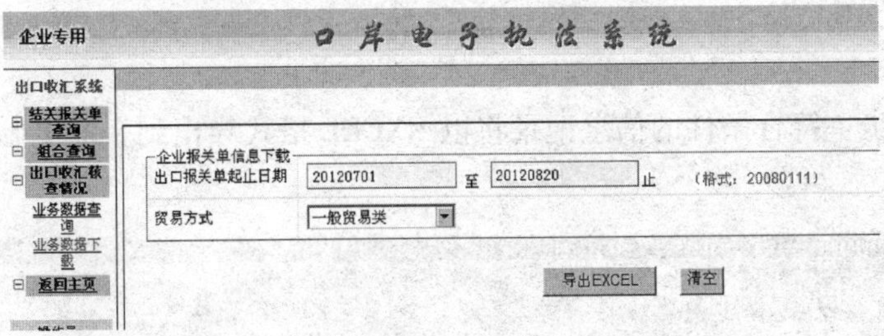

图 3－21

第二步　符合条件的信息记录将以 EXCEL 格式导出到企业电脑新的窗口。如图 3－22。

报关单号	核销单号	贸易方式	出口日期	报关单金额	币制	折算率	折合美元	接收日期
010120120	801200150	一般贸易	20120701	3347	美元	1	3347	2012070200
010120120	801200149	一般贸易	20120702	5135	欧元	1.2449	6392.56	2012070602
010120120	801200151	一般贸易	20120725	5060.2	欧元	1.2492	6321.2	2012072600
010120120	801200153	一般贸易	20120725	1430	美元	1	1430	2012072702
010120120	801200152	一般贸易	20120802	2433.56	欧元	1.2492	3040	2012080302
020220120	801200154	一般贸易	20120731	1745	美元	1	1745	2012080903

图 3－22

（2）核注明细下载。

“核注明细下载”是指把出口货物已经收汇并核注的信息下载下来的过程。

操作步骤如下：

第一步　在“出口收汇”子系统的窗口，点击左侧的“出口收汇核查情况”——“核注明细下载”菜单。菜单窗口打开后，在查询条件栏选择收汇类型并录入起止日期，点击“导出 EXCEL”按钮。如图 3 – 23。

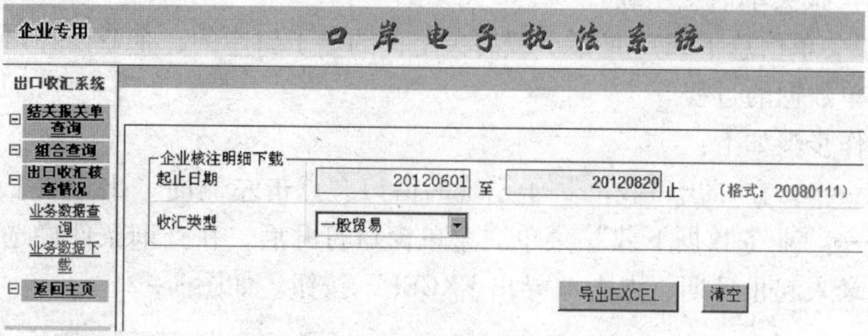

图 3 – 23

第二步　符合条件的信息记录将以 EXCEL 格式导出到企业电脑新的窗口中。如图 3 – 24。

图 3 – 24

五、出口退税子系统的操作

在电子口岸执法系统主页，点击“出口退税”，进入出口退税子系统。如图 3 – 25。

图 3－25

在出口退税子系统里有六个功能模块。分别是“结关信息”、“数据报送”、“数据查询”、“数据下载”、“业务规范”、“返回主页”六个部分。如图 3－26。

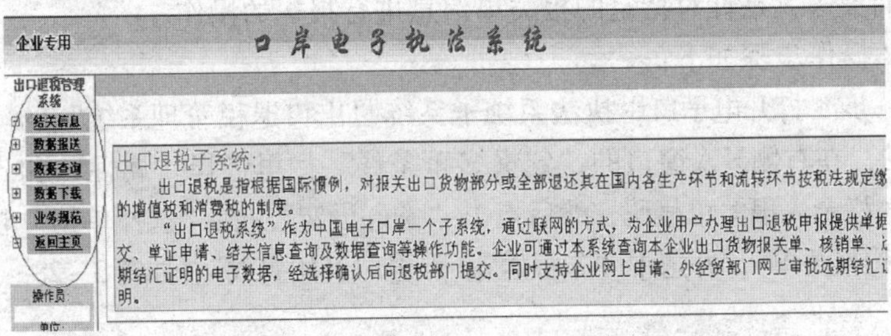

图 3－26

出口退税子系统也是电子口岸执法系统使用最多的子系统之一，又是出口货物和出口退税必不可少的操作工具之一。下面我们对它的各个模块做详细介绍。

（一）结关信息

企业出口货物报关后，可以通过此模块来查询本企业已结关货物的报关单编号、结关日期、申报地海关等信息。

具体操作步骤如下：在系统的子系统“出口退税管理系统”中，点击“结关信息”。在右侧的录入窗口录入查询条件。查询条件包括“按报关单号查询”、“按月份查询”、“按起止日期查询”三个选项，查询时可以任意选一项。然后点击“开始查找”，符合条件的记录将显示在窗口的列表中。如图 3－27。

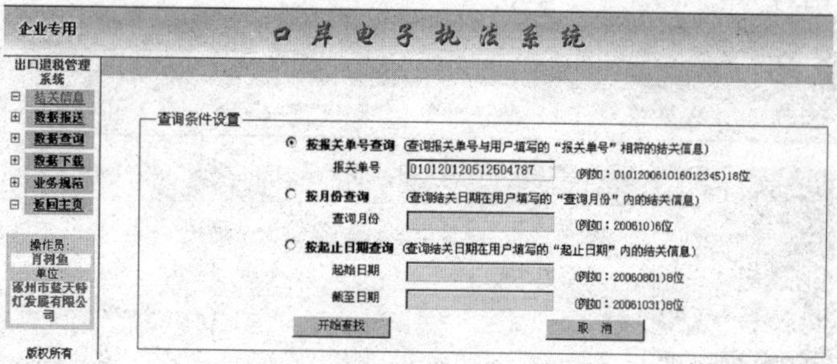

图3－27

（二）数据报送

数据报送就是把出口货物报关单的信息向税务局报送的操作过程，也就是通常所说的“交单”。数据报送包括“查询报送”、“选择报送”、“全体报送”三种报送方式，下面分别加以说明。

1. 查询报送

查询报送就是针对特定的报关单信息进行报送的操作。

具体操作步骤如下：

第一步　打开电子口岸执法系统子系统“出口退税管理系统”的“查询报送”模块。在右侧录入窗口的“定义多重条件”栏里选择“属性”和“条件”，在“值”栏录入报关单号码，然后点击“条件设定”。在“选择单据”栏里选择“出口退税报关单”，并选中“未报送”。点击“开始查找”。如图3－28。

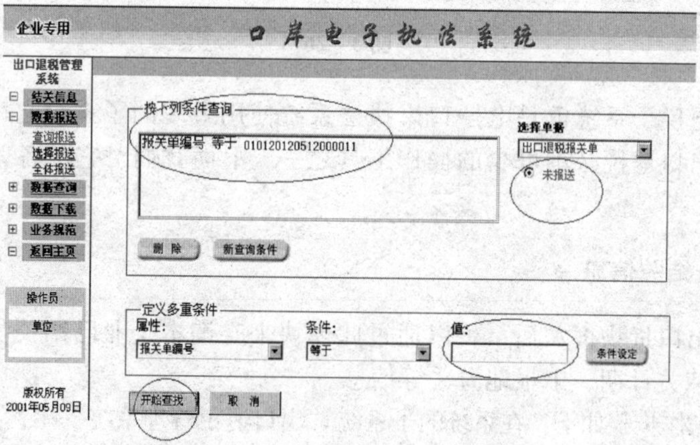

图3－28

第二步　查询报送的报关单信息显示在窗口中。如图3－29。

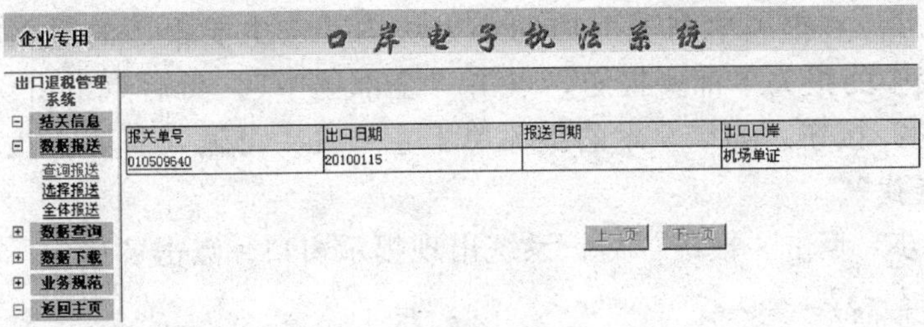

图 3－29

第三步　点击报关单号码，打开报送窗口。在报送窗口中，如果确认报关单数据与纸质报关单无误后，点击窗口右上角的“报送”。如图 3－30。

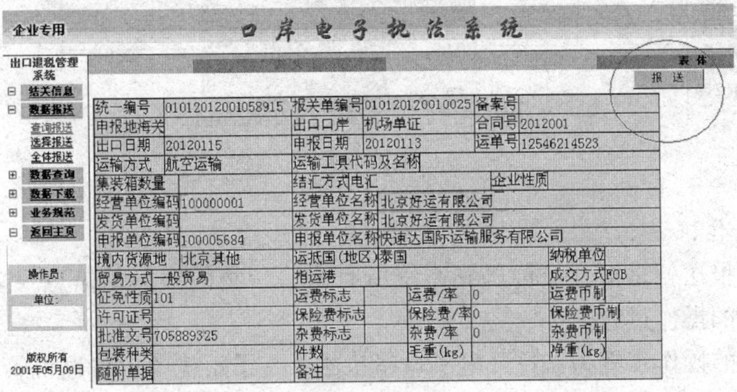

图 3－30

第四步　系统出现提示报送窗口，点击“确定”，完成报送。

2. 选择报送

选择报送是对系统显示的企业出口货物多笔报关单列表中，选择需要交单的报关单向税务局进行报送的操作过程。

具体操作步骤如下：

第一步　打开电子口岸执法系统子系统“出口退税管理系统”的“选择报送”模块。则企业所有已经结关的报关单都显示在窗口列表中。如图 3－31。

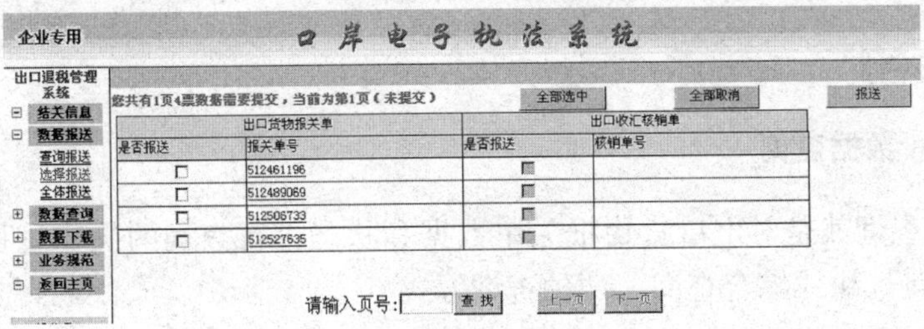

图 3－31

第二步　在报关单列表前面的小方块内，选中要报送的报关单号码。如果列表中的报关单都要报送，点击“全部选中”。然后点击窗口右上角的“报送”按钮。如果显示的报关单不止一页，可输入需要查找的页码，点击“查找”。

第三步　点击“报送”后，系统出现提示窗口，点击“确定”，完成报送。如图3－32。

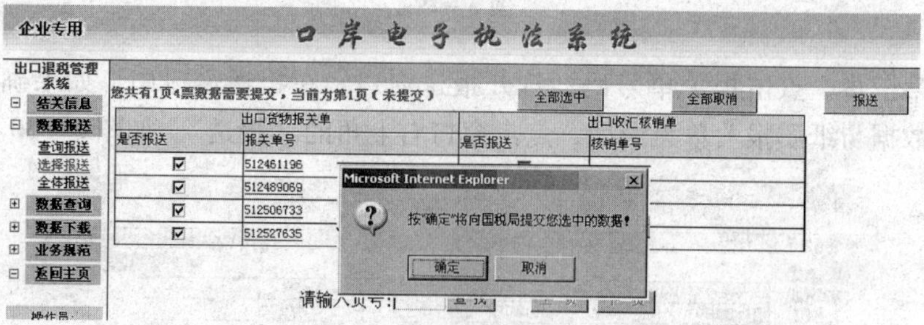

图3－32

3. 全体报送

全体报送就是把已经传送到系统所有出口货物的报关单信息，全部向税务局报送的操作过程。

具体的操作步骤为：打开电子口岸执法系统子系统“出口退税管理系统”的“全体报送”模块。在窗口右侧，选中“提交所有报关单”，然后点击“提交”，完成报送。如图3－33。

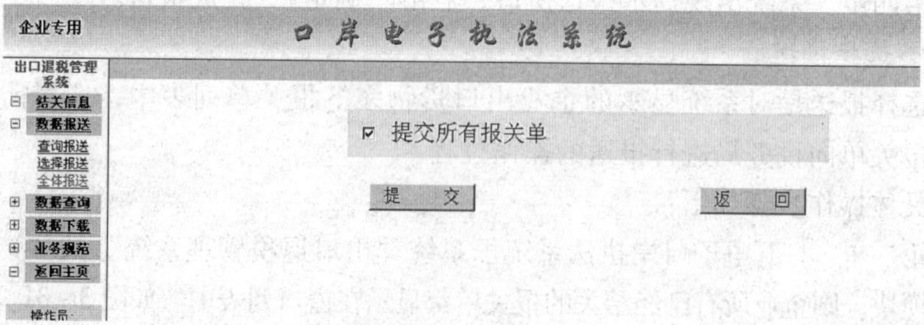

图3－33

（三）数据查询

数据查询就是对出口货物报关单数据和状态进行查询的操作过程。包括“状态查询”和“综合查询”两种查询方式。

1. 状态查询

用来查询报关单当前的使用状态情况。查询步骤如下:

第一步　打开电子口岸执法系统子系统“出口退税管理系统”的“数据查询”模块，点击“状态查询”。在窗口右侧“查询条件设定”中，选择录入报关单号，也可选择录入出口日期，然后点击“开始查找”。如图3-34。

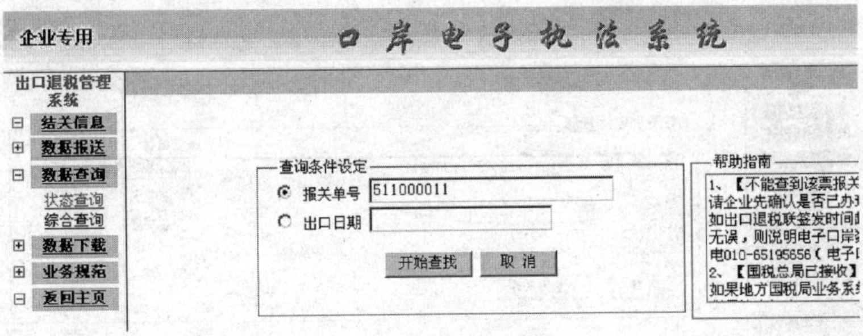

图3-34

第二步　要查询的报关单的当前状态显示在窗口的下方。点击报关单号，可以查看报关单的详细内容。如图3-35。

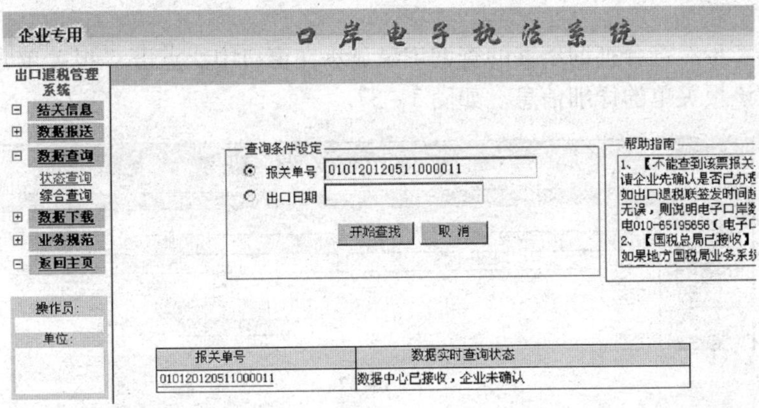

图3-35

2. 综合查询

综合查询是根据定义的多重条件和选择的单据来查询报关单的信息。

定义的多重条件包括“属性”、“条件”、“值”三项。其中“属性”包括“报关单编号”和“出口日期”两个选项，“条件”包括“等于、以……开始、包含、以……结尾”等选项，“值”的内容根据“属性”和“条件”的选择来录入。“选择单据”选择“出口退税报关单”，并根据实际情况选择

“未报送”或“已报送”。具体操作步骤如下：

第一步　打开电子口岸执法系统子系统“出口退税管理系统”的“数据查询”模块，点击“综合查询”。在窗口右侧“定义多重条件”各栏中，根据需要录入数据，在“选择单据”栏做出选择，然后点击“开始查找”。如图3－36。

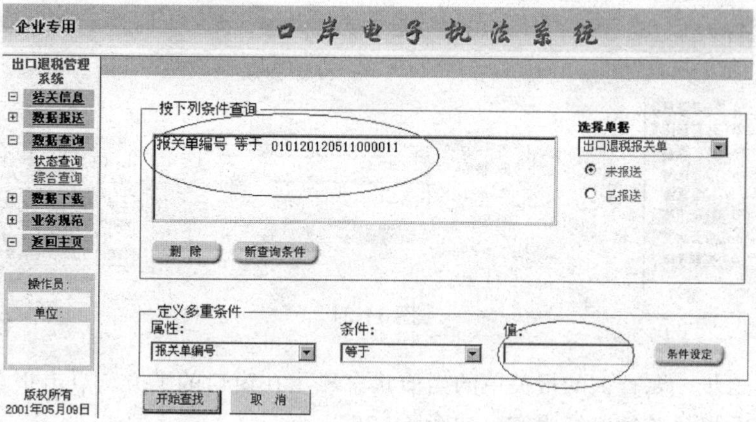

图3－36

第二步　符合查询条件的查询记录显示在窗口中。点击“报关单号”，可以查看该报关单的详细信息。如图3－37。

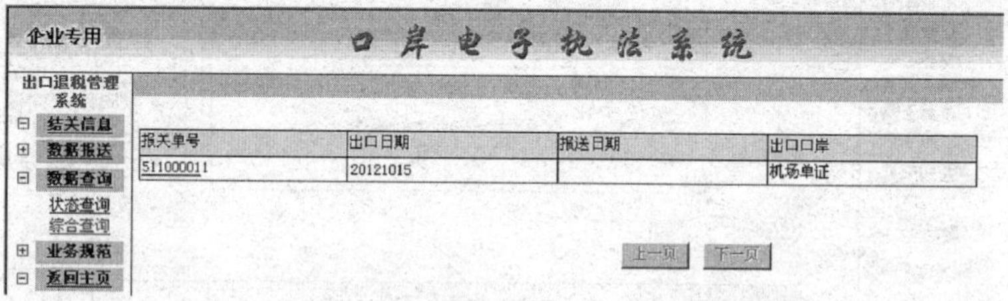

图3－37

（四）数据下载

数据下载就是把出口货物的报关单信息，从电子口岸执法系统下载到企业退税系统操作的电脑的文件夹里的过程。数据下载的目的，是出口企业在进行出口退、免税申报时，可以把下载的报关单信息批量导入出口退、免税操作系统。这样就使企业的录入人员，免去了对报关单信息逐单录入的麻烦，既节省了时间，也避免了出现错误的可能。

下面介绍报关单数据下载的操作步骤。

第一步　打开电子口岸执法系统的子系统“出口退税管理系统”下的“数据下载”模块。在右侧的录入窗口，可以有三种下载查询条件。一是按日期查询。在“选择日期类型”选择栏，选择日期类型。在后面的日期栏，录入日期起始时间。二是以报关单号开头的号码查询。在“出口报关单号”录入栏，录入出口报关单开头号码。三是以报关单号结尾的号码查询。在“出口报关单”录入栏，录入出口报关单结尾号码。如图 3－38。

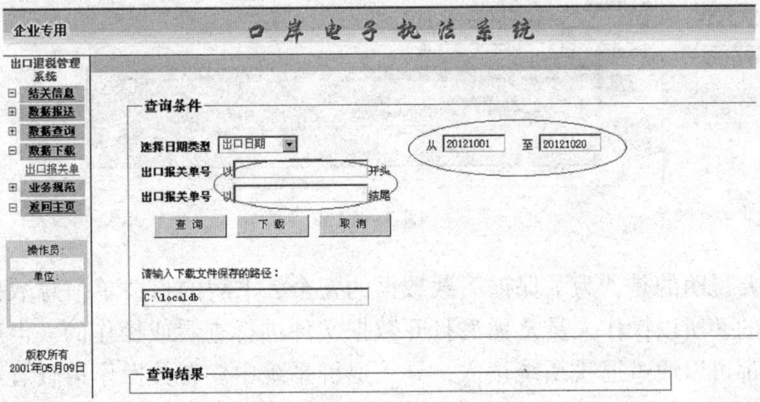

图 3－38

第二步　以上查询条件录入完毕，点击“查询”按钮，则查询结果显示在窗口下方。如图 3－39。

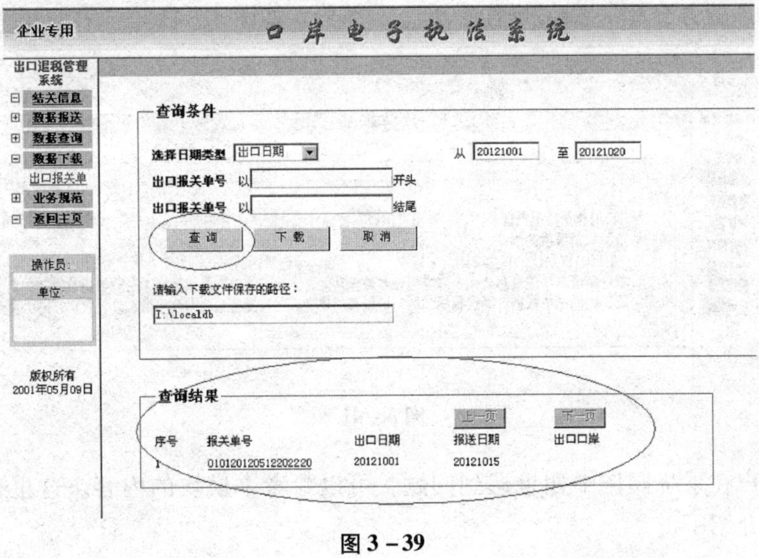

图 3－39

第三步　在窗口中间位置的“请输入下载文件保存路径”录入栏，录入下载数据的保存路径，然后点击“下载”按钮。

第四步　系统窗口出现下载提示，点击“确定”，报关单数据被下载到设定的电脑文件夹里。如图3-40。

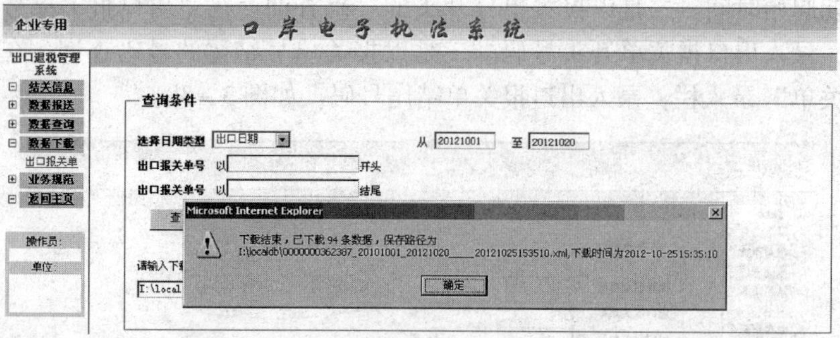

图3-40

需要说明的是，为了保证下载数据的安全，下载的报关单信息数据是经过加密的，所以操作人员是无法打开数据文件进行查看或操作的。但所有信息数据都可以通过退税系统读入，导入退税系统中。有关操作请查看第二章的有关内容。

（五）业务规范

业务规范是对出口退税子系统各个模块的业务功能及操作方法的介绍。它包括“业务介绍”和“操作手册”两部分。如图3-41。

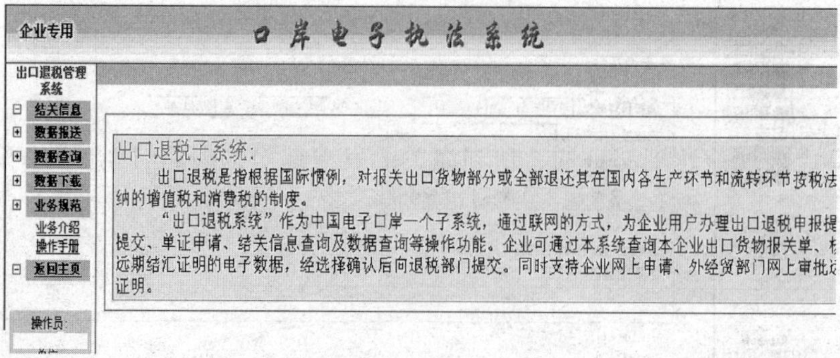

图3-41

用户在系统操作中如果遇到问题，可以参考本模块的内容。这里也不再做详细介绍了。

（六）返回主页

点击后系统返回电子口岸执法系统主页面。

第四节　系统操作经常遇到的问题

电子口岸执法系统与收汇网上核销系统一样，操作起来比较简单。即使会计新手，只要学习一下，经过数个月的练习，基本都能比较熟练的操作系统。但这并不是说操作过程中不会出现问题。下面把经常遇到的问题介绍一下。

一、登录系统后，子系统均为灰色，不能操作

出现这种情况，一般有两种原因：一是系统注册，二是IC卡授权。系统注册我们在前面的章节已经讲过。IC卡授权可通过电子口岸申请，具体操作步骤为：使用企业法人卡登录中国电子口岸企业首页后，点击“身份认证管理”子系统，选择“备案变更”——“IC卡权限”，然后查找本IC卡卡号，在右上角选择“外汇”，点击“暂存”——“申报”。然后联系主管外管局进行三级审批。如果不通过电子口岸申请，也可持IC卡到外汇局办理。

二、验证用户证书出错

IC卡数字证书已过期，持相关资料到发卡点办理数字证书更新。IC卡的数字证书有效期为2年，如果证书即将到期，系统将在有效期到期前2个月开始提示用户。用户登录电子口岸时，系统会显示：“您的IC卡数字证书有效期截止到×日期，请到海关的发卡部门办理部门办理数字证书更新手续”。需要注意的是，证书更新后，重新登录电子口岸主页，密码恢复为初始密码八个“8”，登录后及时修改密码，修改后的密码长度仍为八位数。

三、输入口令时提示“密码已被锁定”

用户连续输入错误密码5次后，IC卡将被锁定。用户需持有被锁定的IC卡和企业证明到发卡海关的数据分中心办理解锁手续。解锁后密码恢复成初始密码八个“8”，用户需要进入电子口岸修改密码。

四、登录或操作系统提示网页上有错误

（1）右键点击桌面IE图标，打开“属性”——“常规”，选中“退出时删除浏览历史记录”，点击“删除”。

（2）右键点击桌面IE图标，打开“属性”——“安全”——“受信任的站点”——“站点”，把“对该区域中的所有站点要求服务器验证”前面的钩取消，在“把该网站添加到区域中”下面录入电子口岸的网址，点击“确定”。安全级定为“低”。

（3）如果电子口岸安装软件是老版本而电脑操作系统是新版本，或是电子口岸安装软件是新版本而电脑操作系统是老版本，可能存在软件与操作系统不支持的问题。请详细查看软件安装说明中对系统的要求。

（4）如果系统里安装有“东方快车”、“东方快译”、“联想幸福之家”、“联想满意办公”等软件，需要卸载。

（5）可以尝试关闭杀毒软件和防火墙。

五、报关单已经报送，但退税部门没有交单信息

企业数据报送成功后，大概需要数天才能把电子数据传送到税务局退税部门。所以交单后需要耐心等待。如果长时间没有信息，就需要找电子口岸服务部门查询了。

六、结关信息中查不到结关数据

出口货物结关后，如果企业已经打印了报关单退税联，则结关信息自动删除，那么结关信息中是查不到结关数据的。

七、在出口退税子系统的“数据报送”中，查找不到所需报关单数据

海关签发报关单退税联以后，一天之内即可在电子口岸执法系统查询到报关单信息。但此时尚不能报送数据，一般需要1～2天后才能进行报送操作。

八、纸质报关单数据与电子口岸查询的报关单数据不一致

如果出现二者不一致的情况，请企业与申报海关联系，修改错误数据。否则会造成数据混乱，影响企业的收汇核销和退税工作。

第四章

国际收支网上申报系统操作的经验与技巧

第一节 系统介绍

一、关于系统

“国家外汇管理局应用服务平台”是国家通过外汇管理局和银行对国际收支业务进行管理和监督的工作平台，也是从事国际收支业务的单位或个人向国家有关部门进行申报的途径。平台包括“国际收支网上申报系统”和“货物贸易外汇监测系统”两个电子系统。这两个系统又分为外汇局版、银行版和企业版三种版本。进出口企业国际收支申报所使用的是“国际收支网上申报系统（企业版）”和“货物贸易外汇监测系统（企业版）”。我们分两章来介绍这两个系统企业版的使用和操作方法。

在本章我们首先介绍“国际收支网上申报系统（企业版）”。这个系统是国家外汇管理局主持开发的，它是为进出口企业的国际收支业务通过互联网向外汇部门和银行进行申报的电子化系统。所谓国际收支业务，就是指中国居民和非中国居民之间发生的一切交易。所谓中国居民，是指中国境内的自然人和企事业法人单位。

企业的国际收支不论是境外收支还是境内收支，不论是外汇收支还是人民币收支，一旦进入银行账户，银行将同步发送到企业的申报系统。企业应在解付银行解付之日起或结汇中转行结汇之日起，通过此系统向外汇部门和银行做收支申报。

企业申报后，首先由银行对企业所做的国际收支申报进行审核，审核通过后，银行将把企业的申报信息传送到外汇局版的系统上。审核未通过，银行将其发回到企业版系统，由企业修改后重新进行申报。

下面就对外贸易收入在“国际收支网上申报系统（企业版）”的具体应用做详细介绍。

二、系统功能

在以管理员身份对业务操作员设置以后，需要退出“国家外汇管理局应用服务平台”，然后以操作员的身份重新登录平台。登录后进入“国际收支网上申报系统”，就可以进行业务操作了。

小贴士

以管理员身份登录系统是不能对系统进行业务操作的，只有业务操作员才能进行业务操作。

“国际收支网上申报系统（企业版）”包括四个功能模块：申报单管理、基础档案管理、公共数据查询、工作日查看，如图4-9。

“申报单管理”是对企业的外汇收支业务进行网上申报操作的功能模块。它包括“涉外收入申报单”和“境内收入申报单”两个菜单。

“基础档案管理”是对企业的基本信息情况进行管理的功能模块。窗口内容都是在外汇局备案的企业基本资料，企业可以查看，但不能修改。

“公共数据查询”功能模块提供了企业申报时需要的一些公共数据，如国家地区代码、结算方式代码、行政区划代码等。这些公共数据在企业进行申报时将提供帮助，如图4-31。

企业申报时可以对需要的数据进行查询。如国家地区代码查询时，可以通过地区代码、中文名称等查询。

“工作日查看”用来查看日期，也就是工作日历。

第二节　系统登录

一、登录前的准备工作

要登录“国际收支网上申报系统（企业版）”，首先要登录“国家外汇管理局应用服务平台”（也称“外汇金宏系统”）。在此之前，企业需要向具有国际收支业务的银行办理国际收支网上申报开通手续。开通后银行将交给企业一张“网上申报用户”信息表。表中包括企业的基本情况以及企业登录系统所需的用户名、初始登录密码等。登录时的“机构代码”就是技术监督局为企业颁发的“组织机构代码证”上的9位编码，也就是企业的纳税人识别号的后9位数字。

企业办理开通手续后的次日，就可以登录系统做网上申报了。首次登录需要以管理员的身份登录。管理员名称就是银行所给表上的用户名，一般为“ba”。

如果操作人员不止一人，以管理员身份登录后可以设置操作员。

首先要更改登录密码。更改后的登录密码必须包括大写字母、小写字母和数字，而且不能小于8位。

二、登录的具体步骤

系统登录及修改设置步骤如下：

第一步　在浏览器窗口，搜索“国家外汇管理局应用服务平台”，进入平台登录页面。在“用户登录”处的“机构代码”、“用户代码”、“用户密码”栏目里，录入有关数据。其中用户代码和用户密码由企业向外汇局申请。然后点击“登录”。如图4-1。

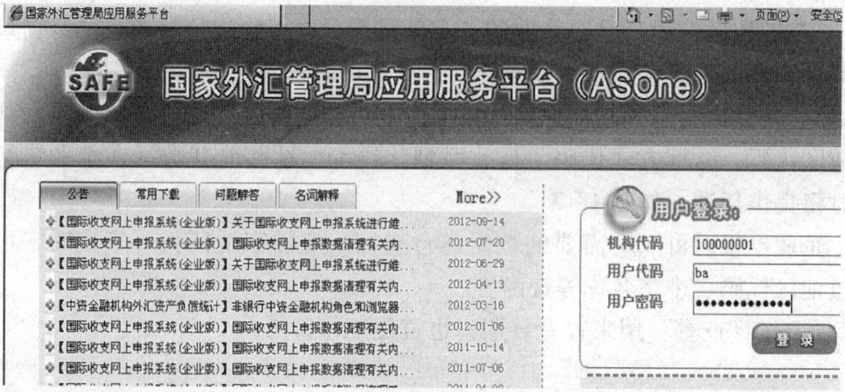

图4-1

第二步　登录后，窗口显示平台主界面。如图4-2。

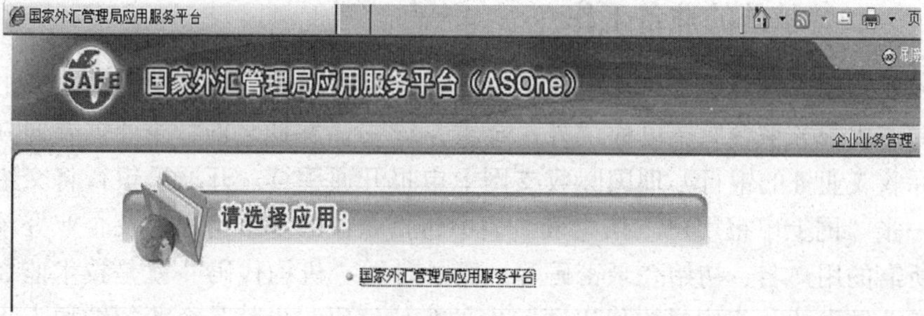

图4-2

第三步　点击主界面的“国家外汇管理局应用服务平台”，在打开的窗口中连续点击左上角的“用户角色管理”——“业务操作员维护”，进入操作员设置窗口。如图4-3。

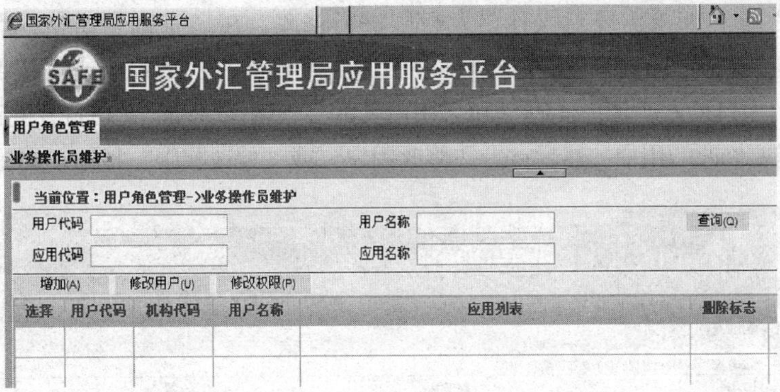

图 4－3

第四步　点击“查询”按钮，可以查看已有设置。如图 4－4。

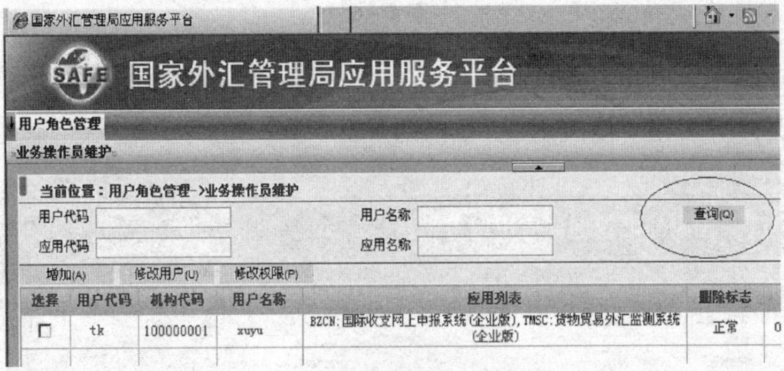

图 4－4

第五步　在“查询”窗口或“业务操作员维护”窗口，点击“增加”按钮，进入添加操作员窗口。添加操作员后，点击“保存”按钮，业务操作员添加成功。如图 4－5。

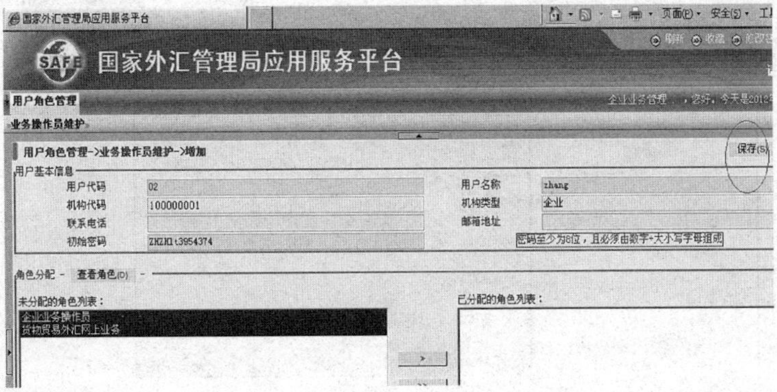

图 4－5

第六步　如果需要对操作员及权限进行修改，在“查询”窗口，点击“查询”按钮，在打开的窗口的操作员列表中选中需要修改的用户。或在“业务操作员维护”窗口录入“用户代码”和“用户名称”，点击“查询”，在打开的窗口中同样选中需要修改的用户。然后点击“修改用户”或“修改权限”按钮。如图4－6。

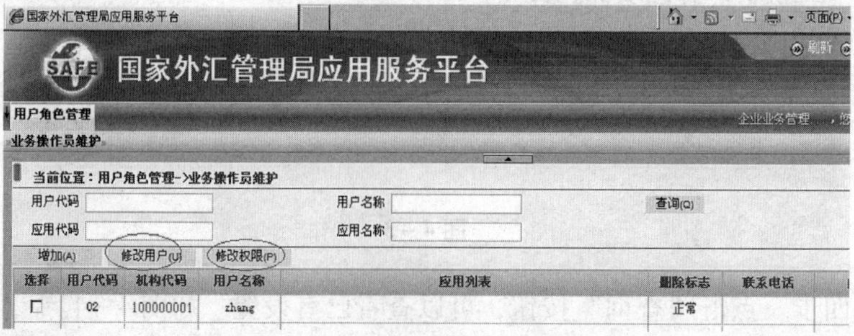

图4－6

第七步　在“基本信息修改”窗口，对操作员信息进行修改后点击右上角的“保存”按钮。修改生效。如图4－7。

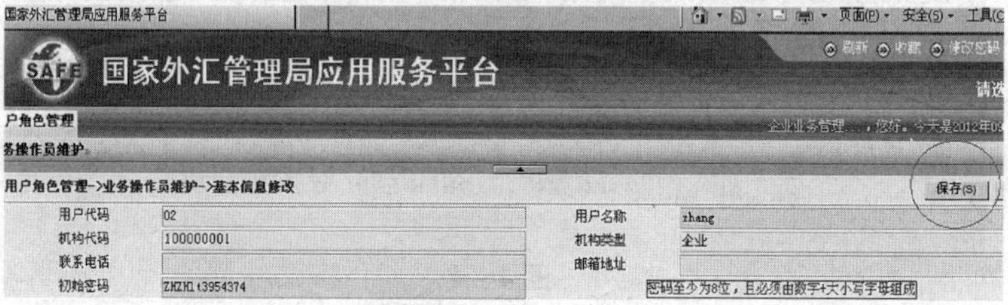

图4－7

第八步　回到平台主页面，点击右上角的“修改密码”按钮，对初始登录密码进行修改。修改后点击“确定”按钮，新密码生效。如图4－8。

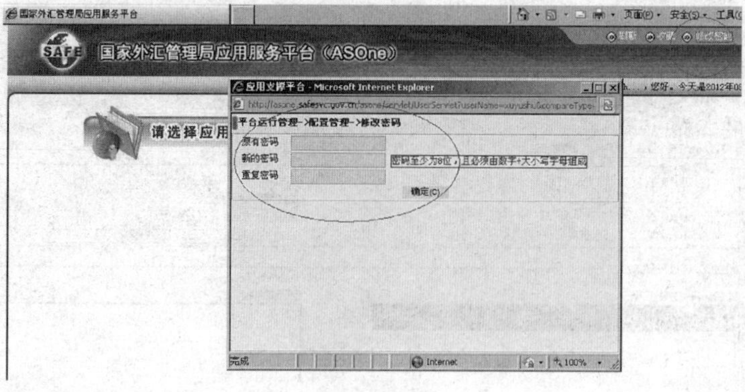

图4－8

第三节　企业涉外收支申报的操作

一、申报单管理

企业涉外收入的申报工作是通过“申报单管理”模块进行的。申报单管理包括“涉外收入申报单”和“境内收入申报单”两个菜单，而这两个菜单又各包含四个子菜单，在“申报单查询”子菜单里又分别包含三个三级菜单。如图4-9。

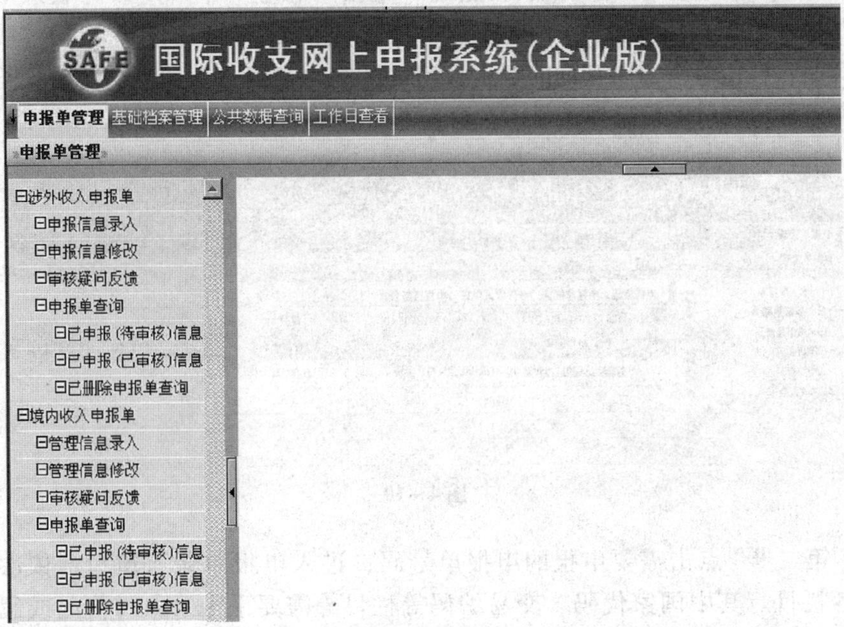

图4-9

下面分别介绍这两个菜单的操作方法。

(一) 涉外收入申报单

“涉外收入申报单”是用来申报涉外收入的单证。按照国际有关规定，凡境内居民（包括单位和个人）从境外取得收入时，都必须填写“涉外收入申报单”对所收入款项进行申报。

“涉外收入申报单”包括以下四个子菜单：“申报信息录入”、“申报信息修改”、“审核疑问反馈”、“申报单查询”。在申报单查询子菜单下又包括

“已申报（待审核）信息查询”、“已申报（已审核）信息查询”、“已删除申报单查询”三个菜单。

1. 申报信息录入

“申报信息录入”子菜单是涉外收入申报的主要部分。收汇银行在收到企业的涉外收入后，会把收汇数据传送到网上收支系统。企业登录国际收支网上申报系统后，就可以查看企业涉外收入的有关信息并进行申报操作。通过系统可以查看外汇局对已申报数据的审核结果，同时对未通过的申报数据进行修改，然后重新申报。

企业对系统的申报操作步骤如下：

第一步　登录系统后，依次点击“申报单管理”——“涉外收入申报单”——“申报信息录入”，进入“申报信息录入”窗口。在窗口的“收付汇日期”栏里录入需要查询的起止日期，点击“查询”按钮，系统将把符合日期条件的收付汇信息列表显示在窗口下面。如图4－10。

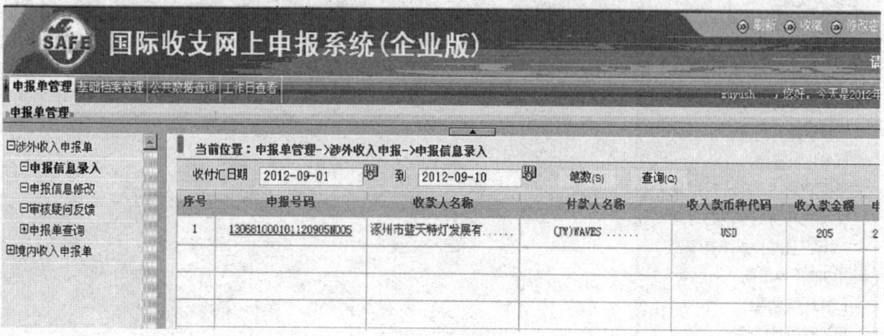

图4－10

第二步　点击需要申报的申报单号码，进入申报单录入窗口，依次录入各栏目。其中国家代码、交易编码等栏目等需要手工录入。代码或编码可以在“公共数据模块”里查询。手工录入国际（地区）代码后国家或地区名称自动填入。录入“交易编码”后，还需手工录入金额和附言。“本笔是否为保税货物项下收入”栏选“否”。其他栏目一般不用录入。如果收付汇涉及其他栏目如“收入类型”栏，则需要选择所涉及的项目。

在录入国家代码等数据时，只要录入代码的第一个字母，所有以该字母开头的数据都会显示在下拉列表中。在录入交易编码时，只要录入编码的第一个数字，所有以该数字开头的编码也将以列表的形式显示出来。如图4－11。

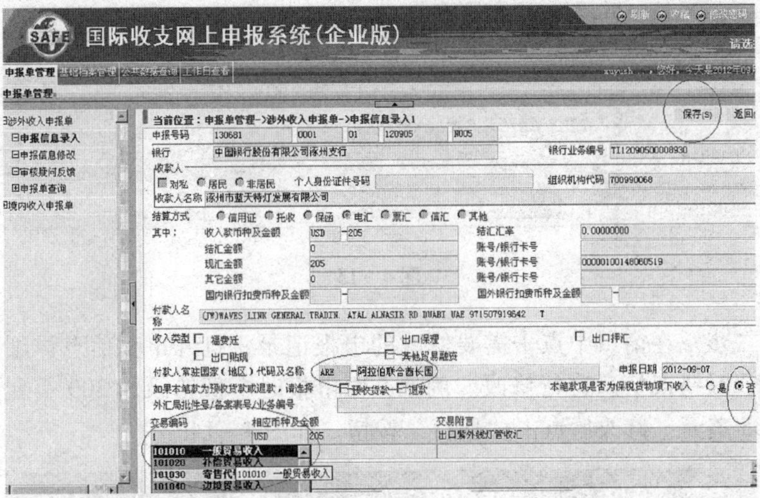

图 4－11

第三步　录入完毕后，点击“保存”，系统提示申报信息录入完成。如图4－12。

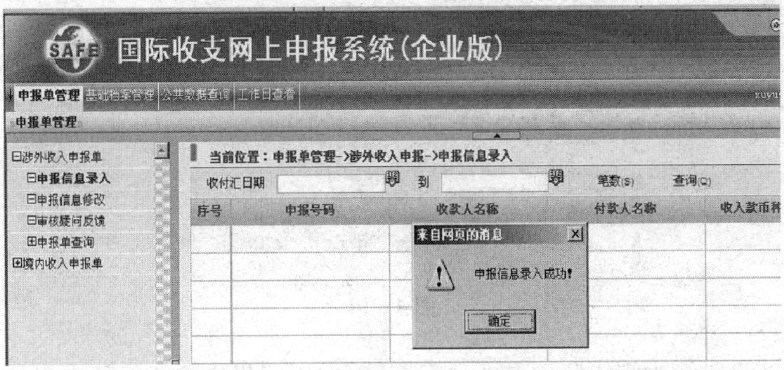

图 4－12

2. 申报信息修改

“申报信息修改”子菜单是对涉外收入进行申报后发现错误或外汇局反馈信息中未通过审核的申报进行修改的操作。

操作步骤如下：

第一步　登录系统后，依次点击“申报单管理”——“涉外收入申报单”——“申报信息修改”菜单，打开申报信息修改的窗口。在“收付汇日期栏”录入收付汇起止日期，点击“查询”，符合日期条件的申报记录将显示在窗口下部。如图4－13。

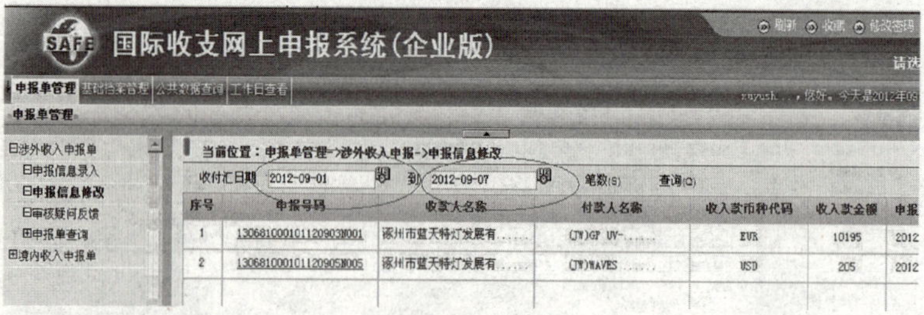

图 4 - 13

第二步　在窗口中点击需要修改的申报记录，打开申报信息详细内容显示窗口，对错误信息进行修改。例如，原申报时金额错录为 300 美元，需要改为 205 美元。修改后点击“保存”按钮。如图 4 - 14。

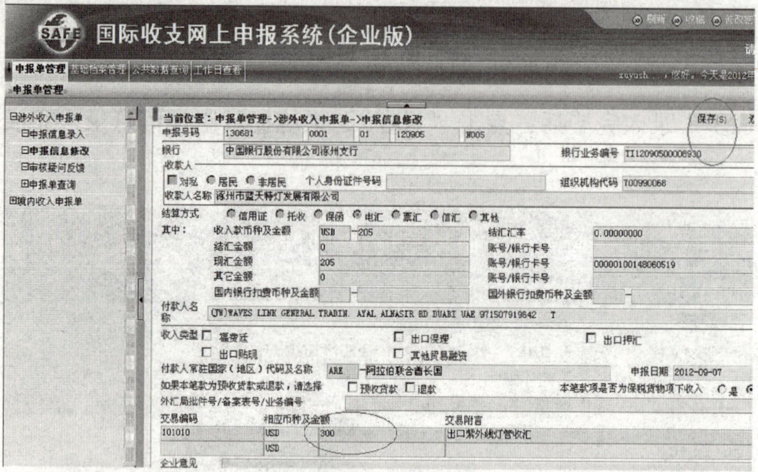

图 4 - 14

第三步　修改完毕后，点击“保存”，向银行提交修改后的申报信息。如图 4 - 15。

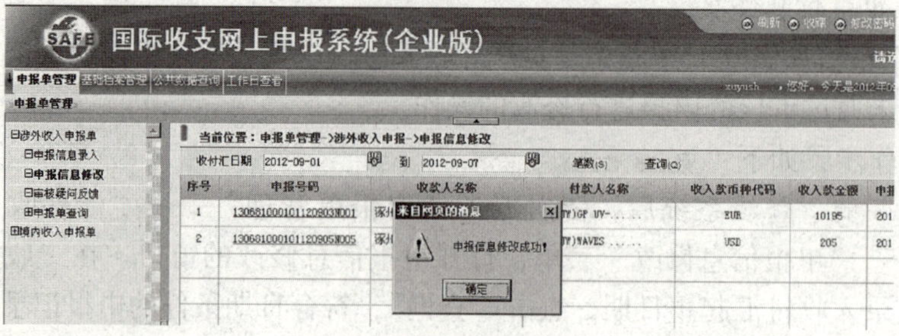

图 4 - 15

3. 审核疑问反馈

“审核疑问反馈”用来查看外汇局对企业已经申报的涉外收入审核时没有通过或有疑问的情况记录。企业可以对反馈的记录进行修改后重新进行申报。

操作步骤如下：

第一步　登录系统后，依次点击“申报单管理”——“涉外收入申报单”——“审核疑问反馈”菜单，打开审核疑问反馈窗口。在“收付汇日期栏”录入起止日期，点击“查询”，未通过审核的申报单列表均显示在窗口中。如图 4－16。

图 4－16

第二步　点击需要查看的申报号码，打开“审核疑问反馈”窗口。在窗口中，对错误的申报信息进行修改，修改方法与“申报信息修改”菜单的操作基本相同。不同之处在于这里需要填写企业修改意见及填报人信息。修改完毕点击“修改确认”按钮，把修改后的信息报送银行。如果确认原申报信息无误，可以点击“拒绝”按钮不做修改，把未修改信息发给银行。拒绝修改同样需要填写企业意见及填报人资料。然后点击“修改确认”，把修改后的信息或不修改的信息报送银行与外汇局。如图 4－17。

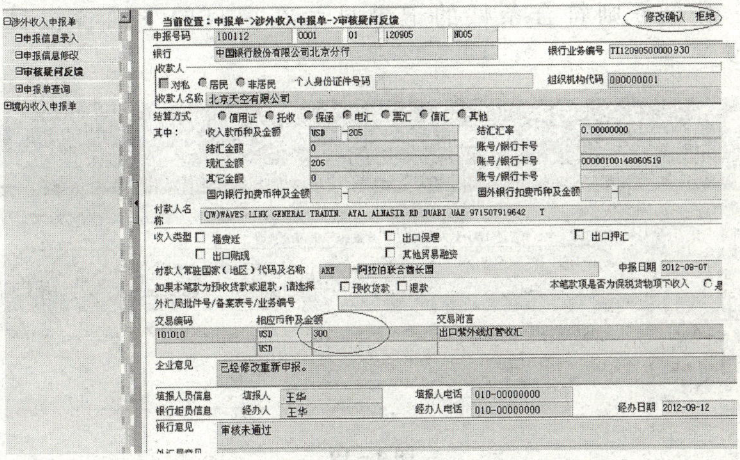

图 4－17

4. 申报单查询

“申报单查询”包括：“已申报（待审核）信息查询”、“已申报（已审核）信息查询”、“已删除申报单查询”三个子菜单。

（1）“已申报（待审核）信息查询”，来查询已经申报但尚未经外汇局审核的涉外收入。它包括以下栏目内容：序号、申报号码、银行业务编号、申报日期、申报人名称、申报人代码、付款人名称、国别代码、结算方式、收入款币别代码、收入款金额、本笔款项是否为保税货物项下收入、交易编码1、交易金额1、交易附言1、交易编码2、交易金额2、交易附言2、申报来源等。

操作步骤如下：

第一步 登录系统后，依次点击“申报单管理”——“涉外收入申报单”——“申报单查询”——“已申报（待审核）信息查询”菜单，打开已申报待审核的申报单查询窗口。如图4－18。

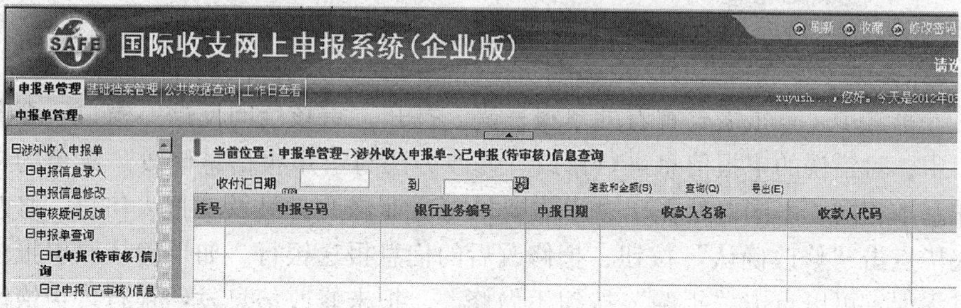

图4－18

第二步 在查询窗口的“收付汇日期”栏里录入起止日期，点击“查询”按钮，则符合条件的记录显示在窗口的下面各栏目里。如图4－19。

图4－19

第三步　点击申报单号，打开申报信息明细窗口，可以查看信息的详细内容。查看完毕，点击“返回”按钮，系统返回到上一级窗口。如图4－20。

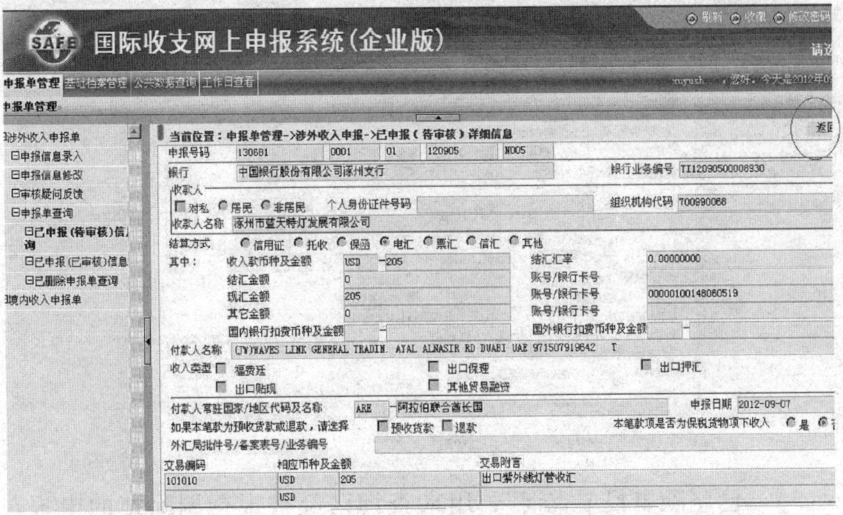

图4－20

（2）“已申报（已审核）信息查询”，来查询已经申报并经银行审核完毕的涉外收入。

操作步骤如下：

第一步　登录系统后，依次点击“申报单管理”——“涉外收入申报单”——“申报单查询”——“已申报（已审核）信息查询”，打开查询窗口。在窗口“收付汇日期栏”，录入起止日期，点击“查询”按钮，符合条件的记录将显示在窗口下部。如图4－21。

图4－21

第二步　点击申报单号码，将显示该记录的详细信息。如图4－22。

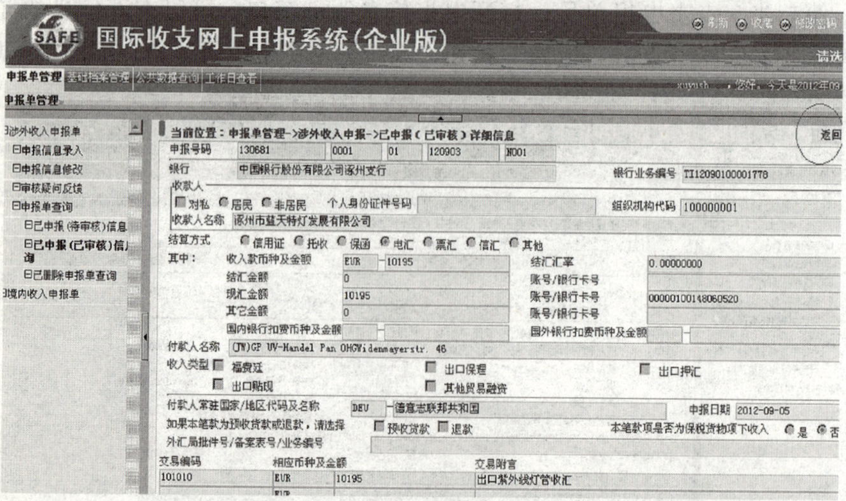

图4-22

（3）“已删除申报单查询”，用来查询已经被银行删除掉的申报单信息。查询方法包括“简单查询”和“高级查询”两种。“简单查询”就是通过录入申报单号码来进行查询。“高级查询”就是通过录入“银行删除日期”及“笔数和金额”进行查询。

①“简单查询”操作步骤如下：

第一步 点击“申报单管理”——“涉外收入申报单”——“申报单查询”——“已删除申报单查询”——“简单查询”，打开申报单简单查询窗口。在窗口中录入申报单号码，点击“查询”按钮。如图4-23。

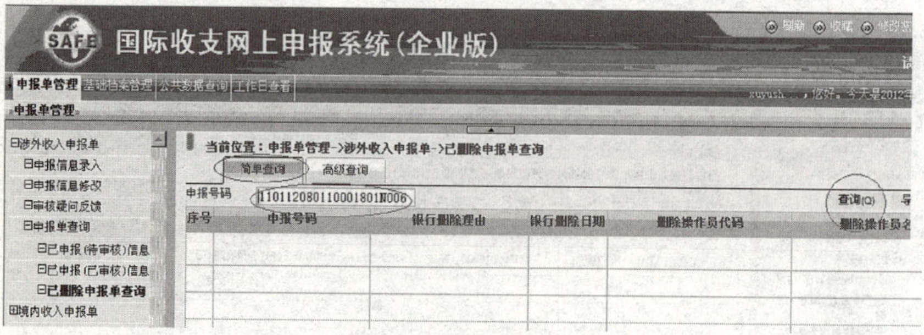

图4-23

第二步 该申报单的具体内容将显示在窗口下面的栏目中。如图4-24。

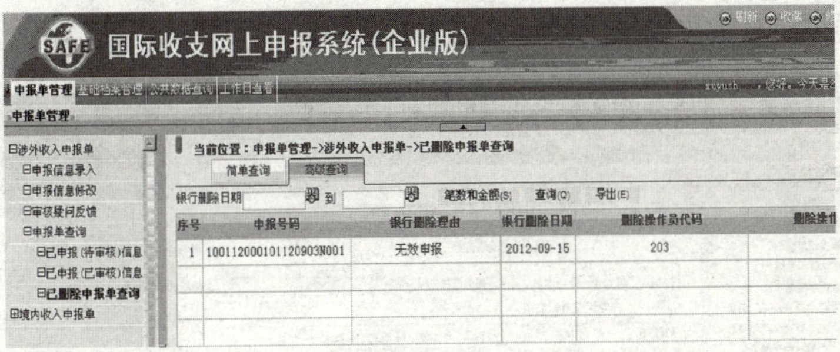

图 4－24

第三步　点击申报单号码，可以查看该申报单的详细信息。如图 4－25。

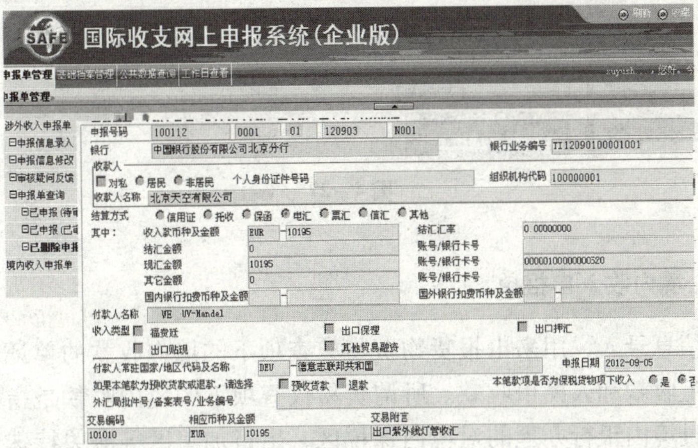

图 4－25

②“高级查询”操作步骤如下：

第一步　点击“申报单管理”——“涉外收入申报单”——“申报单查询”——“已删除申报单查询”——“高级查询”，打开高级查询窗口。在打开的窗口中的“银行删除日期”栏录入查询起止日期，点击“查询”按钮。符合条件的记录将显示在窗口下部。如图 4－26。

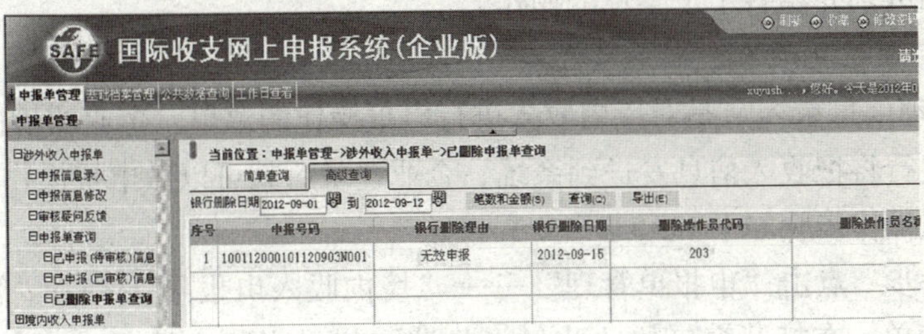

图 4－26

第二步　点击申报单号码，可以查看该申报单的详细信息。如图4－27。

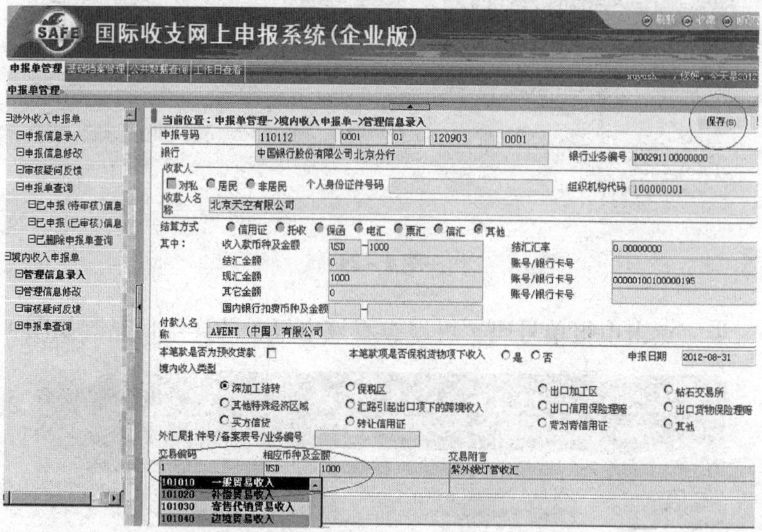

图4－27

（二）境内收入申报单

管理信息录入，用来申报货物贸易核查项下的境内收款的单证，境内收款包括外汇收款和人民币收款。所谓贸易核查项下的境内收款是指境内机构和个人通过境内银行办理的对境内保税区、出口加工区等海关特殊监管区域以及境内转厂业务的收款业务。但境内居民（包括机构和个人）之间发生的非贸易核查项下的收付汇业务，收汇方不需要申报。

“境内收入申报单”菜单包括四个子菜单，它们是“管理信息录入”、“管理信息修改”、“审核疑问反馈”和“申报单查询”。其中“申报单查询”子菜单又包括三个菜单：“已申报（待审核）信息查询”、“已申报（已审核）信息查询”、“已删除申报单查询”。

下面分别介绍各个子菜单的操作。

1. 管理信息录入

“管理信息录入”是对境内收入进行申报操作的菜单。企业的境内收入到账后，银行将把收入信息发送到系统，企业登录后就可以做申报操作。

申报操作步骤如下：

第一步　点击“申报单管理”——“境内收入申报单”——“管理信息录入”菜单，在打开窗口的“收付汇日期”栏录入起止日期，点击“查询”

按钮，企业的境内收入记录将显示在窗口下部。如图 4－28。

图 4－28

第二步　点击申报号码，打开申报单的详细信息窗口。在窗口中的有关栏目录入数据。结算方式、是否为预收款、是否报税货物收入、境内收入类型等栏目，如果系统没有选定，企业可以根据实际情况选择。交易编码、币种等在下拉菜单中选择。金额及交易附言根据实际录入。录入完毕点击右上角的“保存”按钮，系统提示管理信息录入成功。如图 4－29。

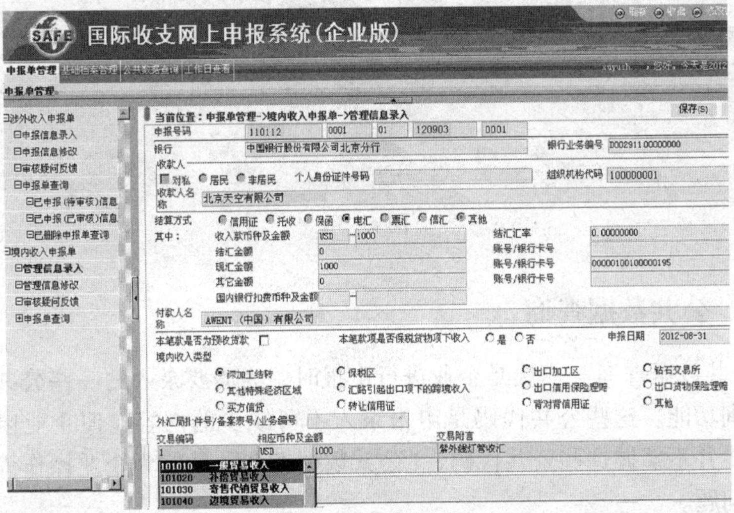

图 4－29

2. 管理信息修改、审核疑问反馈、申报单查询

“管理信息修改”、“审核疑问反馈”、“申报单查询”三个菜单的操作方法，与“境外收入申报单”的“修改”、“反馈”、“查询”方法基本相同。请参照“境外收入申报单”的有关内容进行操作，这里就不再多述。

二、基础档案管理

“基础档案管理”模块是关于申报企业基本情况的有关内容。它是企业在外汇管理局备案的资料，企业不能录入和修改，只能用于查询。

打开步骤是：“基础档案管理”——“单位基本情况表”——“企业档案信息”。在“企业档案信息”窗口，显示的是企业的基本情况。如图4－30。

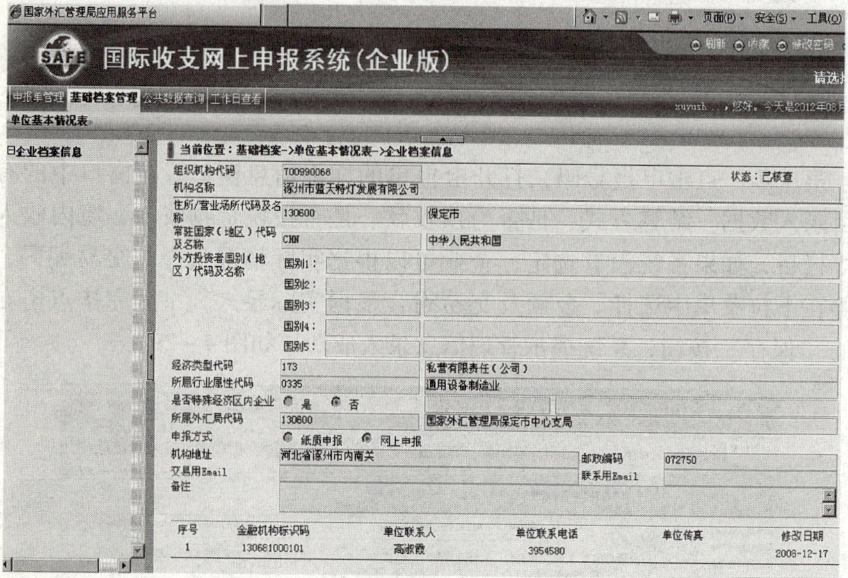

图 4－30

三、公共数据查询

“公共数据查询”模块是企业进行申报时，为需要录入的一些公共代码提供的查询功能。这些公共代码是申报录入不可缺少的内容，但企业申报录入人员可能并不掌握这些公共代码，“公共数据查询”功能为企业操作人员解决了这个问题。

“公共数据查询”模块包括以下内容：国家地区代码、结算方式代码、行政区划代码、行业属性代码、经济类型代码、涉外收支交易代码、货币代码、折算率、保税监管区场所代码、银行属性代码。

具体应用操作如下：

（1）国家地区代码，指收付汇贸易对象国所在国家或地区的代码。如图 4－31。

图4-31

查询时可以录入“国家/地区代码”、“中文名称”、“数字代码”、“SWIFT交换码”等任一查询条件。如图4-32（以中文名称查询为例）。

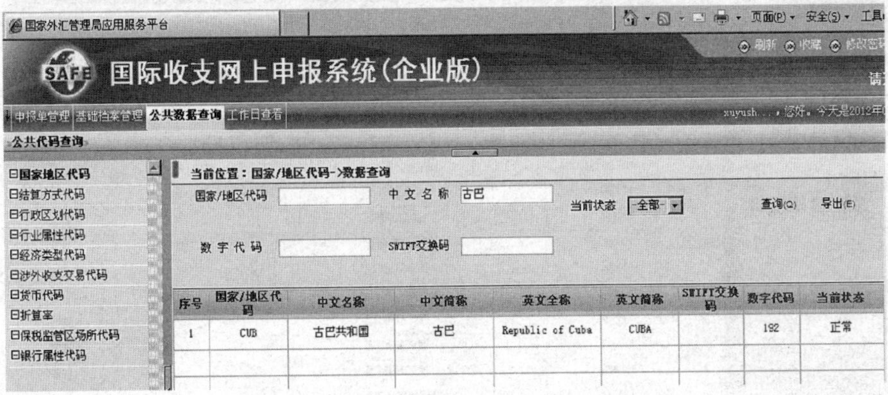

图4-32

（2）结算方式代码，指收付汇时与贸易对象之间的货币结算方式的代码。如图4-33。

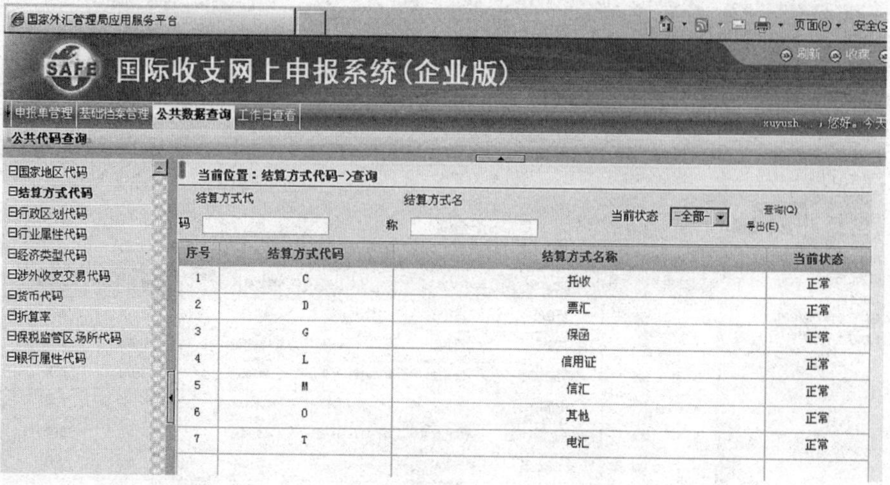

图4-33

（3）行政区划代码，指申报企业所在地的行政区划代码。查询时可以录入“行政区划代码”、“行政区划名称”、“所属外汇局代码”任一查询条件。如图4-34（以查询保定市为例）。

图4-34

（4）行业属性代码，指申报企业的行业性质代码。如图 4－35。

序号	行业属性代码	行业属性名称	当前状态
1	0101	农业	正常
2	0102	林业	正常
3	0103	畜牧业	正常
4	0104	渔业	正常
5	0105	农、林、牧、渔服务业	正常
6	0206	煤炭开采和洗选业	正常
7	0207	石油和天然气开采业	正常
8	0208	黑色金属矿采选业	正常
9	0209	有色金属矿采选业	正常
10	0210	非金属矿采选业	正常

图 4－35

（5）经济类型代码，指申报企业所属的经济类型代码。如图 4－36。

序号	经济类型代码	经济类型名称	上级经济类型代码	层次级别	是否叶结点	当前
1	100	内资		1	否	正
2	110	国有全资	100	2	是	正
3	120	集体全资	100	2	是	正
4	130	股份合作	100	2	是	正
5	140	联营		1	否	正
6	141	国有联营	140	2	是	正
7	142	集体联营	140	2	是	正
8	143	国有与集体联营	140	2	是	正
9	149	其他联营	140	2	是	正
10	150	有限责任（公司）		1	否	正

图 4－36

（6）涉外收支交易代码，指收付汇业务对应的进出口业务的交易方式代码。如图 4－37。

图4－37

（7）货币代码，指收付汇业务交易时使用货币的代码。可以用“货币代码”、“货币名称”、“数字代码”、“Swift代码”任一查询条件查询。如图4－38（以“货币名称”查询为例）。

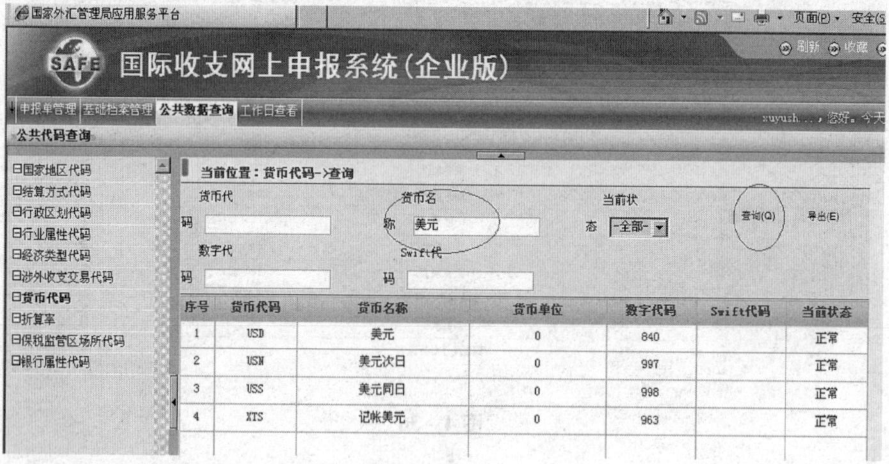

图4－38

（8）折算率，其他货币对美元的折算率。可以用“货币代码”或“生效日”为查询条件进行查询。如图4－39（以货币代码为查询条件）。

图4－39

（9）保税监管区场所代码，国内不同性质的海关特殊监管区域的代码。如图4－40。

图4－40

（10）银行属性代码，国内不同性质的银行的属性代码。如图4－41。

图4－41

四、工作日查看

本模块没有实际内容，此处忽略。

第四节　系统操作中经常遇到的问题

一、登录问题

对于第一次使用系统的单位，操作人员经常遇到不能登录或登录后不能操作的问题。其主要原因有以下几个方面：

1. 是否到银行开通网上申报手续

企业如果想进行网上申报，需要持银行需要的有关资料到银行办理开通手续，然后根据银行出具的网上申报用户信息（包括登录名称和登录密码等）登录系统。

2. 是否忘记登录密码

如果忘记业务管理员登录密码，可以到银行进行密码重置操作。如果忘记业务操作员密码，可以以业务管理员身份登录系统，对业务操作员的登录密码进行重置。

3. 是否是以业务管理员身份登录

如果以业务管理员身份登录，是不能对系统进行申报操作的，需要以业务操作员身份登录才能操作。

4. 计算机的配置是否满足系统要求

系统对计算机 IE 浏览器的版本和屏幕像素的分辨率都有一定的要求，达不到要求就不能登录系统。除非使用的计算机太老，否则都能达到要求。

5. 是否把系统网址设置成可信任站点

设置方法为：右键点击 IE 浏览器图标，然后点击“属性”——“安全”——“可信任站点”，再点击“站点”，在“添加”栏中录入系统网址，最后点击“确定”完成设置。

二、操作问题

1. 手工申报

企业对国际收支业务可以采用网上申报，也可以不开通网上申报，等发生国际收支业务时，到银行以纸质方式进行人工申报。

2. 申报日期

系统默认申报日期为当天日期，但操作时可以对申报日期进行修改。修改后的日期必须在收汇日期和当期日期之间，不能在收汇日期之前和当期日期之后。

3. 操作权限

系统的操作人员分为业务管理员和业务操作员两种。业务管理员可以增加或删除业务操作员，可以对业务操作员的登录名称、登录密码、操作权限进行重置或修改，但他却不能对国际收支业务进行网上申报操作。收支申报必须是经过业务管理员授权的业务操作员才能操作。

4. 交易编码

进行国际收支网上申报时，交易编码必须录入。交易编码就是指国际收支的贸易方式。交易编码栏只有两行，如果一笔收支业务的贸易方式不止一种，则应该遵循“贸易对非贸易时贸易优先、均为贸易或均为非贸易时金额为大”的原则。就是说，如果收支业务都是贸易收支或都不是贸易收支，则第一行录入金额最大者对应的交易编码和金额，第二行录入金额次大者的交易编码，但金额录入其他贸易方式的合计金额，并在交易附言栏对各项交易做出说明。如果收支业务既有贸易收支，也有非贸易收支，则第一栏录入金额最大贸易收支的交易编码和金额，第二栏录次大金额贸易收支的交易编码，金额为除第一栏已录入金额以外的金额合计，同时在交易附言栏对各项交易做出说明。不论交易方式有几种，两栏的录入金额合计必须等于收汇金额。

5. 交易附言

交易附言也是国际收支网上申报必须录入的内容。交易附言的录入必须规范，否则银行审核时可能难以通过。如果是一般贸易，格式为“出口××商品收汇”。如果是预收货款，格式为“出口××商品预收货款”。需要说明的是，如果预收货款也是一般贸易，且收汇金额既包括货到付款，也包括预收货款，则录入时将二者金额合计数在同一栏中录入，在交易附言中加以说明。其他贸易方式的交易附言参照一般贸易交易附言录入方法。

第五章

货物贸易外汇监测系统操作的经验与技巧

第一节 系统介绍

一、系统介绍

2012年，我国对外汇管理体制进行了重大改革。国家外汇管理局、海关总署、国家税务总局联合发布公告，自8月1日起，取消实行了二十多年的出口收汇核销制度，出口核销单成为历史的产物。原来出口企业使用的出口收汇核销网上报审系统、贸易信贷登记管理系统与出口收汇核销有关的系统，也都停止了使用。外汇管理改革的重点，就是管理模式的转变。国家对出口收付汇的管理由原来的“一一对应、逐笔核销、联网核查”的微观管理方式，改为“总量核查、分类管理、重点监测、信息共享”的宏观管理模式。

“总量核查”，就是外汇局对企业的进出口业务不再逐笔核对，而是通过信息共享平台对企业在一定时期内的出口报关的货物流与出口收汇的资金流进行总量核对。

“分类管理”就是国家外汇管理部门根据对进出口企业的总量核查结果，并综合企业的其他方面的表现，对企业进行分类。分类分为A、B、C三类：对A类企业出口收汇不需联网核查，可以直接结汇；对B、C类企业则要严格监管。

“重点监测”就是国家外汇管理部门对B、C类企业的收汇实行联网核查，对企业的单证审核、收汇结汇等方面严格监管。发现有违规违法行为的A类企业，也实行重点监测。

“信息共享”就是外汇管理局、银行、海关和企业通过外汇监测系统等平台可以共享有关出口货物的报关、收汇等信息资源。

与新的管理模式相适应的是新的收付汇管理系统，那就是“货物贸易外汇监测系统（企业版）”。（简称监测系统）。如图5－1。

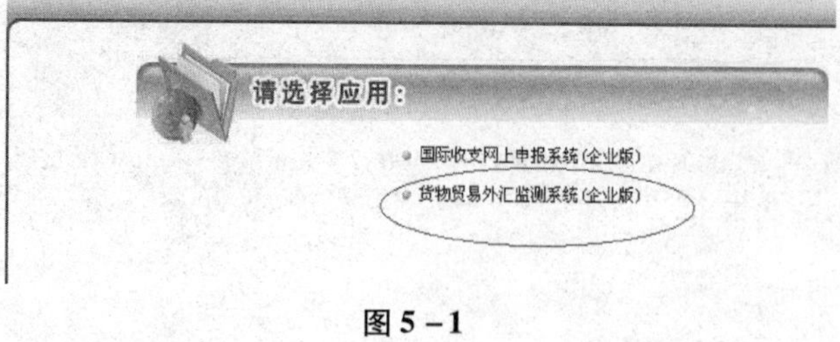

图5－1

小贴士

图中的国际收支网上申报系统是企业原来就使用的系统。外汇制度改革后，该系统内容也随之改变，且与监测系统联系更紧密。因此我们把该系统也列为了本书的内容。

新系统与以前使用的各系统相比，除了取消收汇核销外，贸易信贷方面申报的内容也比原来放宽、简化了很多。企业在监测系统所要做的，就是按规定向外汇局提供一些报告。

这些报告包括两类：一是义务性报告，二是主动性报告。

义务性报告就是企业根据政策，必须按规定义务性地向外汇管理部门报告企业的进出口及收付汇方面的有关情况。它包括贸易信贷业务报告、贸易融资业务报告、出口收入存放境外业务报告、辅导期业务报告。

主动性报告就是企业根据货物进出口情况和收付汇情况的匹配结果是否对企业产生不良影响，来自主决定是否向外汇管理部门报告。主动性报告包括贸易主体不一致业务报告、差额业务报告、非义务性报告范围的贸易信贷报告或转口贸易收支业务报告以及其他特殊业务报告。

义务性报告与主动性报告的有关具体内容和操作方法，将在下文中做详细介绍。

外汇制度的改革，简化了企业进出口贸易手续，减轻了进出口企业人员的工作负担。但作为企业的实际操作人员来说，放弃已经非常熟悉的老系统，就意味着去接受一个陌生的新系统。而对新系统的熟练操作，则需要一个过程。如何适应这一过程，正是本书的写作目的。

二、系统功能

由于货物贸易外汇监测系统（企业版）与国际收支网上申报系统（企业版）共用一个服务平台——国家外汇管理局应用服务平台，所以它们的登录方法是一样的。

登录平台后，点击“货物贸易外汇监测系统（企业版）”，进入系统主窗口。在系统主窗口，有两个功能模块，它们分别是“企业网上报告管理”和“企业信息管理”。

“企业网上报告管理”模块是企业对货物贸易所发生的事项，向外汇管理局和银行报告的途径，也是本系统操作的主要内容。所有需要报告的内容都是通过这里完成的。它包括“贸易信贷与融资报告”、“转口贸易收支时间差报告”、“出口收入存放境外报告”、“其他报告”四个子模块。在每个子模块中，又各自包含若干下拉菜单，我们在下面会详细说明。如图5－2。

图5－2

“企业信息管理”模块是用来查询企业的档案信息、外汇局监测、核查信息、登记表信息、公告信息等。它是企业与外汇部门及银行交流的平台，也是企业了解自己出口收汇指标的窗口。它包括“企业管理状态查询”、“登记表签发情况查询”、“现场核查信息接收与反馈”、“外汇局公告信息查询”、“企业留言”五个子模块。每个子模块同样也包含若干个下拉菜单。如图5－3。

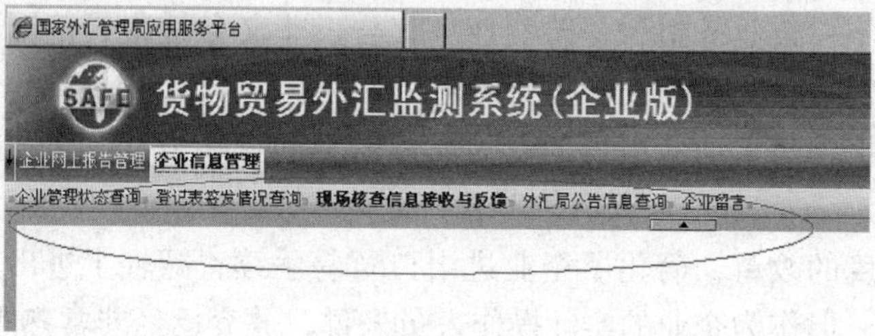

图5－3

下面就详细介绍出口企业对货物贸易外汇监测系统（企业版）的使用和操作。

第二节　贸易信贷与融资报告的操作

“贸易信贷与融资报告”是指对进出口企业与国外客商之间因贸易关系而发生的信贷活动所做的报告。它包括两方面的内容：“贸易信贷”和“贸易融资”。“贸易信贷”是指进出口商之间因贸易而产生的债权和债务。它主要包括预收货款、延期收款、预付货款、延期付款四部分内容。“贸易融资”是指银行为进出口企业提供的与贸易收支有关的短期融资活动等。它主要包括进口远期信用证、海外代付等。如图5－4。

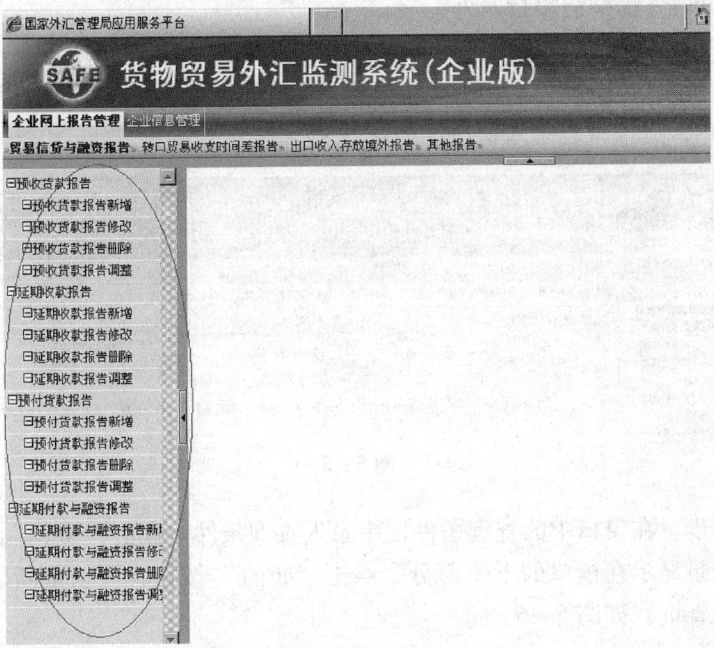

图 5-4

下面详细介绍各部分的报告方法：

一、预收货款报告

预收货款是指对出口货物的收汇日期早于预计货物出口日期的收汇。如果出口企业的预收货款超过了外汇局规定的出口日期，就需要在预收货款之日 30 日内，通过监测系统向银行及外汇局报告付款日期、付款金额、关联关系类型等信息。外汇局有关规定如下：A 类企业预收货款超过预计出口日期 30 日以上的；B 类和 C 类企业在监管期内发生的预收货款。如果出口企业在预收货款之日 30 日内未向外汇局报告，出口企业持未报告的情况说明材料等到外汇局做现场报告。

“预收货款报告”包括“预收货款报告新增”、“预收货款报告修改”、“预收货款报告删除”、“预收货款报告调整”四个菜单。通过这四个菜单可以对报告进行操作。

下面介绍这四个菜单的具体操作步骤。

（一）预收货款报告新增

本菜单的功能就是在系统添加需要报告的预收货款记录，在实际收款之日起30日内，提交给银行及外汇局。

第一步　在监测系统的主窗口，打开“企业网上报告管理”——“贸易信贷与融资报告”——“预收货款报告”，在下拉菜单中，点击“预收货款报告新增”，进入报告录入窗口。如图5－5。

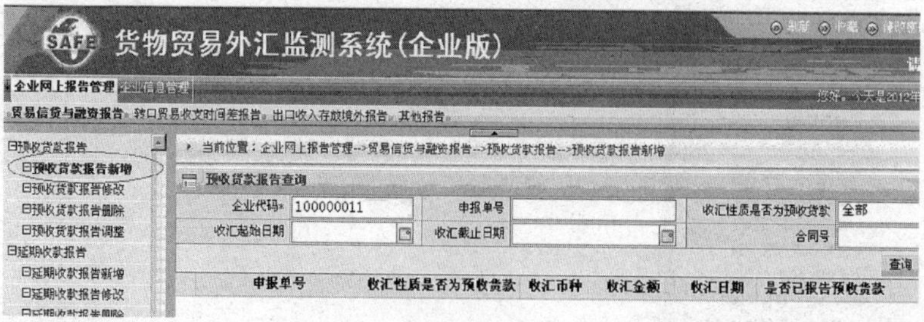

图5－5

第二步　在窗口中的查询条件栏中录入查询条件，点击“查询”，则符合条件的记录显示在窗口的下半部分。点击“重置”按钮，可以重新录入查询条件进行查询。如图5－6。

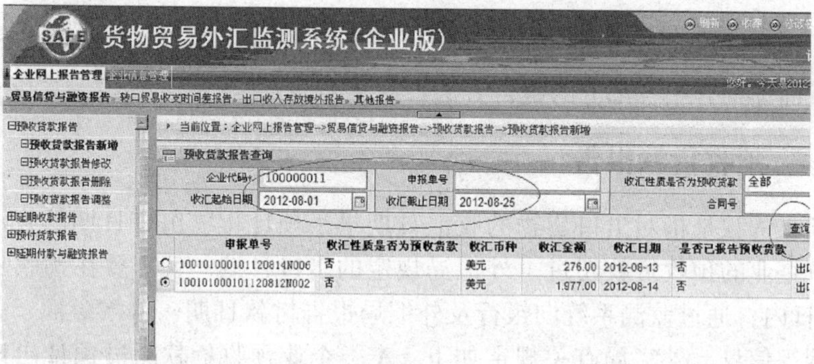

图5－6

小贴士

1. 如果查询条件录入申报单号或收汇起止日期，可以直接查询。如果录入企业代码或合同号查询，还需同时录入收汇起止日期才能查询。以后各菜单的操作都是如此。

2. 点击窗口的申报单号或报关单号，可以查看该记录的详细内容。

3. 点击“重置”按钮，可以重新录入查询条件。

第三步　选中窗口中需要报告的记录，点击右下角的“新增”按钮，可以进入预收货款报告的增加窗口。如图5－7。

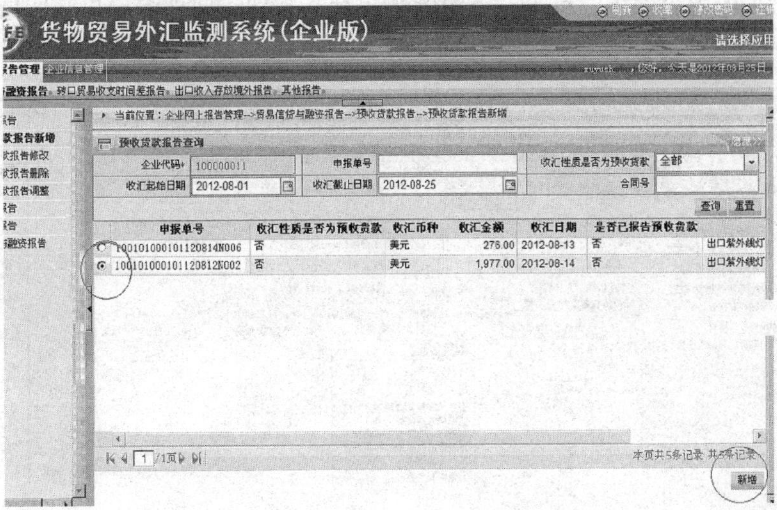

图5－7

第四步　在打开的“新增”窗口中，点击右下角的“新增”按钮，窗口下方将增加一行录入栏。如图5－8。

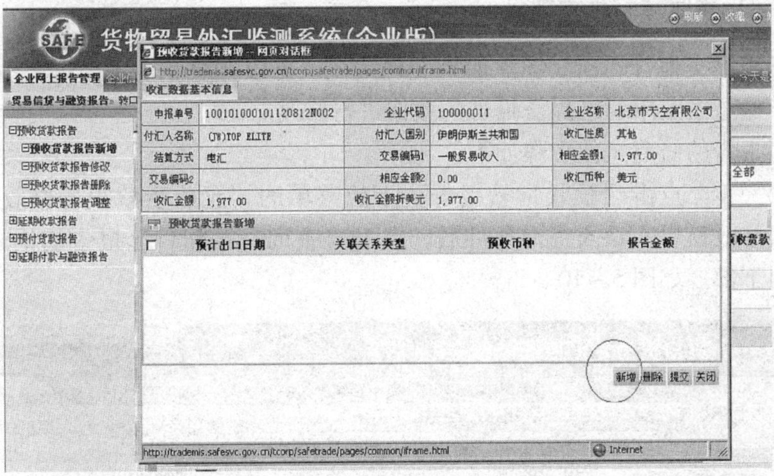

图5－8

第五步　在窗口日期栏的录入栏，录入该笔记录的预计出口日期。在关联关系类型栏，点击右侧的箭头，在下拉菜单中选择关系类型，在报告金额栏录入需要报告的金额，新增录入完成。如果报告的内容不止一条，可以继续点击“新增”按钮，录入多条记录。如果需要删除已录入的内容，在记录左侧选中该记录，点击右下角的“删除”按钮，即可删除该条记录。如果确认所录入的内容无误，点击右下角的“提交”按钮，向外汇局提交所做报告。如图5－9。

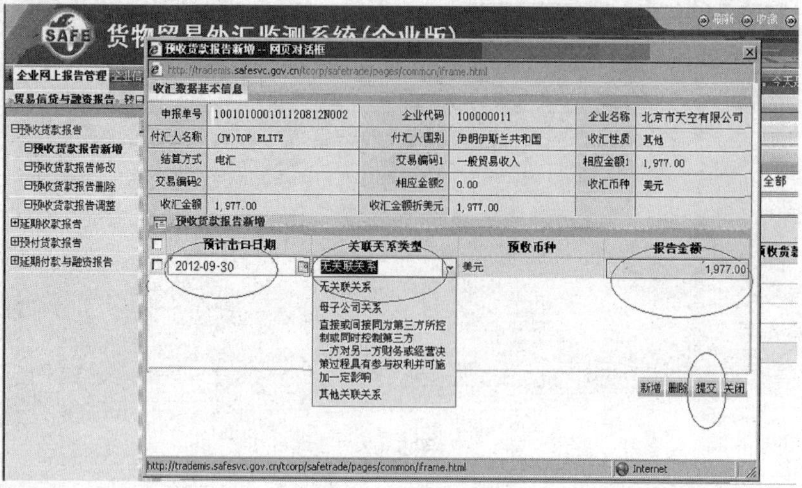

图5－9

（二）预收货款报告修改

已经提交报告的预收货款如果发现错误，可以在收款业务实际发生后30天内，通过本菜单对已提交报告的数据进行修改。

对报告的修改操作步骤如下：

第一步　点击“预收货款报告”下拉菜单的“预收货款报告修改”，进入报告修改窗口。录入查询条件后，点击“查询”按钮，已报告的记录显示在窗口下部。如图5－10。

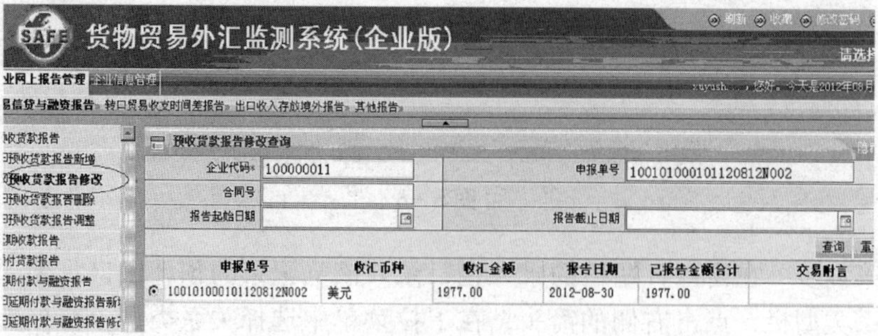

图5－10

第二步　点击申报单号，可以查看该条记录的详细信息。选中申报单号前面的选框，点击右下角的“修改”按钮，该记录的详细内容显示在新的窗口。如图 5－11。

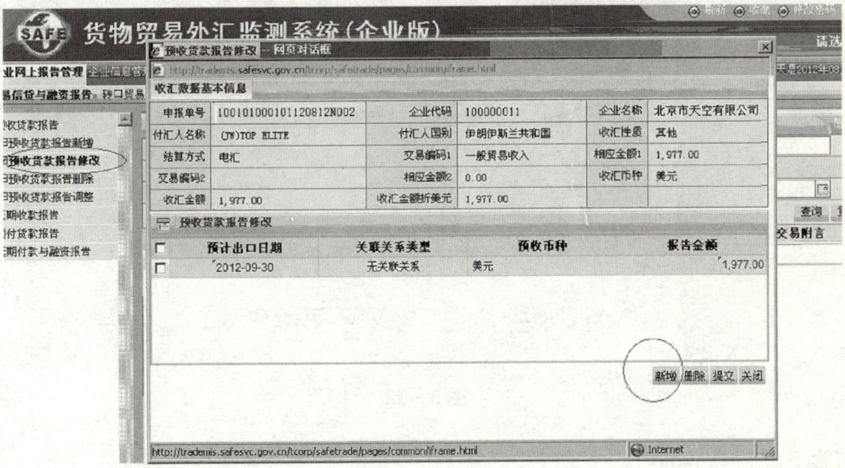

图 5－11

第三步　在显示的窗口中可以对记录进行修改。如果增加新的记录，点击窗口右下角的“新增”按钮，添加方法可参照“预收货款报告新增”的操作步骤。如果要删除记录，点击窗口右下角的“删除”按钮。修改完毕后，点击窗口右下角的“提交”按钮，向银行及外汇局提交修改后的报告。

（三）预收货款报告删除

对于已经提交的报告，可以在收款业务实际发生后 30 天内，通过本菜单对已提交报告的数据进行删除操作。

第一步　点击系统主窗口的“预收货款报告”——“预收货款报告删除”菜单，在右侧窗口中录入查询条件，点击“查询”按钮，符合条件的记录显示在窗口的下方。查询条件与“预收货款报告新增”一样。点击“重置”按钮，可以重新录入查询条件。如图 5－12。

第二步　选中需要删除一条或多条记录前面的选框，点击右下角的“删除”按钮，可以删除选中的记录。

（四）预收货款报告调整

已经向外汇局提供的报告，如果需要调整，例如新增或删除数据，可以在收款业务实际发生之日起 30 日（不含）后，通过本菜单对已经报告的数据

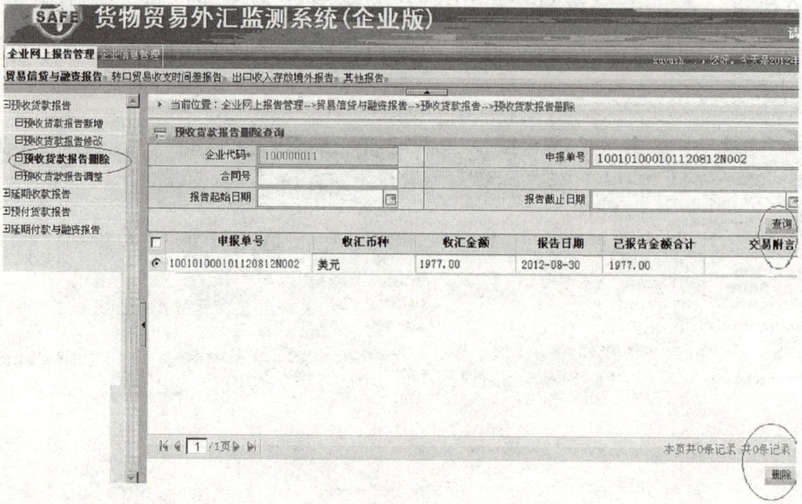

图 5-12

进行操作。

第一步　点击系统主窗口的“预收货款报告”——“预收货款报告调整”菜单，在右侧窗口中录入查询条件，点击“查询”按钮，符合条件的记录显示在窗口的下方。如图 5-13。

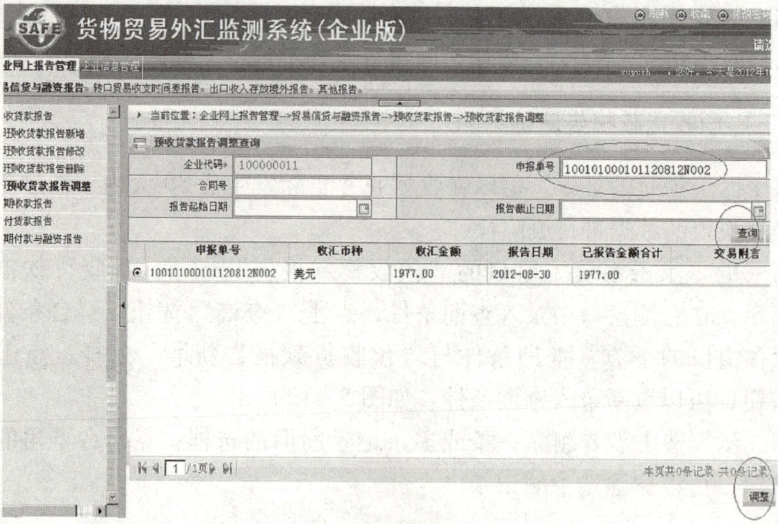

图 5-13

第二步　选中一条记录后，点击右下角的“调整”按钮，将显示该信息详细内容的调整窗口。如图 5-14。

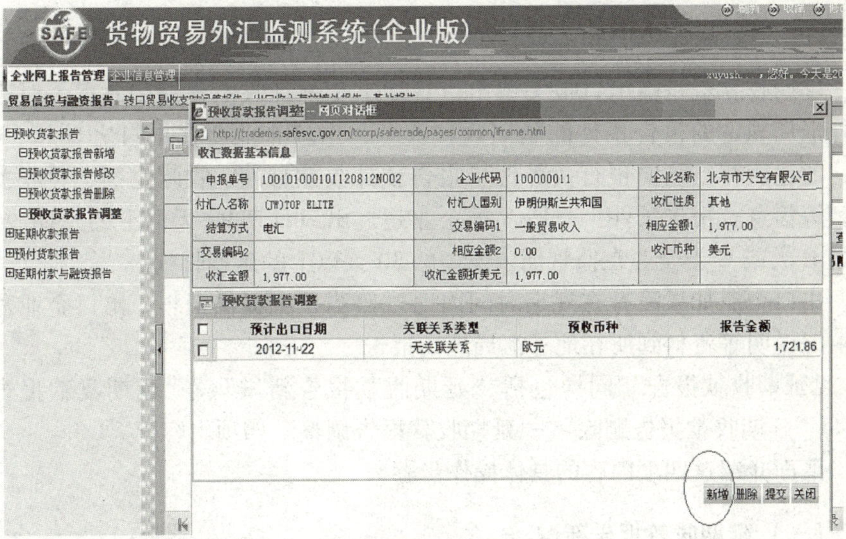

图 5-14

第三步　点击窗口右下角的“新增”按钮，可以增加一行新的报告信息。录入完成后，可以点击“新增”继续追加操作。如果需要删除录入的数据，点击窗口右下角的“删除”按钮。如图 5-15。

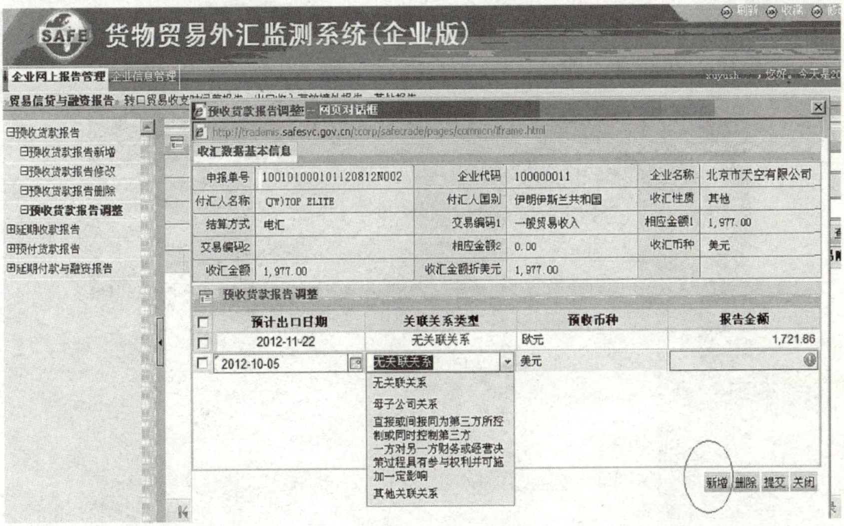

图 5-15

第四步　调整录入完成后，点击窗口右下角的“提交”按钮，向银行提交调整后的报告信息。

二、延期收款报告

延期收款就是指出口报关单出口日期早于预计收汇日期的收汇。对于符合外汇局规定的报告条件的延期收款业务，出口企业要在出口之日起30天内，通过监测系统向银行及外汇局报告预计收款日期、收款金额、关联关系类型等信息。报告条件：一是A类企业超过出口日期90天以上的延期收款。二是B类或C类企业在监管期内发生的30天以上的延期收款。

出口企业如果没有在规定时间内通过监测系统提供报告，出口企业需要持情况说明等资料到所在地外汇局现场报告。

“延期收款报告”同样包括“延期收款报告新增”、“延期收款报告修改”、“延期收款报告删除”、“延期收款报告调整”四项内容。

下面介绍这四项内容的具体操作步骤。

（一）延期收款报告新增

本菜单的功能就是在系统添加需要报告的数据，在出口之日起30日内，通过本系统向银行及外汇局提供报告。

第一步　在监测系统的主窗口，打开“企业网上报告管理”——“贸易信贷与融资报告”——“延期货款报告”——“预收货款报告新增”菜单。录入查询条件后，点击窗口的“查询”按钮，则符合条件的记录将显示在窗口的下半部分。如图5－16。

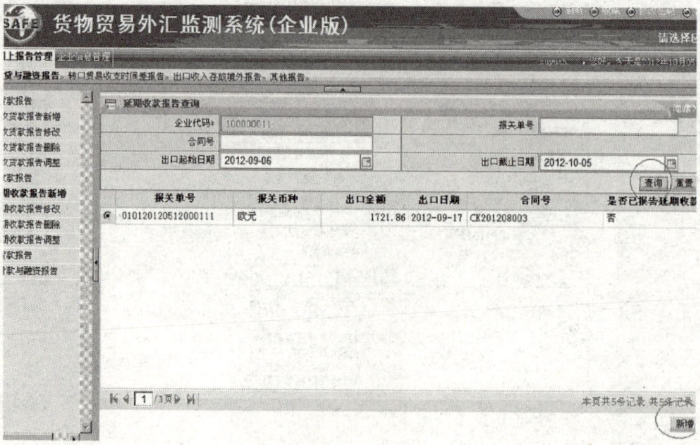

图5－16

第二步　选中一条记录，点击窗口右下角的“新增”按钮，系统显示出新增窗口。如图5－17。

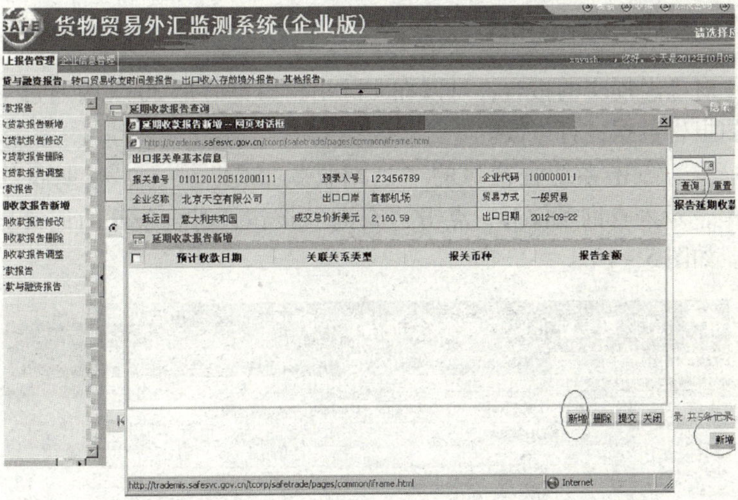

图 5－17

第三步 点击新增窗口右下角的“新增”按钮，系统增加一行录入列表。企业可根据实际情况录入各栏。如果需要录入多条记录，一条录入完毕后继续点击“新增”按钮。如果需要删除录入的数据，点击窗口右下角的“删除”按钮。如图 5－18。

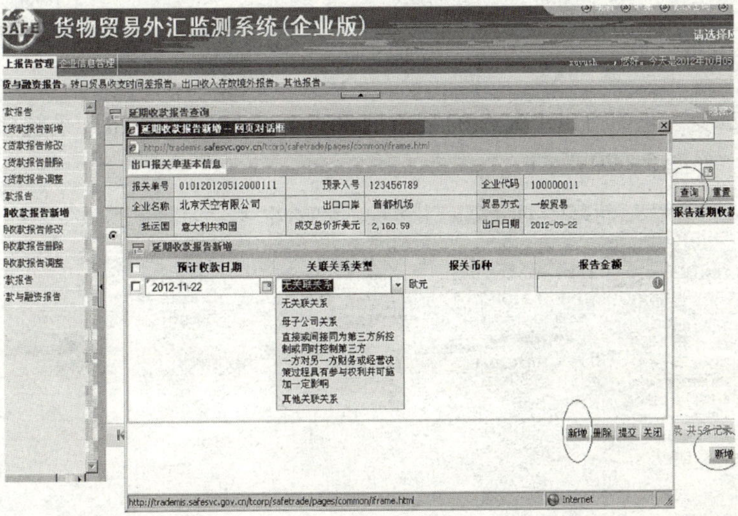

图 5－18

第四步 录入结束后，点击窗口右下角的“提交”按钮，向银行及外汇局发送报告。

（二）延期收款报告修改

企业对已经提交的报告，可以在实际出口日期之后 30 天内通过本菜单对已提交的报告数据进行修改。

第一步　点击系统主窗口的“延期收款报告”——“延期收款报告修改”菜单，录入查询条件后，点击“查询”按钮，符合条件的记录显示在窗口下部。如图 5 - 19。

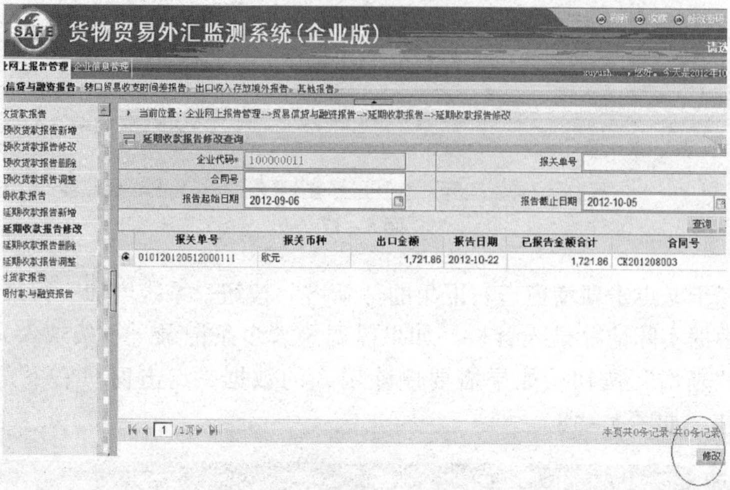

图 5 - 19

第二步　选中窗口中显示的某条记录点击“修改”按钮，系统将显示修改窗口。如图 5 - 20。

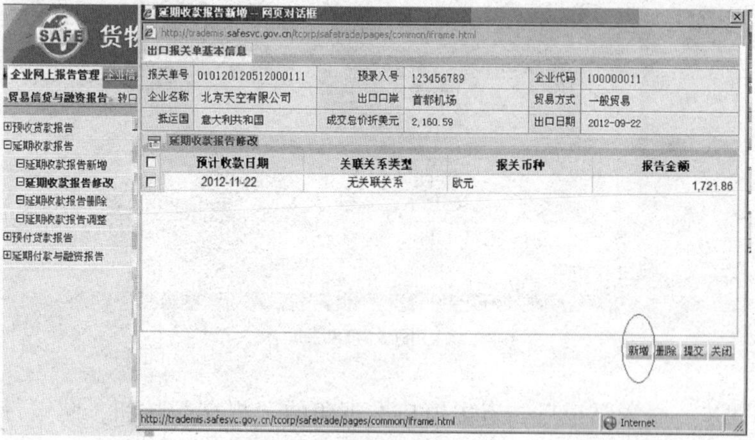

图 5 - 20

第三步　在窗口中可以对申报数据进行修改。如果需要增加新的记录，点击窗口右下角的“新增”按钮，添加方法可参照“延期收款报告新增”的操作步骤。如果要删除记录，点击窗口右下角的“删除”按钮。修改完毕后，点击窗口右下角的“提交”按钮。向银行及外汇局发送修改后的报告。

（三）延期收款报告删除

企业对已经提交的报告，可以在实际出口日期之后30天内通过本菜单对已提交的报告数据进行删除。

第一步　点击系统主窗口的“延期收款报告”——“延期收款报告删除”菜单，录入查询条件后，点击“查询”按钮，符合条件的记录显示在窗口下部。如图5-21。

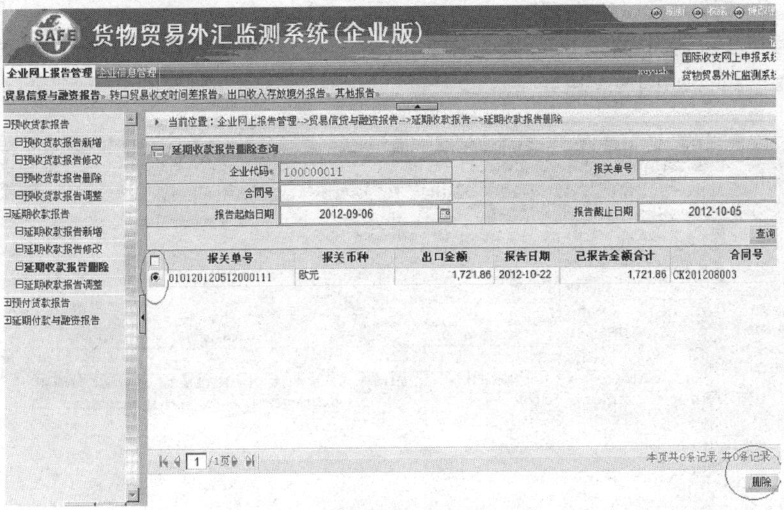

图5-21

第二步　选中窗口中的需要删除的一条或多条记录，点击右下角的“删除”按钮，选中的记录将被删除。

（四）延期收款报告调整

企业向银行及外汇局提交报告后，可以在实际出口日期30天（不含）之后，对已经提交的延期收款报告数据进行调整。调整包括新增和删除操作。

第一步　点击系统主窗口的“延期收款报告”——“延期收款报告调整”菜单，录入查询条件后，点击“查询”按钮，符合条件的记录显示在窗口下部。如图5-22。

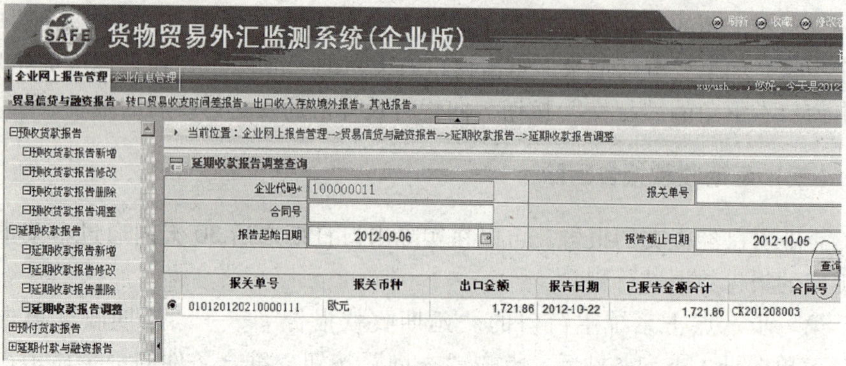

图 5－22

第二步　选中窗口中一条记录，点击右下角的“调整”按钮，系统将显示调整窗口。如图 5－23。

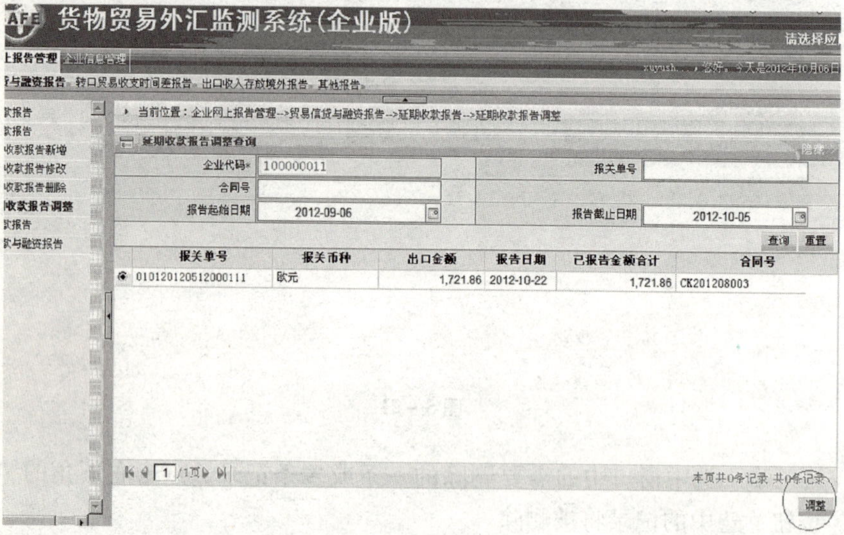

图 5－23

第三步　点击窗口右下角的“新增”按钮，可以增加一条新记录。如果需要增加多条记录，录入完一笔后，继续点击“新增”按钮。如果要删除申报记录，点击窗口右下角的“删除”按钮。如图 5－24。

第四步　调整完毕后，点击窗口右下角的“提交”按钮，向银行及外汇局提交调整后的数据。

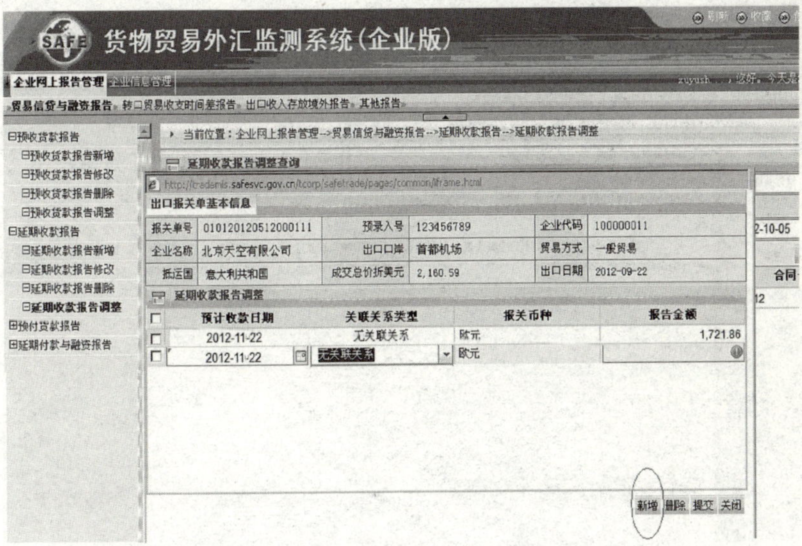

图5－24

三、预付货款报告

预付货款是指进口货物的付汇日期早于货物预计进口日期的付汇业务。对于符合外汇局规定的报告条件的预付货款业务，进口企业要在付汇之日起30天内，通过监测系统向银行及外汇局报告付款日期、付款金额、关联关系类型等信息。报告条件是：A类企业30天以上的预付货款；B类和C类企业在监管期内发生的预付货款。

如果进口企业未在规定时间内提供网上报告，企业应持情况说明等资料到所在地外汇局现场报告。

“预付货款报告”菜单也包括“预付货款报告新增”、“预付货款报告修改”、“预付货款报告删除”、“预付货款报告调整”四个子菜单。下面分别介绍各子菜单的操作方法。

（一）预付货款报告新增

“预付货款报告新增”子菜单的功能就是对需要报告的预付货款业务进行录入，然后向银行及外汇局提供所录入的报告。

第一步　打开系统主窗口的“预付货款报告”——“预付货款报告新增”菜单，录入查询条件后，点击“查询”按钮，符合条件的记录显示在窗口下部。如图5－25。

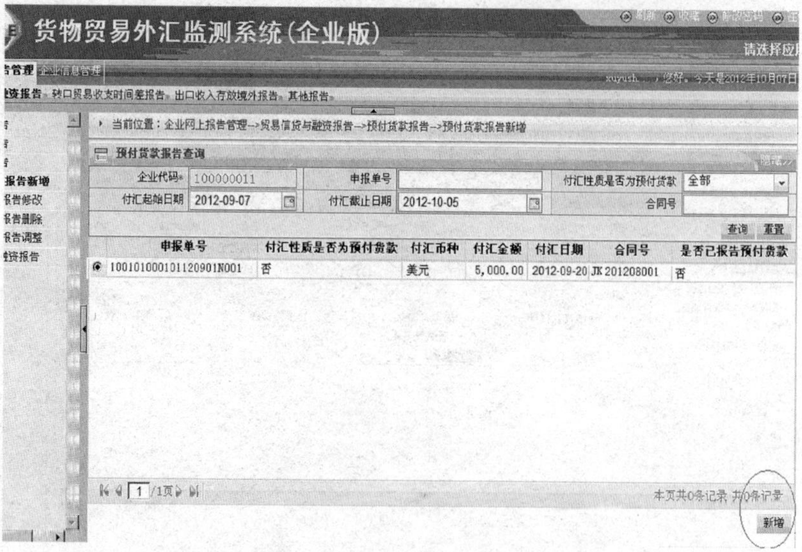

图 5－25

第二步　选中窗口的一条记录，点击窗口右下角的“新增”按钮，系统将显示新增操作窗口。窗口的上部分是记录数据的详细内容，下部分录入数据。如图 5－26。

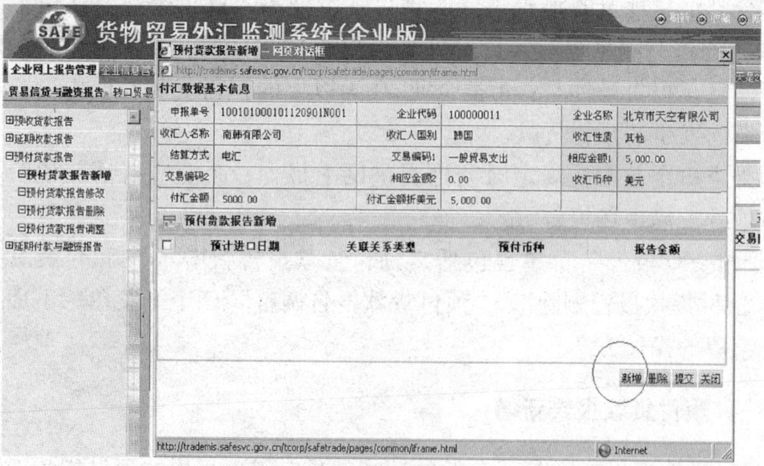

图 5－26

第三步　点击新增窗口右下角的“新增”按钮，窗口下部分增加一条新记录。如果需要增加多条记录，录入一笔后，继续点击“新增”按钮。如果需要取消添加的记录，点击右下角的“删除”按钮。如图 5－27。

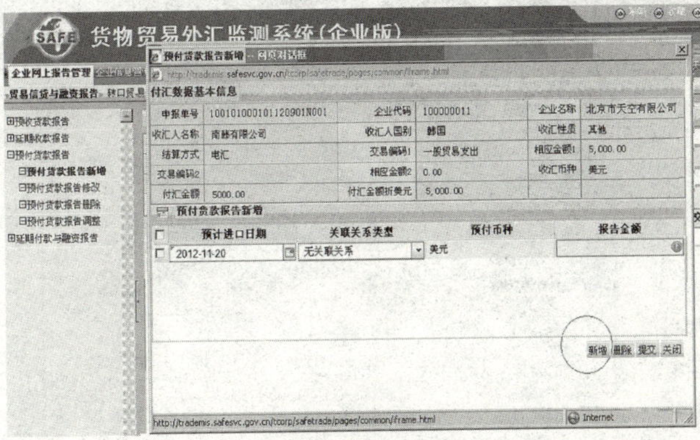

图 5－27

第四步　录入结束后，点击右下角的“提交”按钮，向银行及外汇局提交报告。

（二）预付货款报告修改

进口企业已经提交的报告，可以于付款日期之后 30 日内通过监测系统对已提交报告进行修改。

第一步　打开系统主窗口的“预付货款报告”——“预付货款报告修改”菜单，录入查询条件后，点击“查询”按钮，符合条件的记录显示在窗口下部。如图 5－28。

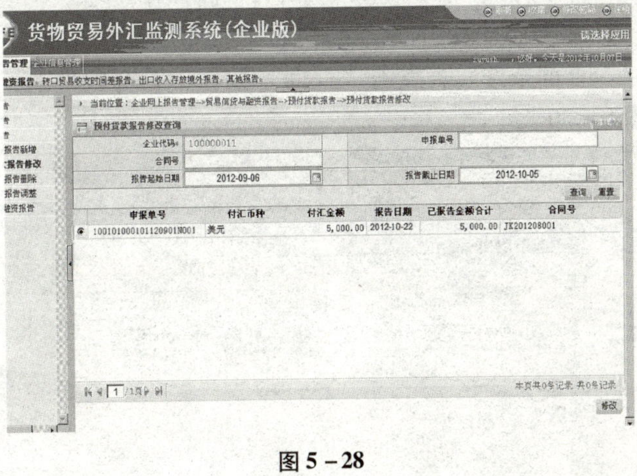

图 5－28

第二步　选中一条记录，点击窗口右下角的“修改”按钮，系统将显示修改窗口。如图 5－29。

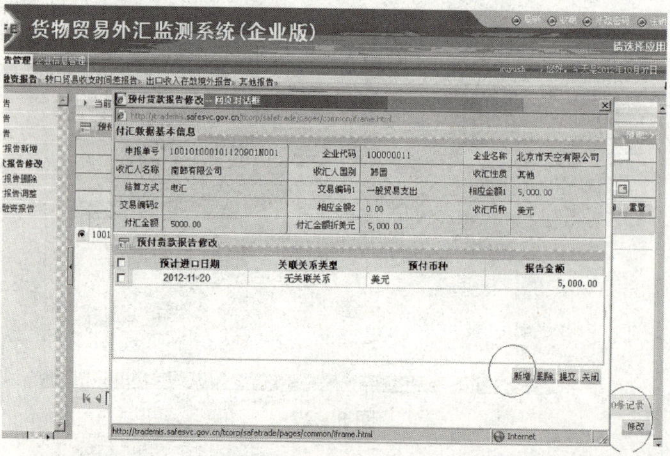

图 5－29

第三步　在窗口可以对记录进行修改。如果需要添加新的记录，点击窗口的右下角的“新增”按钮，添加方法参照“预付货款报告新增”的操作步骤。如果需要删除记录，点击窗口右下角的“删除”按钮。录入完毕后，点击窗口右下角的“提交”按钮，向银行及外汇局提交修改后的报告。

（三）预付货款报告删除

本菜单的功能是对已经向银行及外汇局提供报告后，在付款业务实际发生之日起 30 日内，可以对已提供的报告进行删除操作。

第一步　打开系统主窗口的“预付货款报告”——“预付货款报告删除”菜单，录入查询条件后，点击“查询”按钮，符合条件的记录显示在窗口下部。如图 5－30。

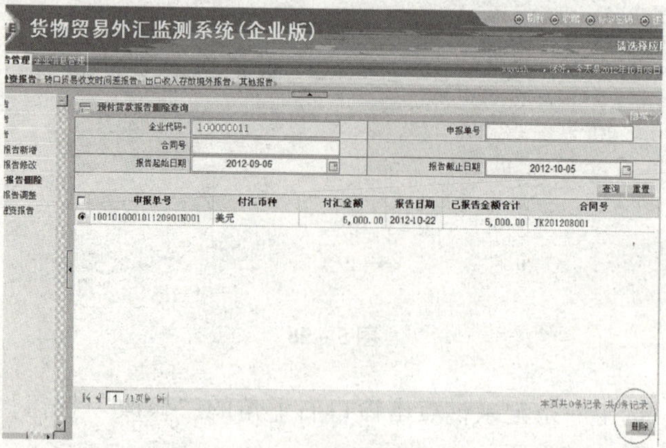

图 5－30

第二步　选中窗口中的需要删除的一条或多条记录，点击窗口右下角的“删除”按钮，可以删除选中的记录。

（四）预付货款报告调整

对于企业已经提交的报告，如果需要进行调整，例如新增或删除，可以在付款业务实际发生之日起30日（不含）后，通过本菜单进行操作。

第一步　打开系统主窗口的“预付货款报告”——“预付货款报告调整”菜单，录入查询条件后，点击“查询”按钮，符合条件的记录显示在窗口下部。如图5－31。

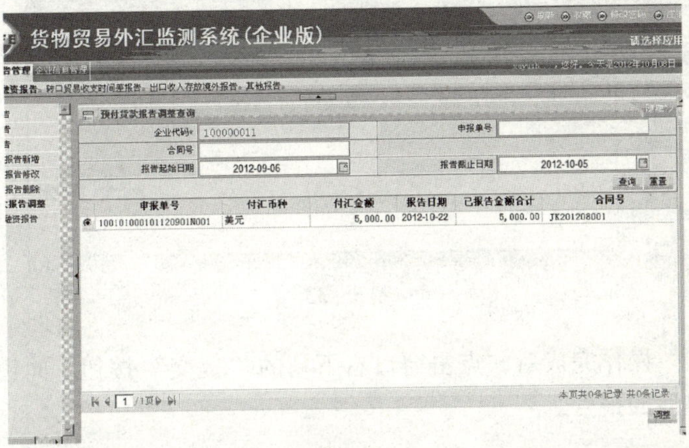

图5－31

第二步　点击窗口右下角的“调整”按钮，系统将显示数据调整窗口。如图5－32。

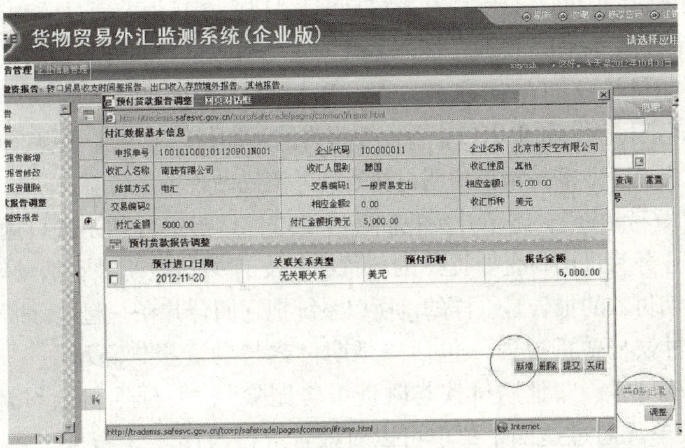

图5－32

第三步　点击调整窗口右下角的“新增”或“删除”按钮，可以增加或删除记录。如果需要调整多条记录，操作完一条记录后，可继续选中需要调整的记录，点击“增加”或“删除”按钮，追加操作。如图5－33。

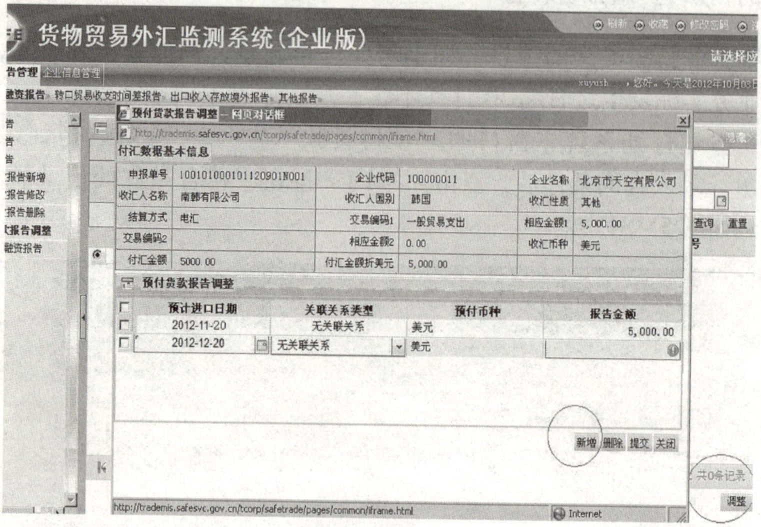

图5－33

第四步　操作完成后，点击窗口右下角的“提交”按钮，向银行及外汇局提交调整后的报告。

四、延期付款与融资报告

本菜单包括两部分内容：一是延期付款报告，二是贸易融资报告。

延期付款就是进口日期早于预计付款日期的付汇业务。如果延期付款时间超过了外汇局规定的时间，就需要在进口日期之日起30日内，通过监测系统向银行及外汇局报告付款日期、付款金额、关联关系类型等信息。外汇局有关规定如下：A类企业延期付款日期在90天以上的，B类和C类企业在监管期内发生30天（不含）的延期付款。如果出口企业需要报告的延期付款业务未在规定时间内向外汇局报告，出口企业需持情况说明材料等到外汇局做现场报告。

关于“贸易融资”，本节开头我们曾经说过，是指银行利用进口远期信用证、海外代付等业务为进出口企业提供的与贸易收支有关的短期融资活动等。它的报告方式与延期付款的报告是一样的，所以系统把它们合并在一起进行报告。

“延期付款与融资报告”包括“延期付款与融资报告新增”、“延期付款与融资报告修改”、“延期付款与融资报告删除”、“延期付款与融资报告调整”四个菜单。通过这四个菜单可以对报告进行操作。

（一）延期付款与融资报告新增

本菜单的功能就是对符合报告条件的延期付款及贸易融资行为进行录入，然后向银行及外汇局提供所录入的报告。

第一步　打开系统主窗口的“延期付款与融资报告”——“延期付款与融资报告新增”菜单，录入查询条件后，点击“查询”按钮，符合条件的记录显示在窗口下部。如图5－34。

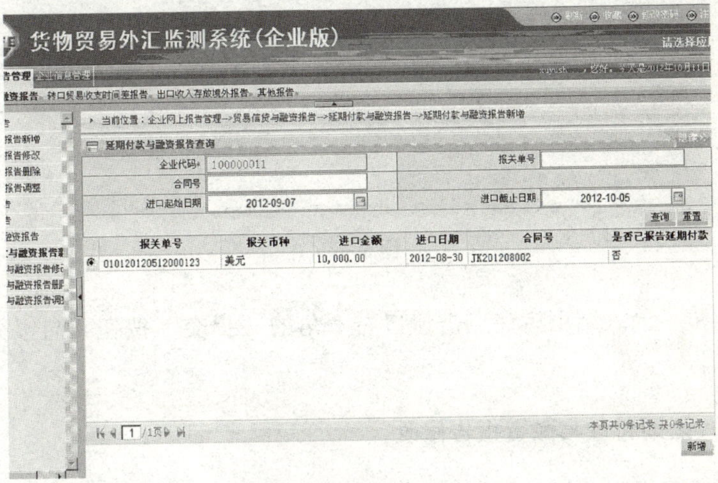

图5－34

第二步　选中一条“是否已报告延期付款”为“否”的记录，点击窗口右下角的“新增”按钮，打开新增记录窗口。如图5－35。

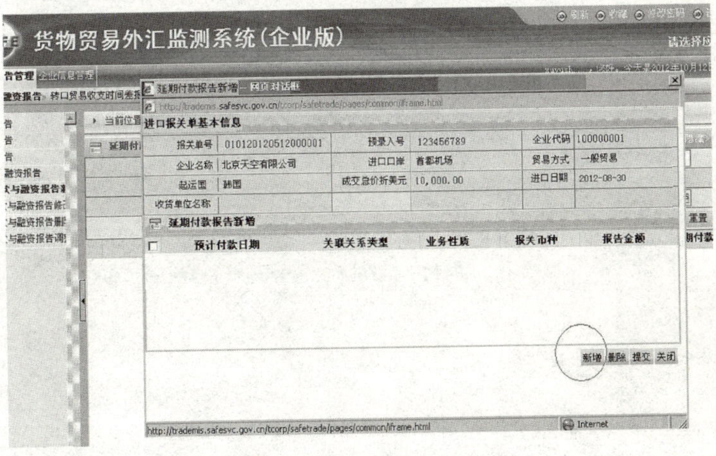

图5－35

第三步　点击新增窗口右下角的“新增”按钮，可以增加一条记录。如需增加多条记录，录入完一笔后，选中新的记录，继续点击“新增”按钮。如果需要删除添加的记录，点击窗口右下角的“删除”按钮。如图5－36。

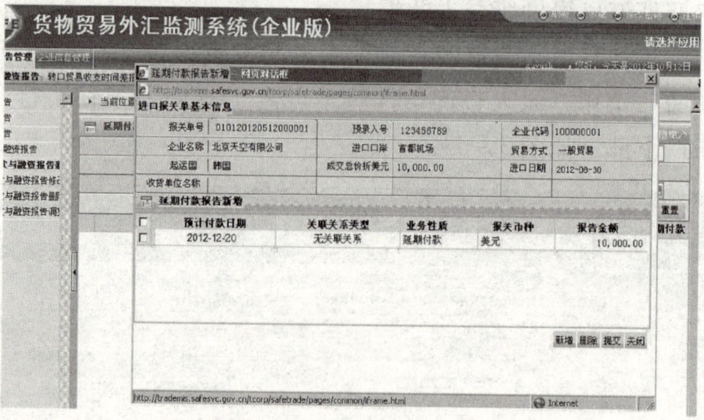

图5－36

第四步　录入结束后，点击窗口右下角的“提交”按钮，向银行及外汇局提交报告。

（二）延期付款与融资报告修改

对于已经提交给银行及外汇局的延期付款报告，如果需要对数据进行修改或删除，可以通过本菜单进行操作。

第一步　打开系统主窗口的“延期付款与融资报告”——“延期付款与融资报告修改”菜单，录入查询条件后，点击“查询”按钮，符合条件的记录显示在窗口下部。如图5－37。

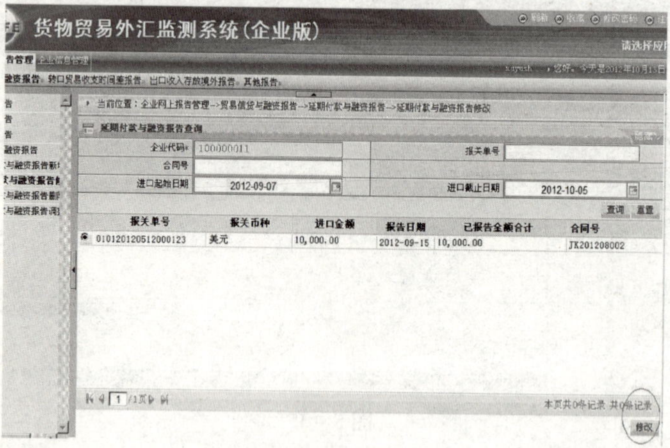

图5－37

第二步　选中需要修改的记录，点击窗口右下角的“修改”按钮，进入记录修改窗口。如图5－38。

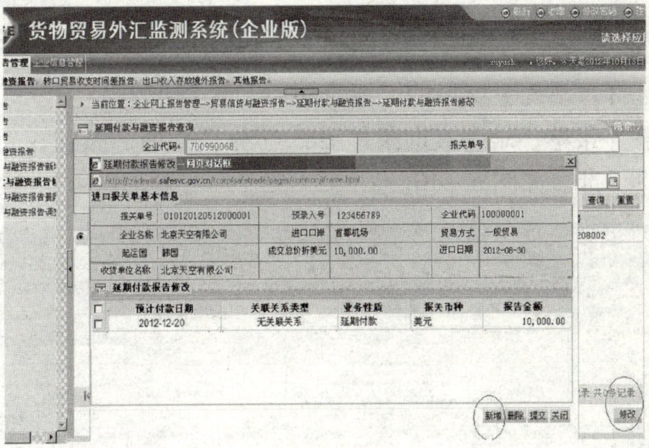

图5－38

第三步　在打开的窗口可以对记录进行修改。如果需要对记录进行增加操作，点击窗口右下角的“新增”按钮，添加方法参照“延期付款与融资报告新增”的操作步骤进行。如果要删除记录，点击窗口右下角的“删除”按钮。修改完毕后，点击窗口右下角的“提交”按钮，向银行及外汇局提交修改后的报告。

（三）延期付款与融资报告删除

第一步　打开系统主窗口的“延期付款与融资报告”——“延期付款与融资报告删除”菜单，录入查询条件后，点击“查询”按钮，符合条件的记录显示在窗口下部。如图5－39。

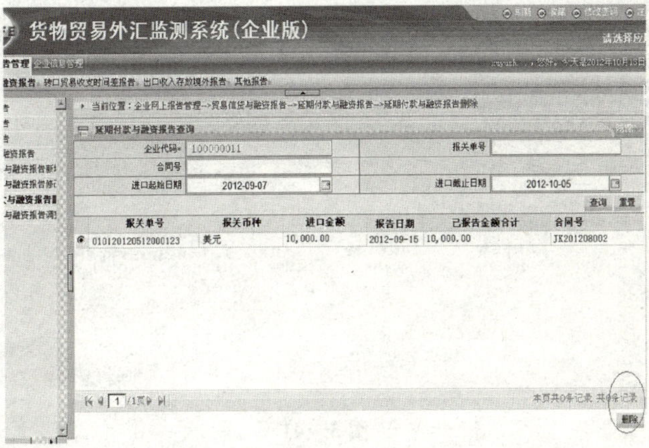

图5－39

第二步　选中需要删除的记录，点击窗口右下角的“删除”按钮，记录被删除。然后点击窗口右下角的“提交”按钮。

（四）延期付款与融资报告调整

第一步　打开系统主窗口的“延期付款与融资报告”——“延期付款与融资报告调整”菜单，录入查询条件后，点击“查询”按钮，符合条件的记录显示在窗口下部。如图5－40。

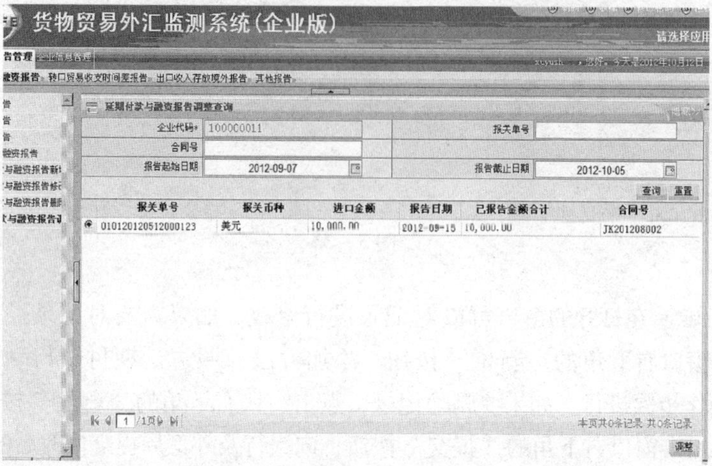

图5－40

第二步　点击窗口右下角的“调整”按钮，进入记录调整窗口。如图5－41。

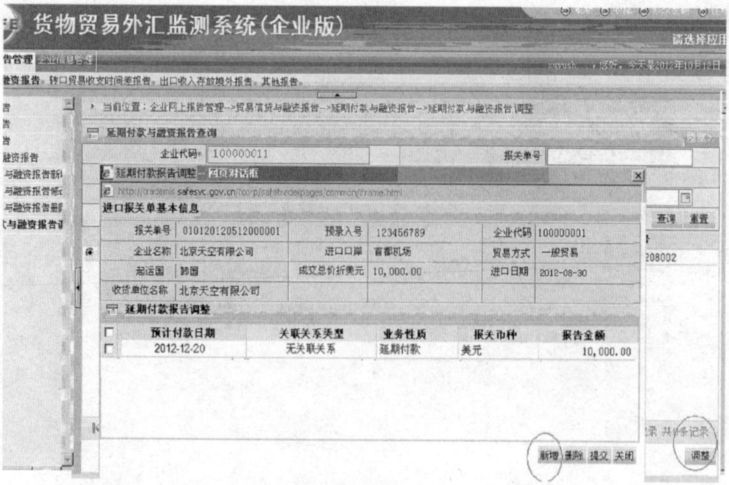

图5－41

第三步　点击调整窗口右下角的“新增”按钮，可以增加一条记录。如果需要增加多条记录，在一条记录增加完毕后继续选中其他记录后，点击“新增”按钮。如果需要删除记录，点击窗口右下角的“删除”按钮。如图5－42。

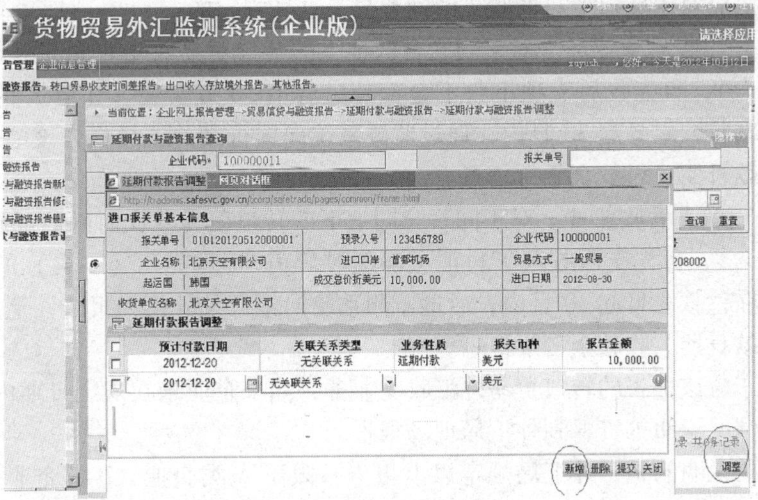

图5－42

第四步　调整介绍后，点击窗口右下角的“提交”按钮，向银行及外汇局提交调整后的报告。

第三节　转口贸易收支时间差报告的操作

本节内容主要是针对转口贸易方式因收支时间差异而需要向银行及外汇局所做的报告内容。转口贸易也叫“中转贸易”，通俗地讲就是倒买倒卖。它所进行的交易不是在生产国与消费国的企业之间进行的，而是通过第三国的企业转手交易，这种交易对第三国企业来说就是转口贸易。

转口贸易这种三方交易的特点，决定了其交易时间相对双方交易来说肯定是比较长的。因为它既包括转口贸易企业与供货商的交易行为，又包括转口贸易企业与购货商的交易行为。转口贸易企业在交易中需要向供货商支付采购商品的货款，又需要向购货方收回销售商品的货款。而在实际交易中，有的是先支付供应商货款，后收取购货商货款，这叫“先支后收”；有的是先收取购货商货款，后支付供应商货款，这叫“先收后支”。由于这种收支业务的不同步进行，在收入与支出之间必然要产生一个时间差异。对于我国的转口贸易企业来说，如果这个时间差异超过外汇局规定的标准，就需要通过本系统向银行及外汇局提供报告。

外汇局对于转口贸易的收支时间差异是这样规定的：

（1）先收后支业务。对于同一合同项下的转口贸易收支时间间隔超过90天（不含），且先收后支项下收汇金额超过等值50万美元（不含）的业务，企业应在收款之日起30日内，通过监测系统向银行及外汇局报告该笔交易的预计付款日期、付款金额等信息。

（2）先支后收业务。对于同一合同项下的转口贸易收支时间间隔超过90天（不含），且先支后收项下付汇金额超过等值50万美元（不含）的业务，企业应在付款之日起30日内，通过监测系统向银行及外汇局报告该笔交易的预计收款日期、收款金额等信息。

对于应该报告的转口贸易外汇收支业务，如果企业未在规定日期内报告，应当持情况说明等资料到外汇局现场报告。

需要说明的是，外汇局规定以上报告只限于A类企业，B类企业是不能办理的。而C类企业更是不能从事转口贸易收支业务。

下面介绍转口贸易收支时间差报告的操作方法。

一、转口贸易先收后支时间差报告

本菜单的功能是对于符合报告条件的先收后支的转口贸易业务，通过监测系统向银行及外汇局进行报告。

它包括以下四部分内容：转口贸易先收后支时间差报告新增、转口贸易先收后支时间差报告修改、转口贸易先收后支时间差报告删除、转口贸易先收后支时间差报告调整。下面分别介绍这四个子菜单的内容。

（一）转口贸易先收后支时间差报告新增

对于符合先收后支时间差报告条件的业务，可于收款之日起30日内，通过本菜单录入数据后，向银行及外汇局提供报告。

第一步　打开“企业网上报告管理”——“转口贸易收支时间差报告”——“转口贸易先收后支时间差报告”——“转口贸易先收后支时间差报告新增”菜单。录入查询条件后，点击“查询”按钮，符合条件的记录显示在窗口中。如图5-43。

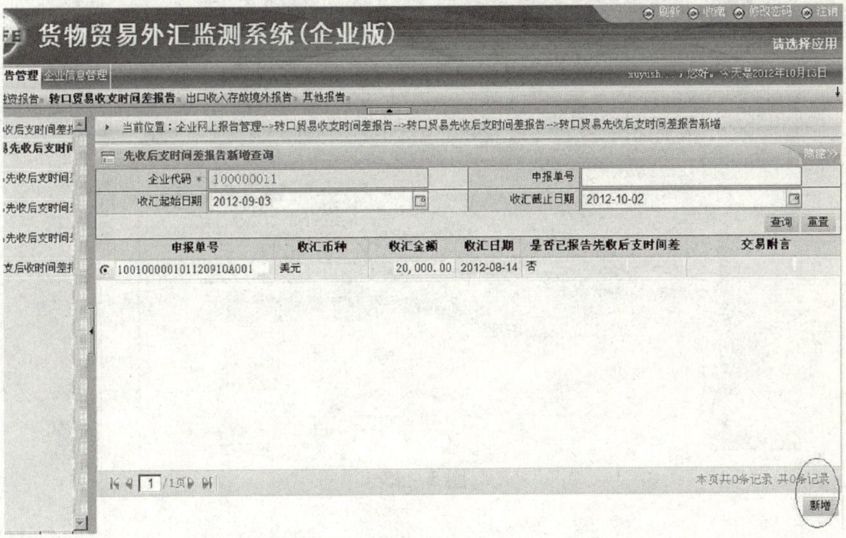

图 5－43

第二步　点击申报单号可以查看记录的详细内容。点击窗口右下角的“新增”按钮，进入新增记录窗口。如图 5－44。

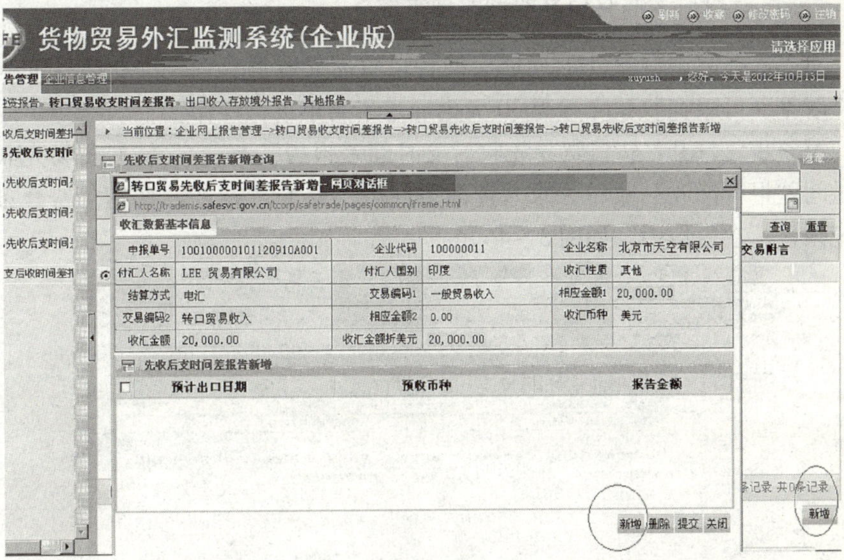

图 5－44

第三步　点击新增窗口右下角的“新增”按钮，窗口下部增加一行录入栏。可以在录入栏录入需报告的数据，如图 5－45。

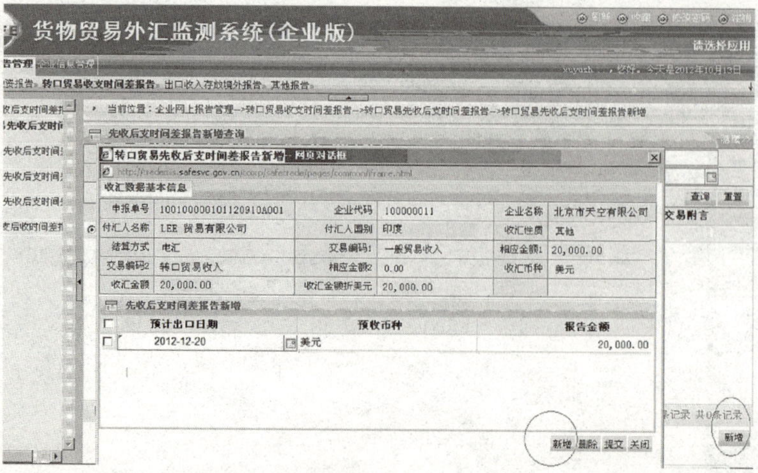

图 5－45

第四步　录入完数据后如果需要录入多条数据，继续点击窗口右下角的“新增”按钮，如果要删除已录入的数据，点击窗口右下角的“删除”按钮。录入结束后，点击窗口右下角的“提交”按钮，向银行及外汇局提交报告。

（二）转口贸易先收后支时间差报告修改

对于已经向银行及外汇局提交的转口贸易先收后支时间差报告，如果需要修改等，可以在收款之日起 30 天内通过本菜单进行操作。

第一步　打开“转口贸易先收后支时间差报告”——“转口贸易先收后支时间差报告修改”菜单。录入查询条件后，点击“查询”按钮，符合条件的记录显示在窗口中。如图 5－46。

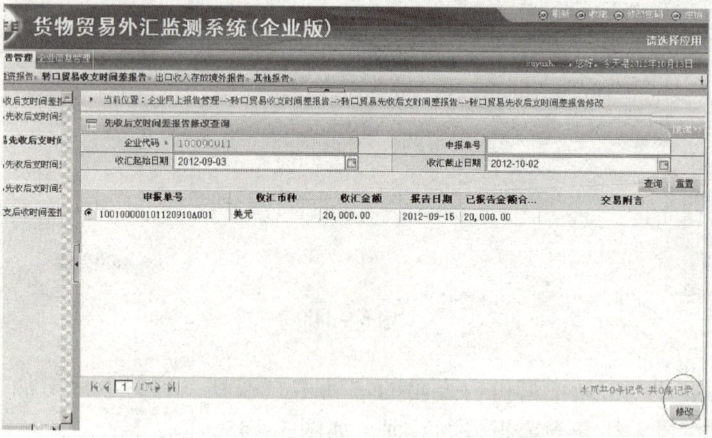

图 5－46

第二步　选中需要修改的记录，点击窗口右下角的“修改”按钮，进入修改窗口。如图5－47。

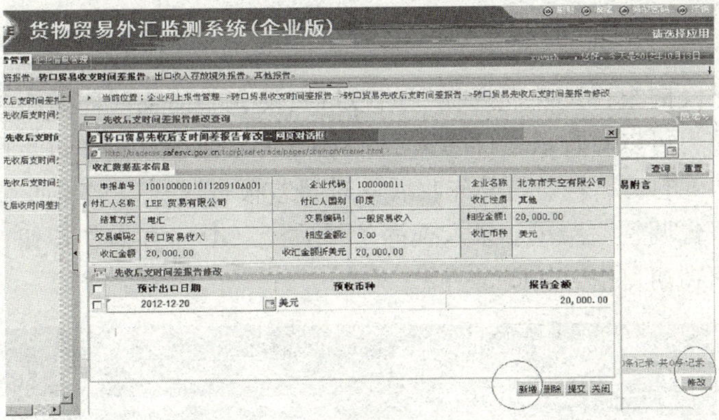

图5－47

第三步　在修改窗口，可以对数据进行修改。点击窗口右下角的“新增”按钮，可以增加一条新的记录。如果要增加多条记录，增加一条完成后，继续点击“新增”按钮。如果需要删除记录，点击窗口右下角的“删除”按钮。修改结束后，点击窗口右下角的“提交”按钮，向银行及外汇局提交修改后的数据。

（三）转口贸易先收后支时间差报告删除

对于已经向银行及外汇局提交的转口贸易先收后支时间差报告，如果需要删除，可以在收款之日起30天内通过本菜单进行操作。

第一步　打开“转口贸易先收后支时间差报告”——“转口贸易先收后支时间差报告删除”菜单。录入查询条件后，点击“查询”按钮，符合条件的记录显示在窗口中。如图5－48。

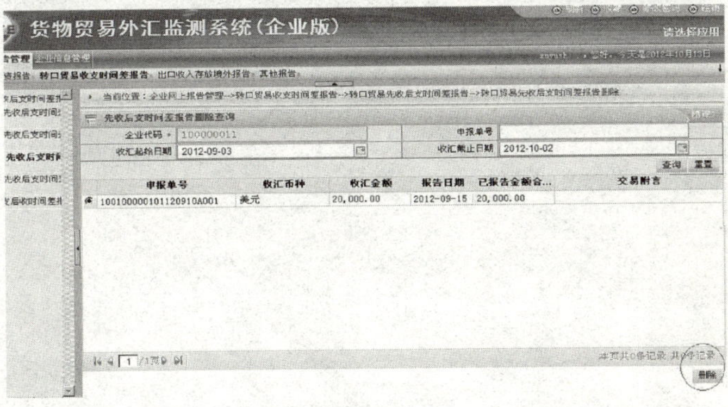

图5－48

第二步　选中窗口中需要删除的记录，点击窗口右下角的“删除”按钮，该条记录将被删除掉。

（四）转口贸易先收后支时间差报告调整

对于已经向银行及外汇局提交的转口贸易先收后支时间差报告，如果需要进行调整，可以对收款之日起30天（不含）后通过本菜单进行操作。

第一步　打开“转口贸易先收后支时间差报告”——“转口贸易先收后支时间差报告调整”菜单。录入查询条件后，点击“查询”按钮，符合条件的记录显示在窗口中。如图5－49。

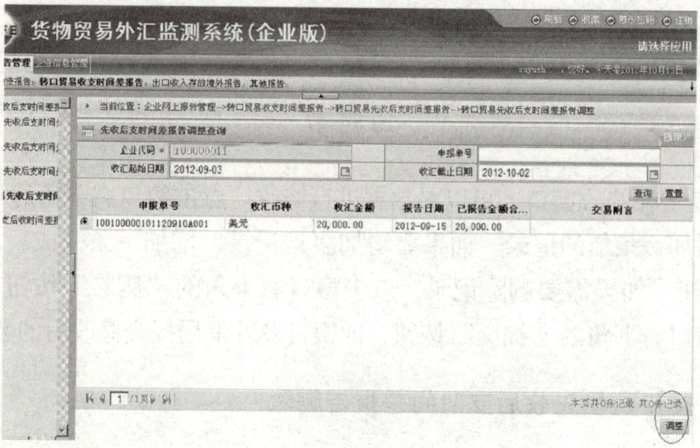

图5－49

第二步　选中窗口中需要调整的记录，点击窗口右下角的“调整”按钮，进入数据调整窗口。如图5－50。

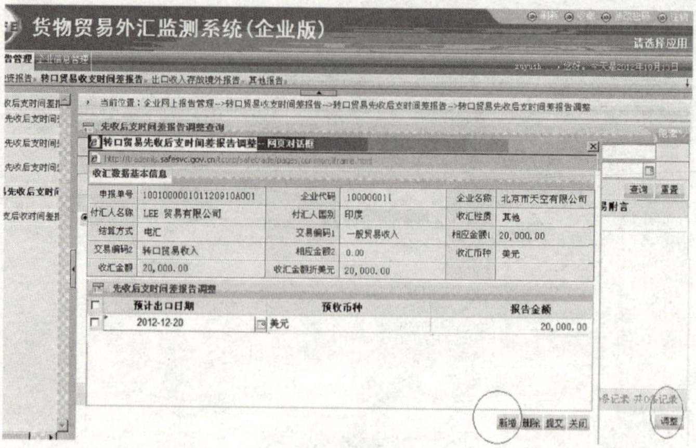

图5－50

第三步　在数据调整窗口，点击窗口右下角的“新增”按钮，可以增加记录。如果需要增加多条记录，在一条记录增加完成后，继续点击“新增”按钮。如果需要删除数据，选中该记录，点击窗口右下角的“删除”按钮。调整完成后，点击窗口右下角的“提交”按钮，向银行及外汇局提交调整后的记录。

二、转口贸易先支后收时间差报告

本菜单的功能是对于符合报告条件的先支后收的转口贸易业务，通过监测系统向银行及外汇局进行报告。

它包括以下四部分内容：转口贸易先支后收时间差报告新增、转口贸易先支后收时间差报告修改、转口贸易先支后收时间差报告删除、转口贸易先支后收时间差报告调整。下面分别介绍这四个子菜单的内容。

（一）转口贸易先支后收时间差报告新增

对于符合先支后收时间差报告条件的业务，企业应于付款之日起 30 日内，通过本菜单录入数据后，向银行及外汇局提供报告。如果企业未能在 30 日内报告，需要持有关材料到当地外汇局现场报告。

第一步　打开“企业网上报告管理”——“转口贸易收支时间差报告”——“转口贸易先支后收时间差报告”——“转口贸易先支后收时间差报告新增”菜单。录入查询条件后，点击“查询”按钮，符合条件的记录显示在窗口中。如图 5－51。

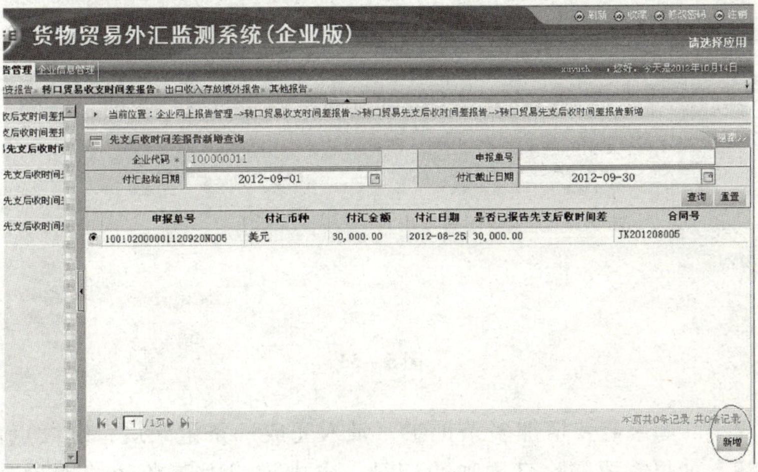

图 5－51

第二步　选中窗口中需要报告的记录，点击窗口右下角的“新增”按钮，进入新增记录窗口。如图5－52。

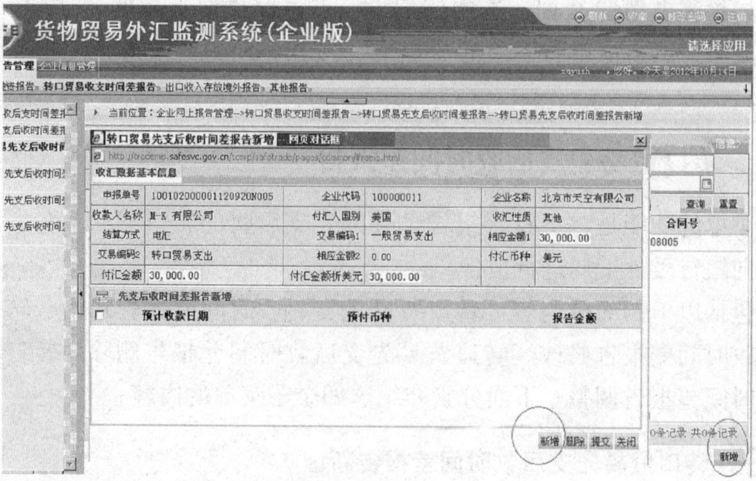

图5－52

第三步　点击新增窗口右下角的“新增”按钮，可以添加新的记录。如图5－53。

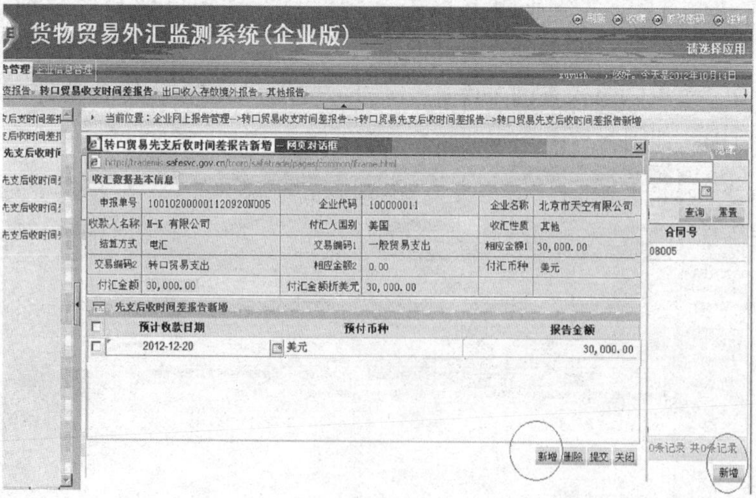

图5－53

第四步　如果需要增加多条记录，录入完成一条记录后，继续点击“新增”按钮。如果需要删除已增加的记录，点击窗口右下角的“删除”按钮。录入结束后，点击窗口右下角的“提交”按钮，向银行及外汇局提交报告。

（二）转口贸易先支后收时间差报告修改

对于已经提交的报告，如果需要进行修改，企业可以在付款之日起 30 天内，通过本菜单对报告进行修改操作。

第一步　打开“转口贸易先支后收时间差报告”——“转口贸易先支后收时间差报告修改”菜单。录入查询条件后，点击“查询”按钮，符合条件的记录显示在窗口中。如图 5－54。

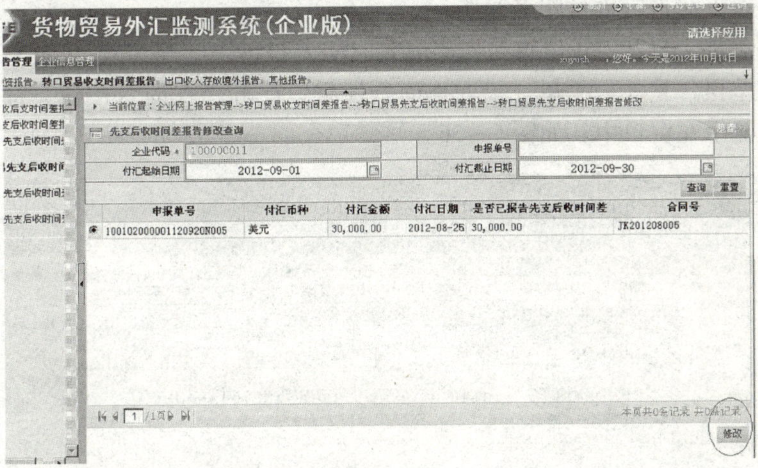

图 5－54

第二步　选中窗口中需要修改的记录，点击窗口右下角的“修改”按钮，进入记录修改窗口。如图 5－55。

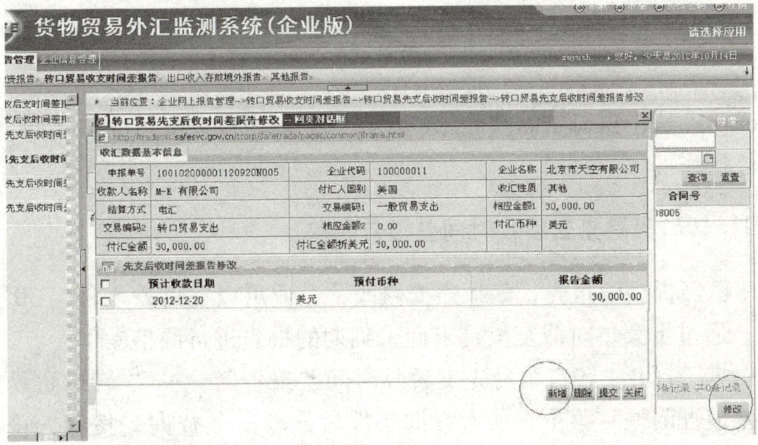

图 5－55

第三步　在打开的窗口可以对数据进行修改。如果需要增加新的记录，点击窗口右下角的“新增”按钮。如果需要增加多条记录，录入完一笔后，继续点击“新增”按钮。如果需要删除记录，点击窗口右下角的“删除”按钮。修改结束后，点击窗口右下角的“提交”按钮，向外汇局提交修改后的报告。

（三）转口贸易先支后收时间差报告删除

对于已经提交的报告，如果需要修改，企业可以在付款之日起 30 天内，通过本菜单对报告进行删除操作。

第一步　打开“转口贸易先支后收时间差报告”——“转口贸易先支后收时间差报告删除”菜单。录入查询条件后，点击“查询”按钮，符合条件的记录显示在窗口中。如图 5－56。

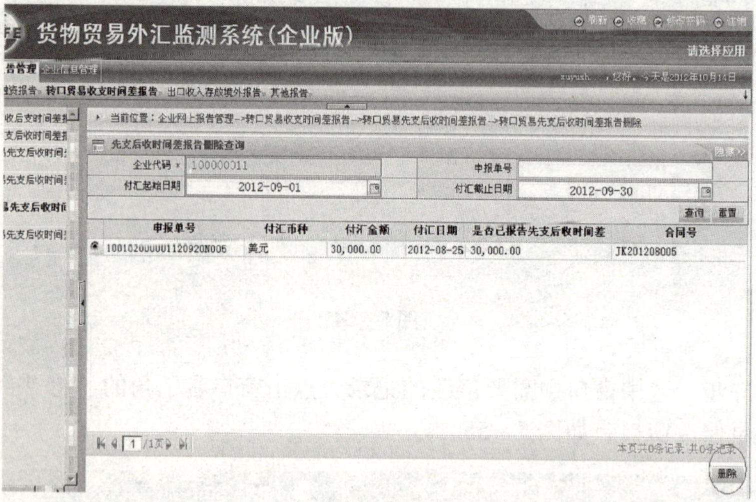

图 5－56

第二步　选中窗口中需要删除的记录，点击窗口右下角的“删除”按钮，完成删除操作。

（四）转口贸易先支后收时间差报告调整

对于已经提交的报告，如果需要修改，企业可以在付款之日起 30 天（不含）后，通过本菜单对截至上月末尚未到期的报告进行调整操作。

第一步　打开“转口贸易先支后收时间差报告”——“转口贸易先支后收时间差报告调整”菜单。录入查询条件后，点击“查询”按钮，符合条件的记录显示在窗口中。如图 5－57。

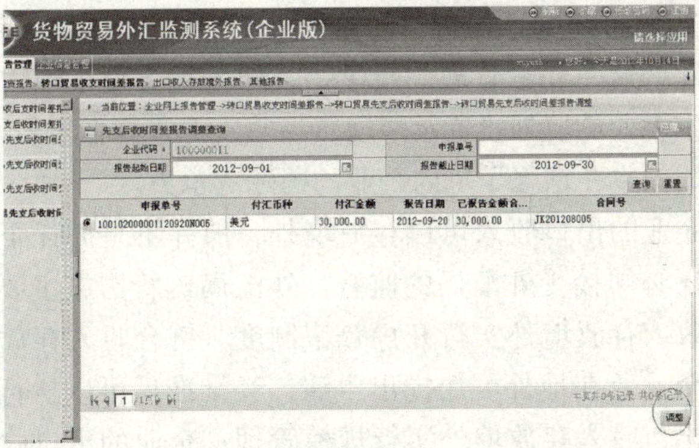

图 5－57

第二步　选中窗口中需要调整的记录，点击窗口右下角的“调整”按钮，进入数据调整窗口。如图 5－58。

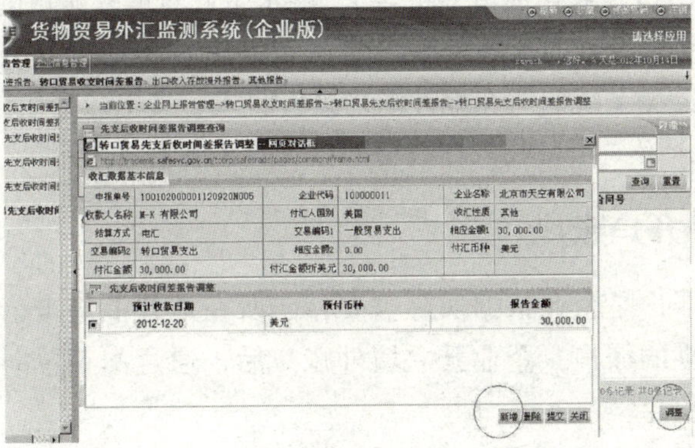

图 5－58

第三步　在数据调整窗口，如果需要增加记录，点击窗口右下角的“新增”按钮，可以增加一条数据。如果需要增加多条记录，则在一笔数据录入完成后，继续点击“新增”按钮增加。如果需要删除已报告的数据，点击窗口右下角的“删除”按钮。调整操作结束后，点击窗口右下角的“提交”按钮，向银行及外汇局提交调整后的报告。

第四节　出口收入存放境外报告的操作

出口收入存放境外是近年外汇制度改革的内容之一。为提高境内企业资金使用效率，进一步促进贸易便利化，支持境内企业“走出去”，国家外汇管理局规定，自2011年1月1日起，实施允许企业的出口收入存放在境外的新的外汇管理制度。这一外汇管理的新举措，极大地方便了境内企业进行跨境资金运作，对于企业的境外投资及跨境贸易收支等，降低了资金划转的成本，提高了资金使用效率，增强了境内企业的国际竞争力。

虽然境内企业的出口收入可以存放境外，但并不是放任企业对出口收入随意而为，它还必须接受外汇局的监管。外汇局监管措施主要有三：一是对境内企业出口收入存放境外实行开户登记制度。符合收入存放境外条件的出口企业，须向企业所在地外汇局提出申请，经批准后可以执行这一政策。二是对境内企业出口收入存放境外实行规模管理。企业的出口收入存放境外的规模，由企业根据实际需要报外汇局备案，可以事前备案，也可以事后报告。三是外汇局对境外账户的收支业务实行非现场监测，企业要及时报告。对收支的异常情况外汇局要实行现场核查。

系统的“出口收入存放境外报告”，就是企业对境外账户的收支业务向外汇局报告的途径。企业对于境外账户的收支业务，应于每月结束后的10个工作日内，通过监测系统向所在地外汇局报告收入、支出、余额情况。

下面详细介绍“出口收入存放境外报告”的操作步骤。

一、境外开户账户

境外开户账户是企业根据实际需要，向所在地外汇局申请并经外汇局批准后在境外开立的账户。企业开立境外账户后，通过本菜单向外汇局提供企业的账户开户信息。

第一步　打开“企业网上报告管理”——“出口存放境外报告”——“境外开户报告”菜单，录入查询条件后，点击“查询”按钮，则符合条件的记录显示在窗口中。如图5－59。

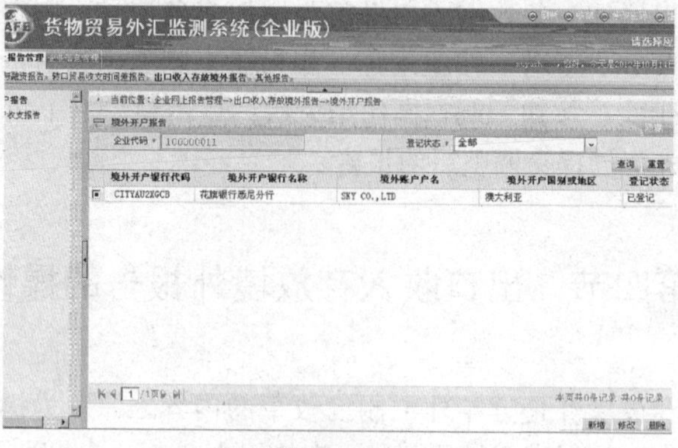

图5－59

第二步　选中一条记录，可点击窗口右下角的“新增”、“修改”、“删除”按钮，对记录数据进行相应操作。例如打开新增开户信息窗口。如图5－60。

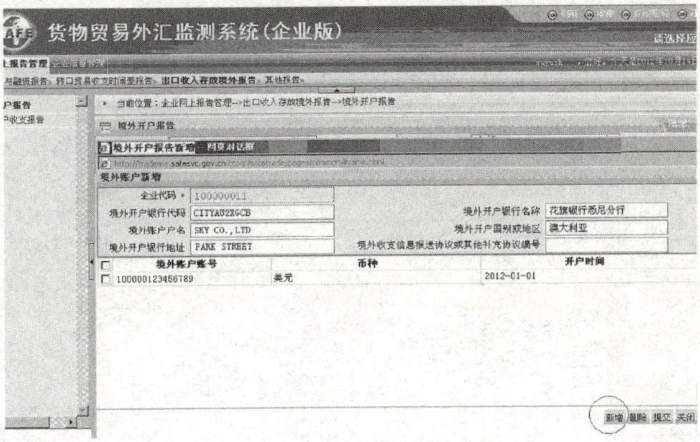

图5－60

第三步　点击新增窗口右下角的“新增”按钮，可以增加新的境外银行开户记录。如果需要删除记录，点击窗口右下角的“删除”按钮。新增结束后，点击窗口右下角的“提交”按钮，向外汇局提交报告。

二、境外账户收支报告

境外开立账户的企业，其境外账户的收支情况，应于每月结束后10个工作日内，通过本菜单向外汇局提交报告。

第一步　打开“企业网上报告管理”——“出口存放境外报告”——“境外账户收支报告”菜单，录入查询条件后，点击“查询”按钮，符合条件的记录显示在窗口下部。如图5－61。

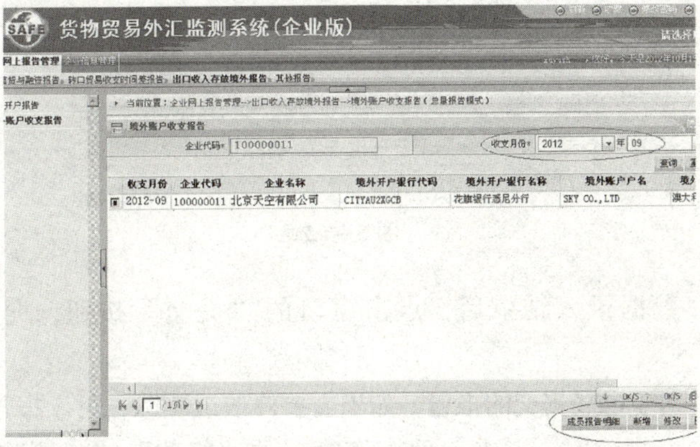

图5－61

第二步　选中窗口中的需要报告的记录，点击窗口右下角的“成员收支报告明细”按钮，系统显示出该记录的详细内容。如图5－62。

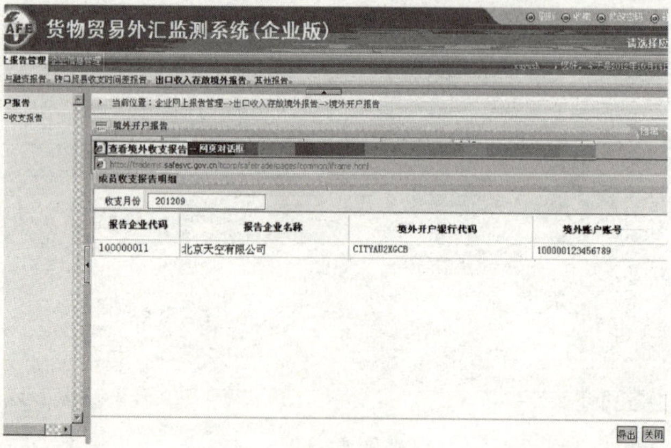

图5－62

第三步　点击窗口右下角的“导出”按钮，该记录数据将被导出为EXCEL内容。

第四步　点击前面查询窗口右下角的“新增”按钮，系统将显示境外收支报告新增窗口。如图5－63。

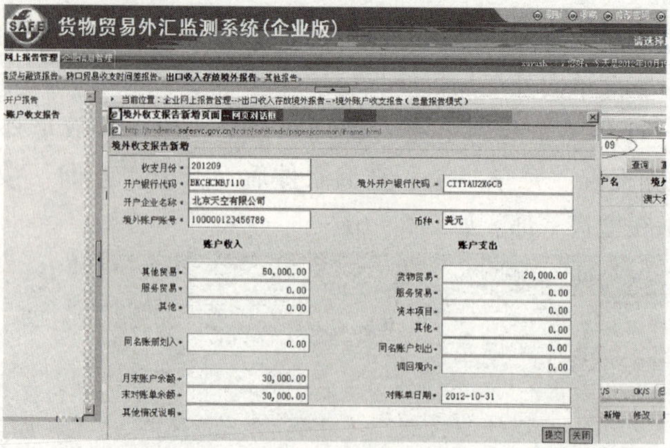

图5－63

第五步　数据录入结束后，点击窗口的“提交”按钮，向外汇局提交报告。

第六步　对于已经提交的报告，如果需要修改或删除，可于报告当月进行有关操作。修改或删除时，点击前面查询窗口的“修改”或“删除”按钮进行操作。

第五节　其他报告的操作

“其他报告”包括“差额业务报告”和“其他特殊交易报告”两种。

“差额业务报告”是指单笔进口报关金额与相应的付汇金额之间、单笔出口报关金额与相应收汇金额之间存在差额的，进出口企业可根据所出现的差额对外汇收支与进出口业务匹配情况的影响程度，自主决定是否向企业所在地外汇局就差额金额及差额原因进行报告。

差额原因包括：国际市场因素，商品质量问题，境外客商的企业变动，不可抗力因素影响，实物投资，实物外债，运保费等。

对于存在差额且企业认为应该向外汇局报告的，可于收款或付款之日起30日内，通过监测系统向外汇局提供报告。

如果企业未在规定时间内报告，需在收款或付款之日起30日（不含）后，持情况说明等资料到外汇局现场报告。

“其他特殊交易报告”是指货物进出口与收付款业务中发生其他特殊交易时，企业可根据其对外汇收支与进出口匹配情况的影响程度，自主决定是否就影响因素向外汇局报告。

对于企业认为需要提供报告的其他特殊交易，企业应于进出口或收付汇之日起30日内，通过监测系统向所在地外汇局提供报告。

如果企业不能在规定时间内报告，需在进出口或收付汇之日起30日（不含）后，持情况说明等资料到外汇局现场报告。

系统中其他报告包括“多付汇差额报告”、“多收汇差额报告”、“多进口差额报告”、“多出口差额报告”、“其他特殊交易报告”五部分内容。

下面详细介绍各部分的报告方法。

一、多付汇差额报告

多付汇差额是指进口企业采购货物的单笔付汇金额大于进口货物报关金额的差额。如果企业认为该差额对付汇金额与进口货物报关金额的匹配情况产生了较大影响，应该通过本系统向外汇局报告。

报告应于付汇之日起30天内进行。如果未能在30天内报告，企业需持有关资料到当地外汇局现场报告。

多付汇差额菜单包括“多付汇差额报告新增”、“多付汇差额报告修改”、

“多付汇差额报告删除”三个子菜单。

（一）多付汇差额报告新增

对于符合报告条件的多付汇业务，可通过本菜单录入数据后，向外汇局报告。

报告的操作步骤如下：

第一步　打开“企业网上报告管理”——“其他报告”——“多付汇差额报告”——“多付汇差额报告新增”菜单，录入查询条件，点击窗口中“查询”按钮，符合条件的记录显示在窗口。如图5－64。

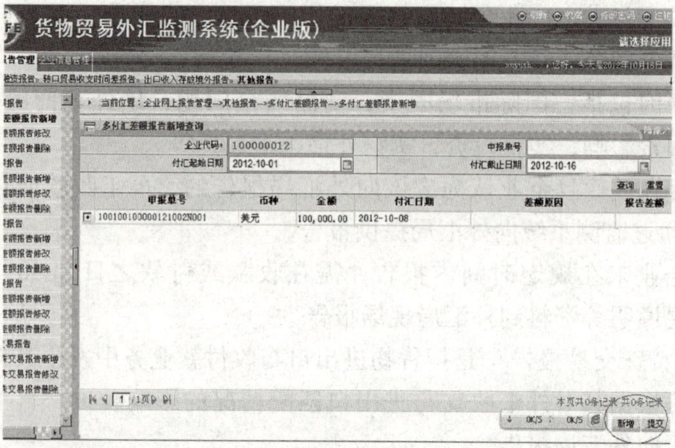

图5－64

第二步　选中窗口中需要报告的记录，点击窗口右下角的“新增”按钮，使窗口变为橘红色可编辑状态。然后在“差额原因”及“报告差额”栏录入报告数据。录入结束后点击窗口右下角的“提交”按钮，向外汇局提交报告。如图5－65。

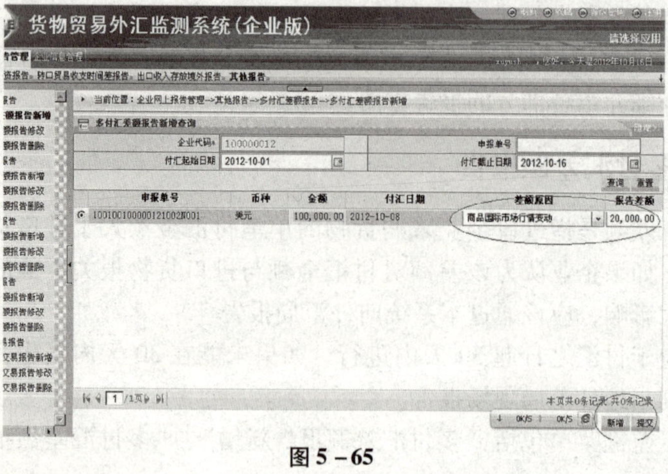

图5－65

（二）多付汇差额报告修改

对于已经向外汇局提供的报告，如果需要修改，可于付汇之日起30天内通过本菜单进行操作。未能在30日内操作的，需要到当地外汇局现场修改。

第一步　打开“其他报告”——“多付汇差额报告”——“多付汇差额报告修改”菜单，录入查询条件，点击窗口中“查询”按钮，符合条件的记录显示在窗口。如图5－66。

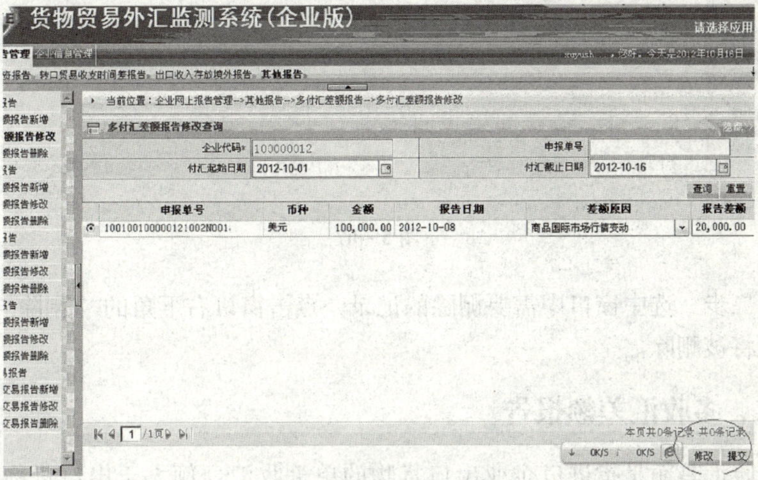

图5－66

第二步　在打开的查询窗口，选中需要修改的记录，点击右下角的“修改”按钮，使窗口变为可编辑状态后，可对差额原因及报告差额进行修改。修改结束后，点击窗口右下角的“提交”按钮，向外汇局提交修改后的报告。

（三）多付汇差额报告删除

对于已经向外汇局报告的数据，如果需要删除，可于付汇之日起30天内通过本菜单进行操作。未能在30天内操作的，需要到当地外汇局现场删除。

第一步，打开“其他报告”——“多付汇差额报告”——“多付汇差额报告删除”菜单，录入查询条件，点击窗口中“查询”按钮，符合条件的记录显示在窗口。如图5－67。

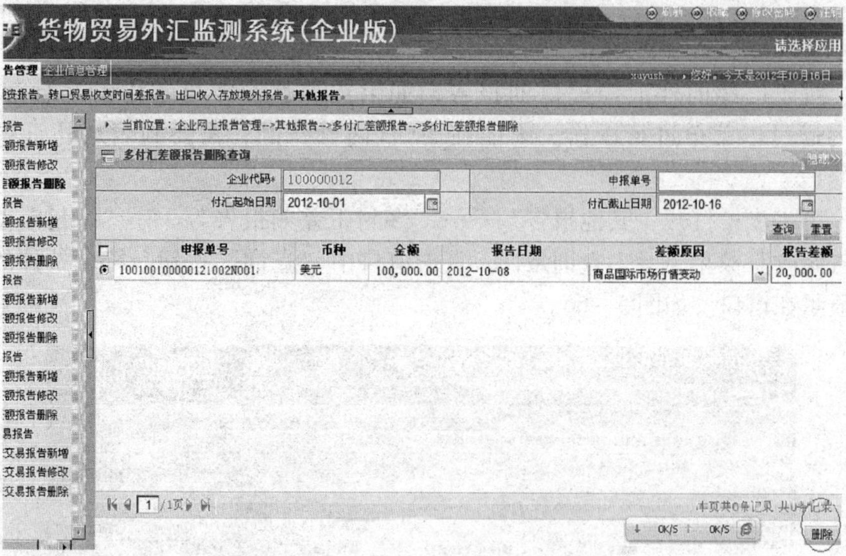

图 5－67

第二步　选中窗口中需要删除的记录，点击窗口右下角的“删除”按钮，该记录将被删除。

二、多收汇差额报告

多收汇差额是指进口企业出口货物的单笔收汇金额大于出口货物报关金额的差额。如果企业认为该差额对收汇与出口货物报关金额的匹配情况产生了较大影响，应该通过本系统向外汇局报告。

报告应在收汇之日起 30 天内进行。如果未在 30 天内报告的，企业需持有关资料到当地外汇局现场报告。

多收汇差额报告包括“多收汇差额报告新增”、“多收汇差额报告修改”、“多收汇差额报告删除”三个子菜单。

（一）多收汇差额报告新增

对于符合条件的收汇差额，可以通过本菜单录入数据后，然后向外汇局提供报告。

第一步　打开“企业网上报告管理”——“其他报告”——“多收汇差额报告”——“多收汇差额报告新增”菜单，录入查询条件，点击窗口中“查询”按钮，符合条件的记录显示在窗口。如图 5－68。

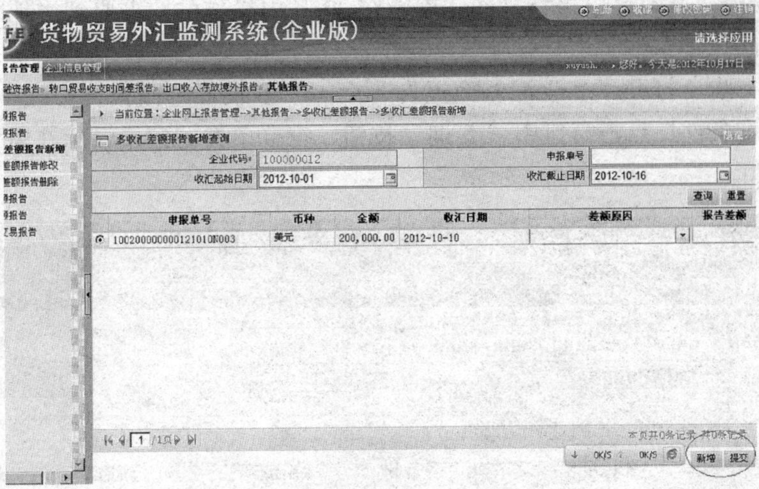

图 5－68

第二步　选中窗口中需要报告的记录，点击窗口右下角的“新增”按钮，使数据行变为橘红色可编辑状态。然后在“差额原因”及“报告差额”栏录入数据。录入结束后，点击窗口右下角的“提交”按钮，向外汇局提交报告。如图 5－69。

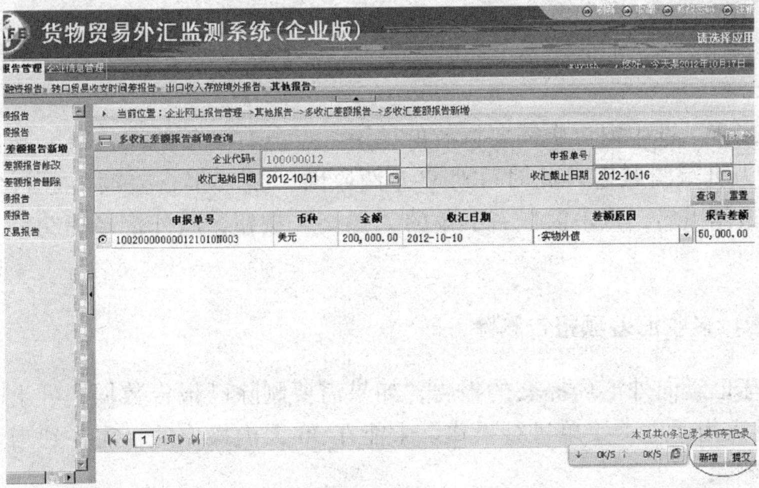

图 5－69

（二）多收汇差额报告修改

对于已经向外汇局提交的报告，如果报告数据需要修改，可于收汇之日起30天内通过本菜单进行操作。未能在30日内操作的，需要到当地外汇局现场修改。

第一步　打开“多收汇差额报告”——“多收汇差额报告修改”菜单，录入查询条件，点击窗口中“查询”按钮，符合条件的记录显示在窗口。如图5－70。

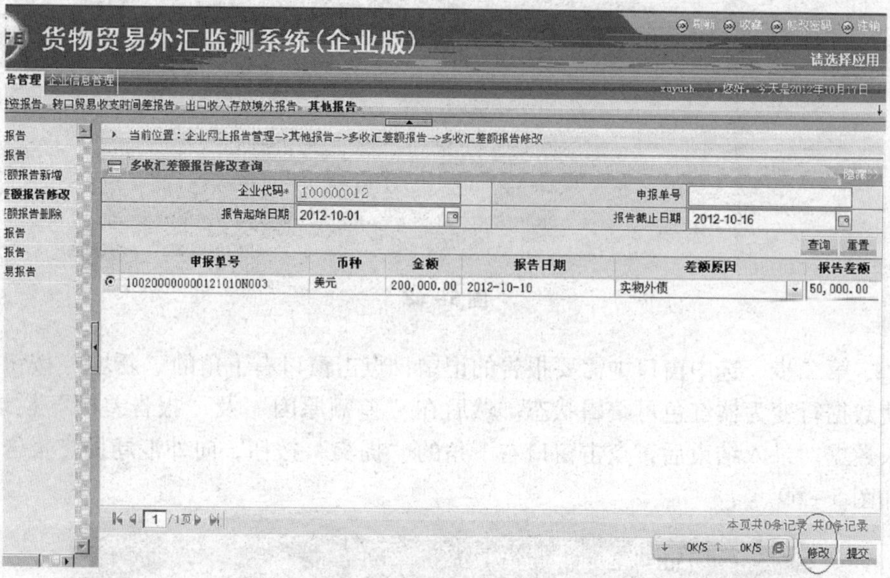

图5－70

第二步　选中窗口中需要修改的记录，点击右下角的“修改”按钮，使窗口变为可编辑状态。此时可对“差额原因”及“报告差额”进行修改操作。修改结束后，点击窗口右下角的“提交”按钮，向外汇局提交修改后的报告。

（三）多收汇差额报告删除

对于已经向外汇局提交的报告，如果需要删除已报告数据，可于收汇之日起30天内通过本菜单进行操作。未能在30天内操作的，需要到当地外汇局现场删除。

第一步　打开“多收汇差额报告”——“多收汇差额报告删除”菜单，录入查询条件，点击窗口中“查询”按钮，符合条件的记录显示在窗口。如图5－71。

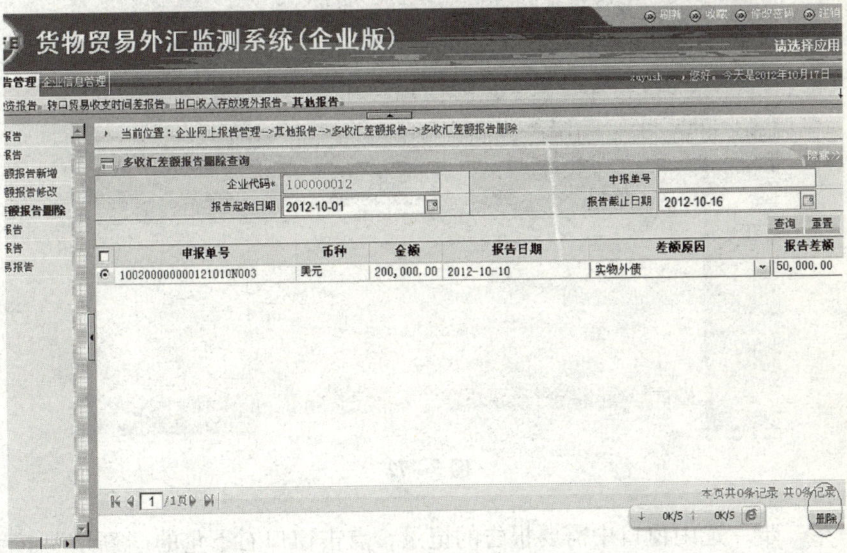

图 5-71

第二步　选中窗口中需要删除的记录，点击窗口右下角的“删除”按钮，完成删除操作。

三、多进口差额报告

多进口差额是指进口货物报关金额大于进口货物付汇金额的部分。如果企业认为该差额对付汇与进口报关金额的匹配能够产生较大影响，可以通过本系统向外汇局报告。

报告应在货物进口之日起 30 天内进行。超过 30 天的，企业应该持有关资料到当地外汇局现场报告。

多进口差额报告菜单包括“多进口差额报告新增”、“多进口差额报告修改”、“多进口差额报告删除”三个子菜单。

（一）多进口差额报告新增

对于符合报告条件的多进口差额，可以通过本菜单录入数据后，向外汇局报告。

第一步　打开“多进口差额报告”——“多进口差额报告新增”菜单，录入查询条件，点击窗口中“查询”按钮，符合条件的记录显示在窗口。如图 5-72。

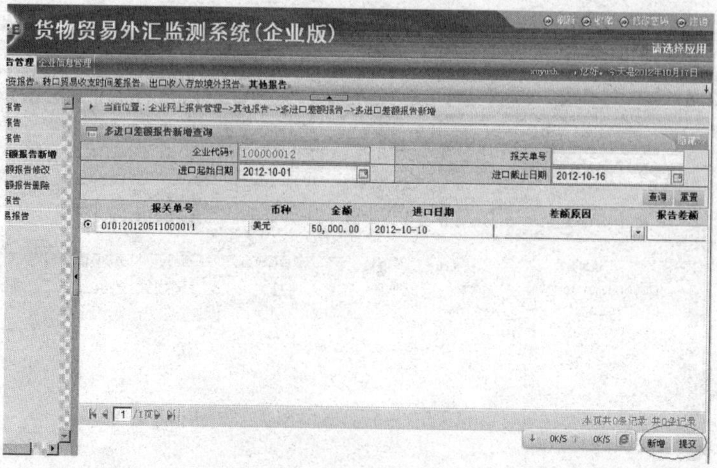

图 5－72

第二步　选中窗口中需要报告的记录，点击窗口右下角的“新增”按钮，使窗口处于可编辑状态。在“差额原因”及“报告差额”栏录入数据后，点击窗口右下角的“提交”按钮，向外汇局提交报告。如图 5－73。

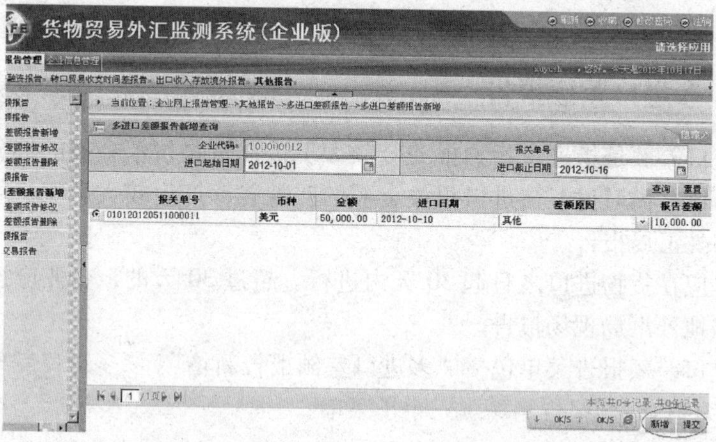

图 5－73

（二）多进口差额报告修改

对于已经向外汇局报告的多进口差额，可于货物进口之日起 30 天内通过本菜单进行修改操作。未能在 30 天内操作的，需要到外汇局现场修改。

第一步　打开“多进口差额报告”——“多进口差额报告修改”菜单，录入查询条件，点击窗口中“查询”按钮，符合条件的记录显示在窗口。如图 5－74。

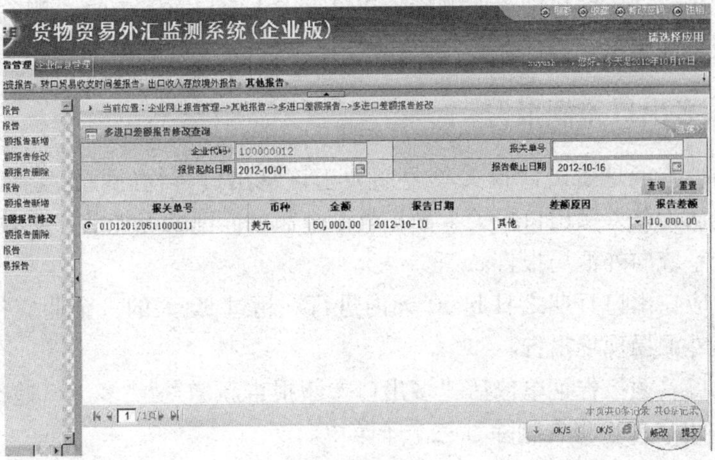

图 5－74

第二步　选中窗口中需要修改的记录，点击窗口右下角的“修改”按钮，对“差额原因”和“报告差额”进行修改后，点击窗口右下角的“提交”按钮，向外汇局提交已修改的报告。

（三）多进口差额报告删除

对于已经向外汇局报告的多进口差额，可于货物进口之日起 30 天内通过本菜单进行删除操作。如果未能在 30 内删除，需要到当地外汇局现场删除

第一步　打开“多进口差额报告”——“多进口差额报告删除”菜单，录入查询条件，点击窗口中“查询”按钮，符合条件的记录显示在窗口。如图 5－75。

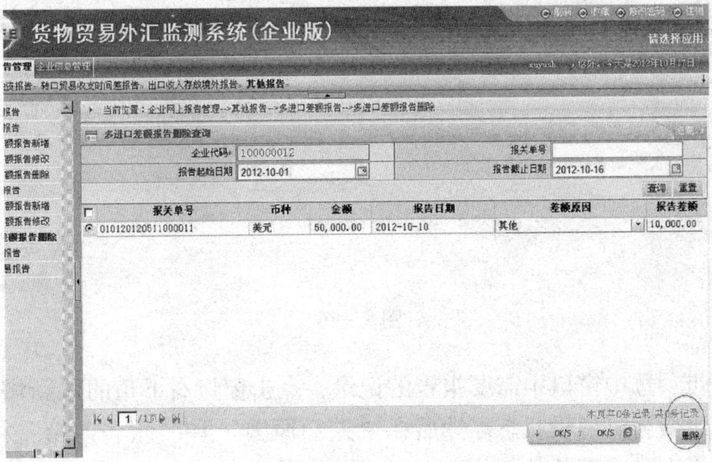

图 5－75

第二步 选中窗口中需要删除的记录，点击窗口右下角的“删除”按钮，所选记录将被删除。

四、多出口差额报告

多出口差额是指出口报关单金额大于该笔出口货物的收汇金额的差额。如果企业认为该差额出口报关金额与收汇金额的匹配情况能够产生较大影响，可以通过系统向外汇局报告。

报告应在出口日期之日起 30 天内进行。超过 30 天的，企业应持有关资料到当地外汇局现场报告。

多进口差额报告菜单包括“多出口差额报告新增”、“多出口差额报告修改”、“多出口差额报告删除”三个子菜单。

（一）多出口差额报告新增

对于符合报告条件的多出口差额，可于货物出口之日起 30 天内，通过本菜单录入数据，向外汇局报告。

第一步 打开“多出口差额报告”——“多出口差额报告新增”菜单，录入查询条件，点击窗口中“查询”按钮，符合条件的记录显示在窗口。如图 5－76。

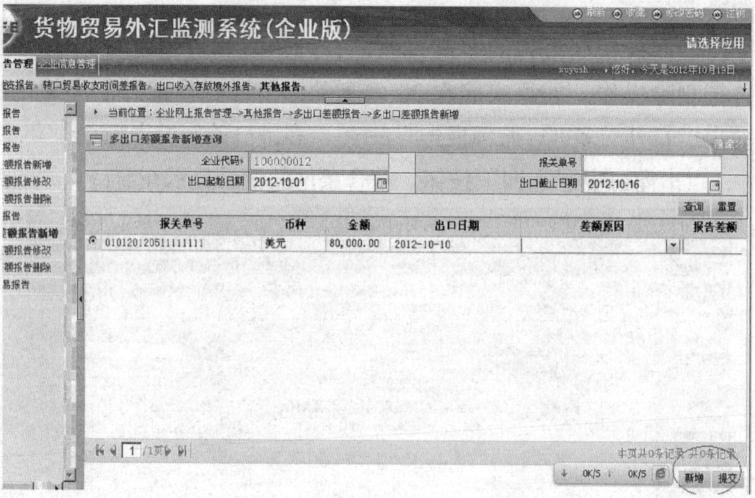

图 5－76

第二步 选中窗口中需要报告的记录，点击窗口右下角的“新增”按钮，使窗口记录变为可编辑状态。然后在“差额原因”和“报告差额”栏录入数据后，点击窗口右下角的“提交”按钮，向外汇局提交报告。如图 5－77。

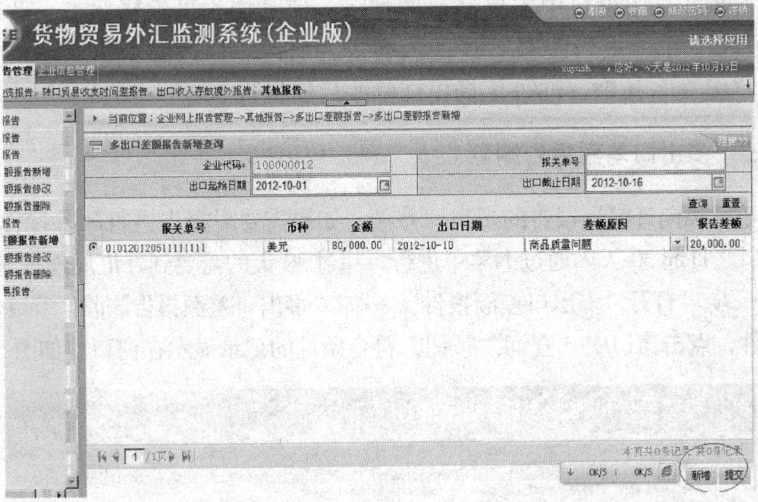

图 5-77

（二）多出口差额报告修改

对于已经向外汇局报告的多出口差额，如果需要对报告加以修改，可于货物出口之日起 30 天内通过本菜单进行操作。超过 30 天的，需要到外汇局现场修改。

第一步　打开“多出口差额报告”——“多出口差额报告修改”菜单，录入查询条件，点击窗口中“查询”按钮，符合条件的记录显示在窗口。如图 5-78。

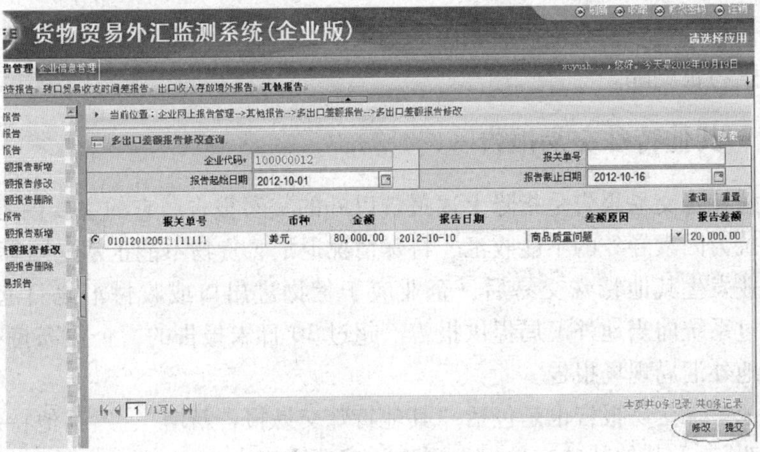

图 5-78

第二步　选中窗口中需要修改的记录，使其变为可编辑状态，此时可对“差额原因”和“报告差额”栏的内容进行修改。修改结束后，点击窗口右下角的“提交”按钮，向外汇局提交修改后的报告。

（三）多出口差额报告删除

对于已经向外汇局报告的多出口差额，如果需要对报告进行删除操作，可于货物出口之日起30天内通过本菜单进行。超过30天的需要到外汇局现场删除。

第一步　打开“多出口差额报告”——“多出口差额报告删除”菜单，录入查询条件，点击窗口中“查询”按钮，符合条件的记录显示在窗口。如图5－79。

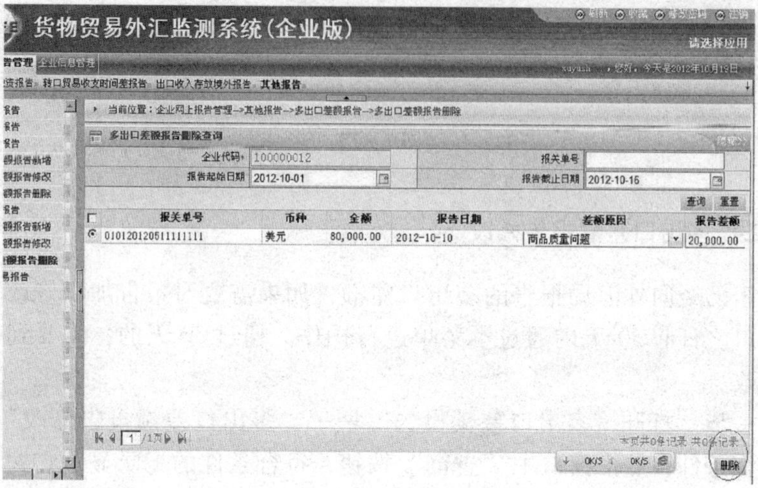

图5－79

第二步　选中窗口中需要删除的记录，点击窗口右下角的“删除”按钮，记录数据将被删除。

五、其他特殊交易报告

其他特殊交易报告是指除上述报告以外的交易报告。它的主要内容包括：因不可抗力因素导致的不能收汇、特殊情况退汇、货物不能正常退回等。

企业发生其他特殊交易后，企业应于货物进出口或收付汇之日起30日内，通过系统向当地外汇局提供报告。超过30日未报告的，企业需持有关资料到当地外汇局现场报告。

其他特殊交易报告也是包括“其他特殊交易报告新增”、“ 其他特殊交易报告修改”、“ 其他特殊交易报告删除”三项内容。

(一) 其他特殊交易报告新增

企业发生其他特殊交易时，企业应该就特殊交易情况，在本菜单录入数据后，向当地外汇局进行报告。

第一步　打开“其他特殊交易报告”——“其他特殊交易报告新增”菜单。录入查询条件后，点击窗口中“查询”按钮，符合条件的记录显示在窗口。录入查询条件时，“类型”栏目内容必须选择。如图 5－80。

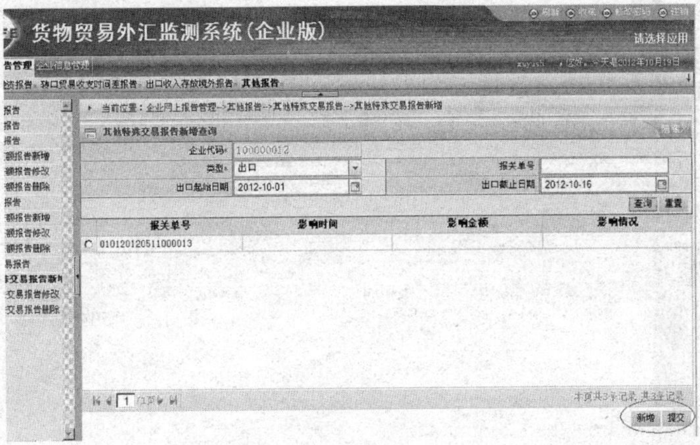

图 5－80

第二步　选中窗口中需要增加的记录，点击窗口右下角的“新增”按钮，使窗口记录变为橘红色可编辑状态。然后在“影响时间”、“影响金额”、“影响情况”栏目录入相应数据，点击窗口右下角的“提交”按钮，向外汇局提交报告。如图 5－81。

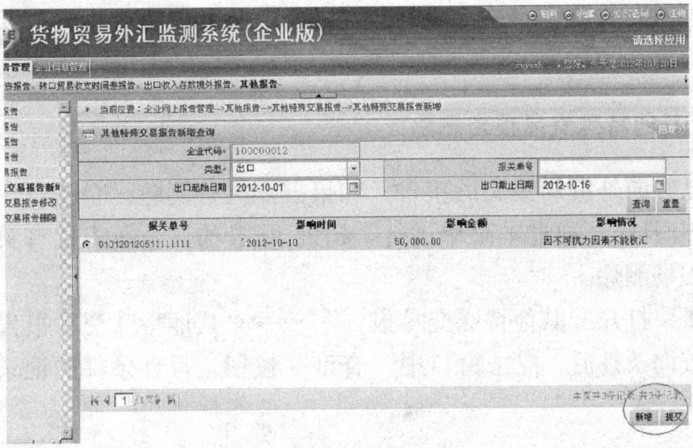

图 5－81

（二）其他特殊交易报告修改

对于已经向外汇局提交的报告，如果需要进行修改，企业可于货物进出口或收付30日内，通过本菜单进行。超过30日的，企业需持有关资料到当地外汇局现场修改。

第一步　打开“其他特殊交易报告”——“其他特殊交易报告修改”菜单。录入查询条件后，点击窗口中“查询”按钮，符合条件的记录显示在窗口。如图5－82。

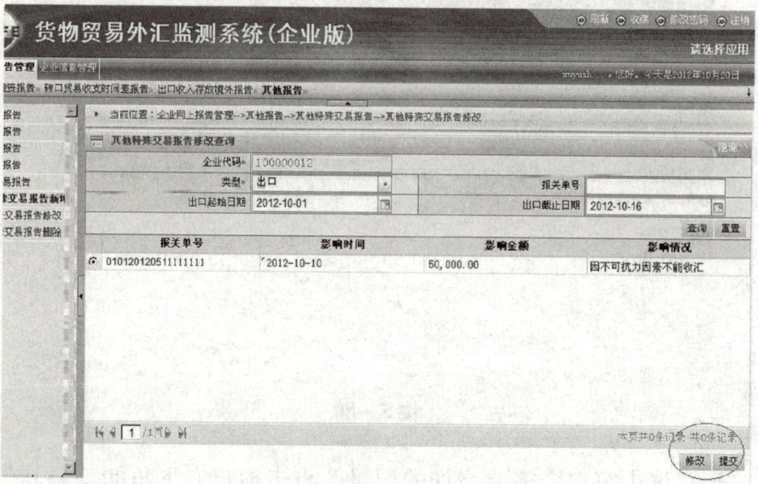

图5－82

第二步　选中窗口中需要修改的记录，点击窗口右下角的“修改”按钮，使窗口的数据栏变为可编辑状态。此时可对“影响时间”、“影响金额”、“影响情况”栏进行修改。修改结束后，点击窗口右下角的“提交”按钮，向外汇局提交修改后的数据。

（三）其他特殊交易报告删除

对于已经向外汇局提交的报告，如果需要进行删除，企业可于货物进出口或收付30日内，通过本菜单进行。超过30日的，企业需持有关资料到当地外汇局现场删除。

第一步　打开“其他特殊交易报告”——“其他特殊交易报告删除”菜单。录入查询条件后，点击窗口中“查询”按钮，符合条件的记录显示在窗口。如图5－83。

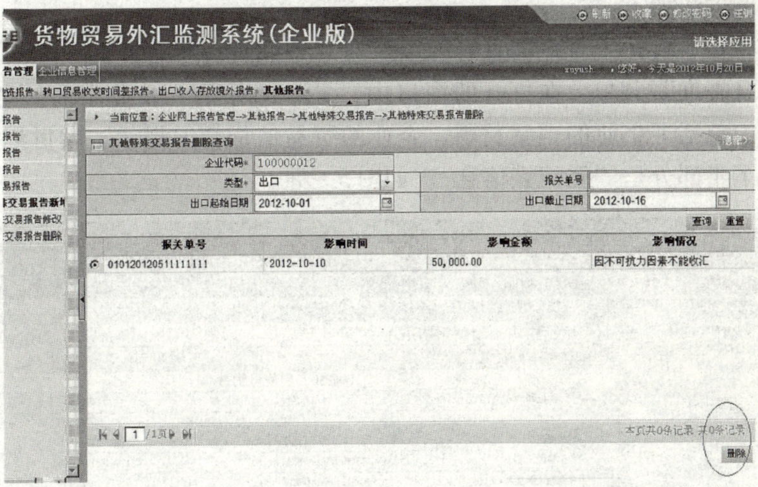

图 5-83

第二步　选中窗口中需要删除的记录，点击窗口右下角的“删除”按钮，该记录将被删除掉。

第六节　企业信息管理的操作

企业信息管理模块是进出口企业用来查询各种信息的地方。这些信息涉及企业档案信息、各种指标及数据、外汇局核查信息及公共信息等。

企业信息管理模块包括“企业管理状态查询”、“登记表签发情况查询”、“现场核查信息接收与反馈”、“外汇局公告信息查询”、“企业留言”五个菜单。每个子模块又包含若干子菜单。

下面详细介绍各菜单及子菜单的具体应用。

一、企业管理状态查询

本菜单是用来查询企业档案信息和登记表信息、外汇局公布的对企业各月份的业务指标的总量核查情况、企业最近 12 个月的基础数据等。

本菜单包括“基础管理信息查询”、“业务指标情况”、“基础业务数据”三个下拉菜单。

（一）基础管理信息查询

基础管理信息查询用来查询企业的档案信息和登记表信息。

查询方法如下：

第一步　打开“企业信息管理”——“企业管理状态查询”——“企业管理信息查询”菜单。在打开的窗口中，上半部分是“企业当前信息状态”表，表中包括了企业的档案材料、企业的贸易信贷情况提示、收付汇余额情况等；下半部分是“登记表信息”。如图5－84。

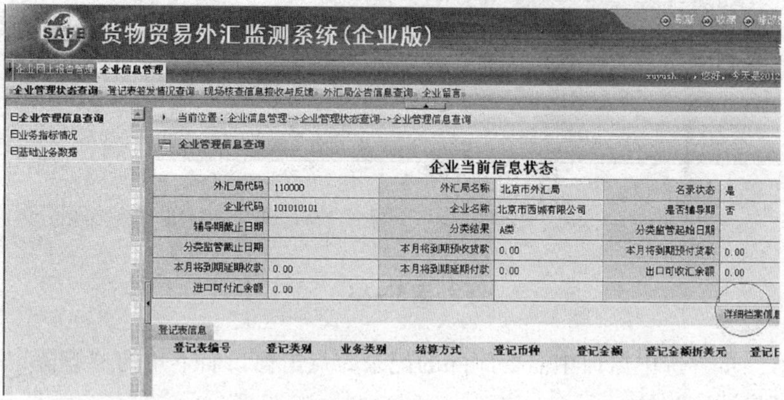

图5－84

第二步　点击“详细档案信息”按钮，可以查看企业档案的详细内容。如图5－85。

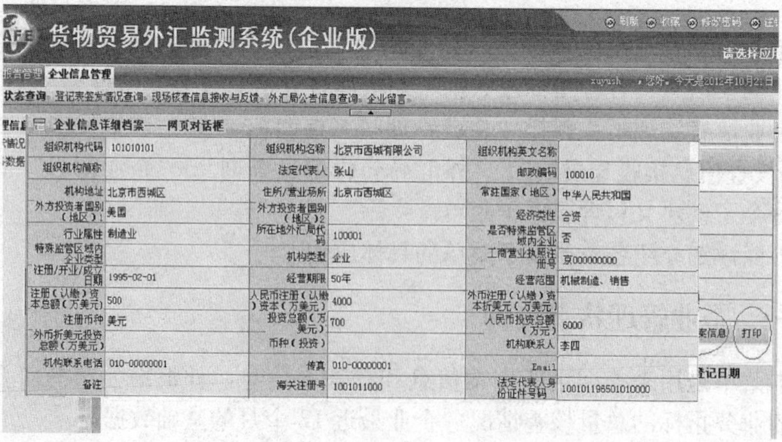

图5－85

第三步　点击窗口中的“登记表信息”，系统将显示尚未到期的登记表和过期尚未超过一个月的登记表信息记录。点击登记表编号，可以查看登记表的详细信息内容。如图5－86。

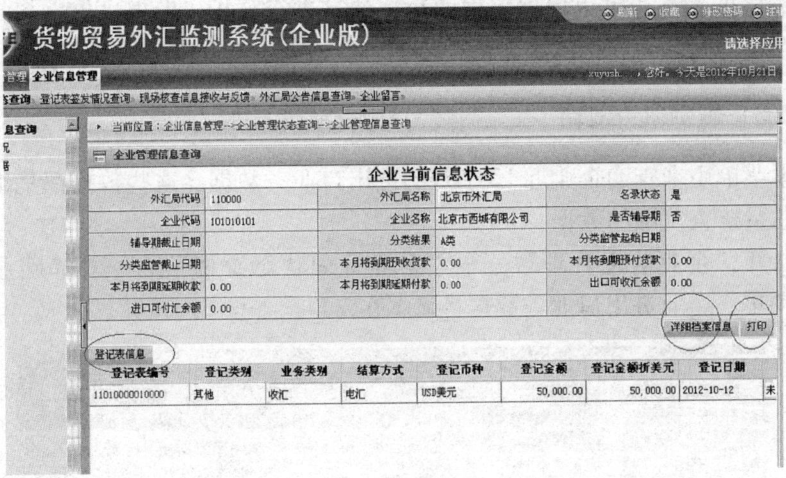

图 5-86

（二）业务指标情况

通过本菜单可以查询企业最新核查月份的、外汇局非现场监测与核查的业务指标情况。

第一步　打开“企业信息管理”——“企业管理状态查询”——“业务指标情况”菜单，进入业务指标显示窗口。窗口上半部分为“总量核查信息”；中间部分为“分项及报告业务监测信息”；下半部分为“企业报告基本信息”（注：因图片过大，下半部分省略）。如图 5-87。

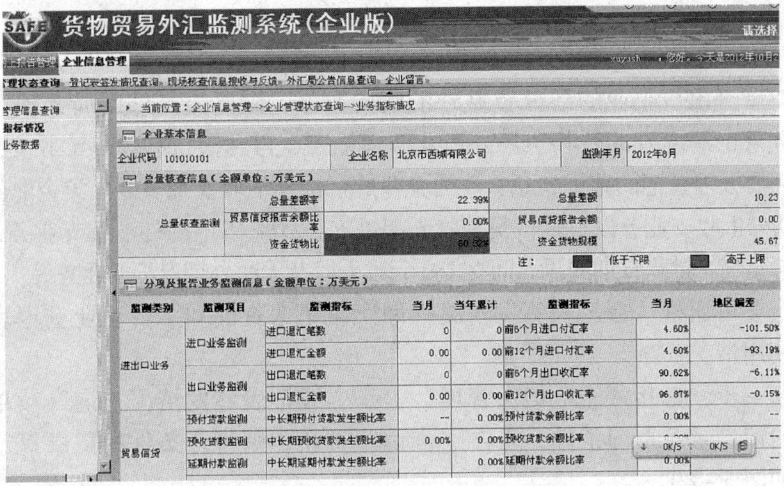

图 5-87

第二步 企业可以根据表中的数据信息进行分析，发现进出口与收付汇之间存在的问题并找出解决方法，否则可能被外汇局列为重点监测范围。

（三）基础业务数据

本菜单用来查询企业近 12 个月的进出口业务数据。这些数据都是纳入外汇局总量核查范围的数据。

打开“企业信息管理”——“企业管理状态查询”——“基础业务数据”菜单，企业进出口业务数据将显示在窗口。如图 5－88。

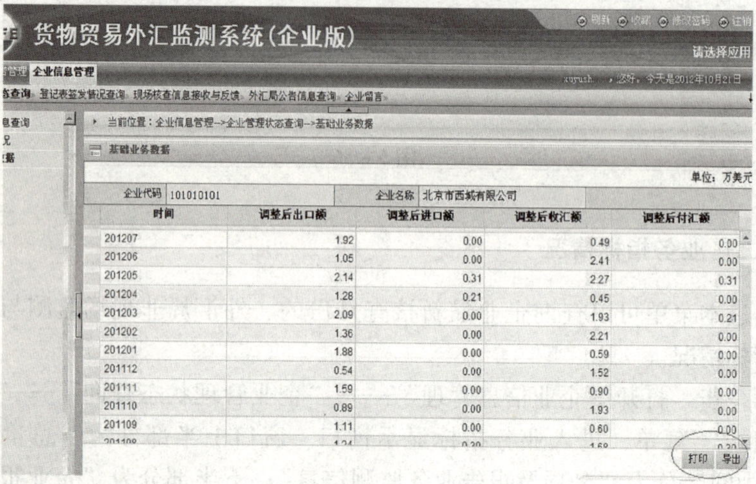

时间	调整后出口额	调整后进口额	调整后收汇额	调整后付汇额
201207	1.92	0.00	0.49	0.00
201206	1.05	0.00	2.41	0.00
201205	2.14	0.31	2.27	0.31
201204	1.28	0.21	0.45	0.00
201203	2.09	0.00	1.93	0.21
201202	1.36	0.00	2.21	0.00
201201	1.88	0.00	0.59	0.00
201112	0.54	0.00	1.52	0.00
201111	1.59	0.00	0.90	0.00
201110	0.89	0.00	1.93	0.00
201109	1.11	0.00	0.60	0.00

图 5－88

二、登记表签发情况查询

对于进出口企业的部分贸易外汇收支业务，需要先到外汇局办理登记手续，凭外汇局签发的货物贸易外汇业务登记表，再到银行办理外汇收支手续。

需要办理登记的范围包括：C 类企业的全部外汇收支业务、B 类企业的超过额度的外汇收支业务以及转口贸易收入超过支出 20% 以上的外汇收支业务、退汇日期与原收、付款日期间隔时间在 180 天以上以及无法办理退汇的业务等。

企业可通过“登记表签发情况查询”菜单来查询和了解企业登记表的签发和使用情况。

第一步 打开“企业信息管理”——“登记表签发情况查询”菜单。在打开的窗口录入查询条件，点击“查询”按钮，则符合条件的记录显示在窗口。如图 5－89。

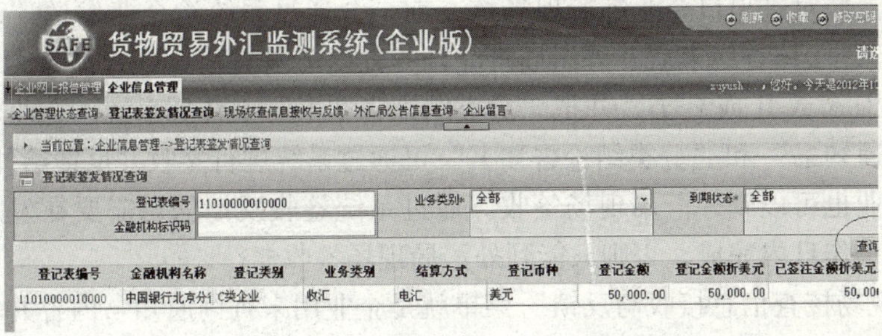

图 5－89

第二步　点击“登记表编号”，可以查看登记表的详细内容。如图5－90。

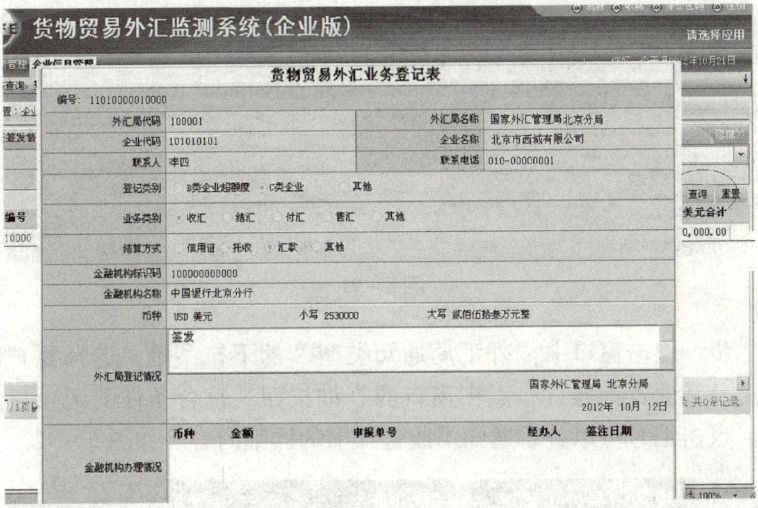

图 5－90

三、现场核查信息接收与反馈

现场核查是外汇局对于企业的监管手段之一。外汇局对于非现场监测中发现有异常交易等行为，认为需要现场核查时，可以采用这种手段。

现场核查的条件主要有以下几种情况：一是任意一个总量核查指标与本地区指标范围的差额超过 50% 以上。二是任意一个总量核查指标在连续四个核查期内均超过本地区指标范围。三是贸易信贷余额比率超过 25%。四是一年以上的贸易信贷发生额比率大于 10%。五是来料加工工缴费率大于 30%。六是转口贸易收支差额占支出的比率大于 20%。七是单笔退汇金额大于等值 50 万美元且退汇笔数大于 12 次。八是外汇局认为需要进行现场核查的其他情况。

外汇局对进出口企业进行现场核查前，会通过系统给企业发送“现场核查通知书”。核查结束后，外汇局将综合各方面情况对企业进行预分类，确定企业属于A或B或C类，并把“分类结论告知书”上传到系统。企业对“现场核查通知书”和“分类结论告知书”可通过系统进行签收并反馈给外汇局。当然企业也可以到外汇局现场签收。通过系统签收反馈信息需要在发放之日起3个工作日内完成，否则只能到外汇局现场签收。

“现场核查信息接收与反馈”菜单就是企业用来查询通知书内容并签收并反馈给外汇局的工具。

第一步　打开“企业信息管理”——“现场核查信息接收与反馈”菜单，系统将显示现场核查信息接收与反馈窗口。如图5－91。

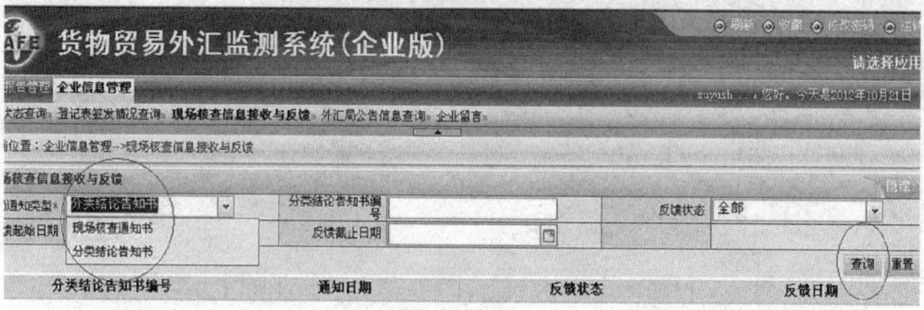

图5－91

第二步　点击窗口中“外汇局通知类型”的下拉菜单，选择要查询的通知书种类及其他查询条件，点击窗口的查询按钮，符合条件的记录显示在窗口下部。点击编号可以查看通知书或告知书的详细内容。如图5－92。

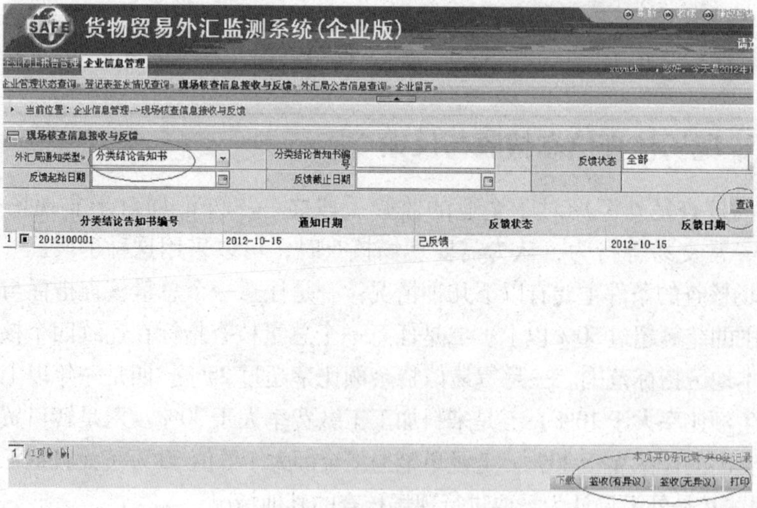

图5－92

第三步　选中窗口中需要签收的记录，点击窗口右下角的“签收”按钮，系统将签收记录反馈给外汇局。需要说明的是，“分类结论告知书”的签收与“现场核查通知书”略有区别，它包括有异议签收和无异议签收两种情况。如果企业对于外汇局的分类有异议，可以点击“签收（有异议）”按钮，同时在“企业留言”模块里给外汇局做有异议留言，并于签收后的7个工作日内到外汇局申述。

四、外汇局公告信息查询

公告信息管理功能是监测系统设置的与银行和企业的交流平台。外汇局通过系统的这一功能，可以实时发布与企业有关的公告、政策、通知等信息。企业可以通过系统，实时关注和查询这些信息。

查询方法如下：

第一步　打开“企业信息管理”——“外汇局公告信息查询”菜单，打开公告信息查询查询窗口。

第二步　在打开的窗口中录入查询的起止日期，点击窗口的“查询”按钮，符合条件的记录将显示在窗口下部。点击公告标题可以查看公告详细内容。如图5－93。

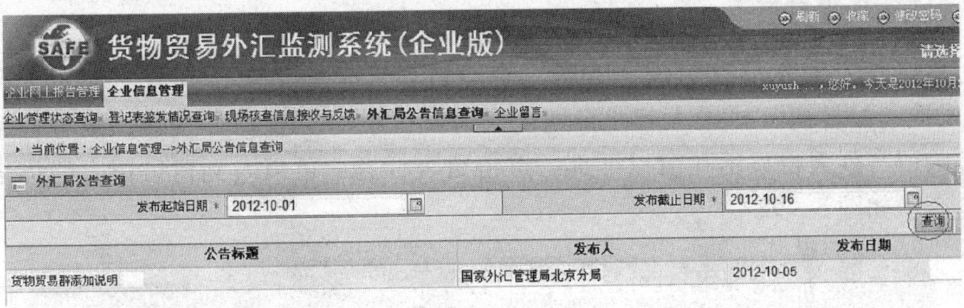

图5－93

五、企业留言

“企业留言”模块是企业与外汇局进行双向交流的地方。企业通过留言，可以向外汇局进行业务咨询、政策了解、意见反馈等。

“企业留言”包括“新建留言”和“留言查询”两个菜单。“新建留言”菜单用于企业增加新的留言。“留言查询”用来对已经向外汇局发送的留言进行查询。

（一）新建留言

打开“企业信息管理”——“企业留言”——“新建留言”菜单。在打开的窗口中录入留言标题和留言内容后，点击窗口右下角的“发送”按钮，完成新增留言操作。如图5-94。

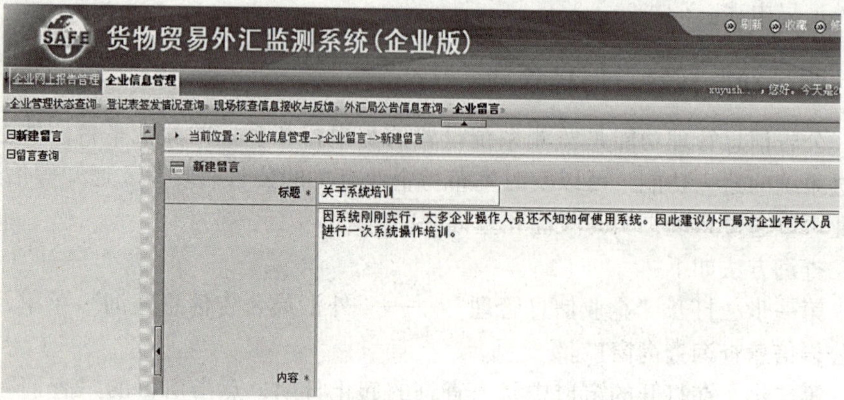

图5-94

（二）留言查询

打开“企业信息管理”——“企业留言”——“留言查询”菜单。在“发送起始日期”栏录入起止日期，点击窗口中的“查询”按钮，则符合条件的留言列表将显示在窗口下部。点击留言标题，可以看到窗口留言的详细内容。如图5-95。

图5-95

第七节　系统经常遇到的问题

一、登录后找不到系统

许多企业的操作人员在登录国际外汇管理局应用服务平台后，找不到系统“货物贸易外汇监测系统”。这主要是由操作者的登录身份错误造成的。如果要操作监测系统，以原来办理服务平台上的“国际收支网上申报系统”时的管理员身份登录平台后，是看不到监测系统的。要想操作系统，必须以管理员身份进入系统设置操作员，设置完成后退出系统，再以操作员身份登录系统，这样才能看到监测系统并操作它。

二、系统的录入、查询问题

登录系统后，在录入数据时，一定注意日期问题。只有在规定的时间内完成数据录入，数据才是有效的。如贸易信贷报告录入时 30 天内和 30 天（不含）后的区别。

查询数据时，如果以日期查询，起止日期不能超过 30 天，即使查询月份为 31 天也是如此。查询时如果录入起止时间或报关单号、合同号等查询，可以直接查询。如果以其他方式查询，还必须同时录入查询起止日期后才能查询。

三、录入数据的修改、删除、调整

企业通过系统的企业版录入的数据，可以通过企业版进行修改、删除、调整操作。如果是在外汇局的系统录入的数据，则在企业版不能进行上述操作，只能到外汇局的系统才能操作。

四、系统数据的导出和打印

企业在系统录入的数据或外汇局反馈的信息等是可以导出或打印的，企业如果需要这项操作，首先要看操作窗口右下角有没有“导出”或“打印”按钮，如果有就可以导出或打印。操作前，一定要点击窗口列表中号码栏的数据，打开记录之后再进行导出或打印。

五、各种报告的重复录入问题

系统包括贸易信贷与融资报告、转口贸易收支时间差报告、进出口与收付汇差额报告、特殊贸易报告等。在这些报告中，有些是可以重复报告的，有些则不能重复。下面简单说一下各报告的关系。

在这四类报告中，特殊贸易报告是兼容性最强的，与其他报告都可以重复报告。

贸易信贷报告和转口贸易收支时间差报告除彼此兼容外，还可以同时与特殊贸易报告重复报告。

进出口与收付汇差额报告是兼容性最差的，它只可以与特殊贸易报告重复报告，与贸易信贷报告与转口贸易收付汇差额报告都不能重复报告。

第六章

免抵退税业务的账务处理

第一节　免抵退税会计科目设置

一、外销与内销会计科目设置的差别

外贸型生产企业和生产型非外贸型企业的会计核算过程基本上是一样的，只是在销售环节有所差别。

在对出口销售收入进行账务处理时，所使用的一级会计科目与一般生产企业也基本相同，不同之处主要体现在二级或三级会计科目的使用上。免抵退业务的账务处理增加了几个专用二级或三级会计科目，这是因核算的具体内容的差异而决定的。

特别需要说明的是，进料加工业务所使用的会计科目虽然不用专门设置，但由于其耗用的原材料等主要是免税进口，而免税进口料件要求专料专用，并且又处于海关的监管之下，所以做进料加工的账务处理时，一定要在明细科目中注明是进料加工字样，如果不同的手册进口同一种料件，最好还要注明手册号或合同号。

对于有一定会计基础的会计人员，对这些会计科目的使用，理解起来是比较容易的。而对于会计新手来说，理解起来可能就困难一些。这就要求新入行的会计从业者，一方面要加强理论学习，一方面要在会计工作实践中多做多练，在账务处理过程中慢慢去体会和理解。

二、免抵退税使用的会计科目

（一）其他应收款——应收出口退税

本科目是用来对免抵退税企业所发生的退税收入进行核算。在新的会计准则出台以前，企业的退税收入是在“应收补贴款”科目里核算的。新会计准则取消了这一科目，这部分内容合并到了“其他应收款”科目统一核算。但新会计准则只列出了一级会计科目，而对子科目以下的内容没有做出强制规定。这主要是为了企业操作上的方便。所以在“其他应收款”科目下，我们设“应收出口退税”二级科目，专门核算企业的出口退税。

本科目借方反映的是企业因出口业务而发生的退税，贷方反映的是企业收到的退税收入。余额在借方，反映尚未收到的出口退税。

（二）主营业务收入——外销收入（或内销收入）

它主要核算企业在生产经营活动中所取得的营业收入。生产企业也可以改用“产品销售收入”科目。在其项下设置“外销收入”、“内销收入”等二级科目，用来专门核算企业出口产品的销售收入，以区别内销产品的收入。

本科目贷方登记企业销售产品取得的收入，借方登记期末结转“本年利润”的金额或退关退运、折让的金额。本科目期末结转后没有余额。

小贴士

“产品销售收入”与“主营业务收入”的差别：对销售收入，新的会计制度只规定了“主营业务收入”科目，主要原因是新的会计制度不再按行业划分。但会计制度同时也规定了在不影响会计核算要求的前提下，可以根据实际情况自行增设、减少或合并某些会计科目。因此，企业使用原会计制度规定的会计科目。例如“产品销售收入”等。

（三）主营业务成本——外销成本

与“主营业务收入”一样，“主营业务成本”科目核算的是企业已销售的产品的成本。其项下设“外销产品成本”用来专门核算企业出口产品的成本。

本科目借方登记企业销售产品发生的成本，贷方登记期末结转“本年利润”科目的金额或退关退运、折让的金额。本科目期末结转后没有余额。

（四）主营业务成本——进项税转出

对于不是全额退税的企业，也就是说退税率不到17%的企业，其外销产品收入乘以征、退税率之间的差额，其结果即为不得免征和抵扣税额。根据规定，不得免征和抵扣税额在会计核算中也计入“主营业务成本”科目。

（五）应缴税费——应缴增值税——出口递减内销产品应纳税额

“出口递减内销产品应纳税额”作为“应缴税金”的三级科目，是出口企业专用的会计科目。它反映的是因出口所产生的免抵退税额大于当期留抵税额而形成的免抵税额。它只有借方金额而不记贷方金额，期末也不用做单独转出。

小贴士

许多会计新手有疑问：为何只记本科目借方金额而没有贷方金额？其实这个三级科目只是用来反映一下出口免抵额，它只在“应缴税金”账户的多栏式账页中占用一栏，不需要单独记账。因此它虽然只是在借方记账，但并不影响“应缴税金”账户的借贷平衡。

（六）应缴税费——应缴增值税——出口退税

本科目是与“其他应收款——应收出口退税”及“应缴税费——应缴增值税——出口递减内销产品应纳税额”对应使用的会计科目。它反映的是根据当期收齐单证的出口产品而计算的免抵退税额。本科目贷方登记当期免抵退税额，不记借方金额，期末不用单独做转出。

小贴士

有些会计新手还有疑问：免抵额借方和贷方都是“应缴税金”科目，这笔分录可以省略不做吗？答案是不可以。如果省略了这一步，就没办法反映出免抵额是多少了。

（七）其他会计科目

除了以上免抵退税专用会计科目以外，还会用到其他一些通用会计科目，如“材料采购”、“原材料”、“银行存款”、“现金”、“应收账款”等。这些会计科目的用法与内销货物的用法是完全一样的，在此不再赘述。

小贴士

二级以下的会计科目设置，既然法规没有作出规定，那就是把权力下放给企业的会计了，这就给了会计人员发挥的空间。如“产品销售收入”下出口销售可以“外销收入”也可以改为“出口收入”等。不过权力不能滥用，科目名称一定要根据核算内容来定。

第二节 出口销售的账务处理

出口销售的账务处理，是出口退税的计算过程，也是出口企业会计核算的重要组成部分。鉴于一般贸易和进料加工贸易是出口企业计算退税的主要贸易方式，所以我们在这里只介绍这两种贸易方式的账务处理方法，而对来料加工、转厂等其他贸易方式的账务处理就不再提及。

一、账务处理前的准备工作

货物出口后，会计部门要于出口当月做出账务处理。在进行账务处理之前，有一些准备工作要做。

第一，货物出库后，要准备出口货物的出库单或销售单据的出库联，作为结转出口货物成本的依据。

第二，货物出口后，要根据企业有关业务部门提供的出口合同、形式发票、装箱单等单据，开具出口商品专用发票，作为结转销售和申报退税的依据。

第三，向货运公司索要货物运单或提单，这是出口货物确认销售收入的前提条件。在实际操作中，由于许多生产企业不是自己报关，而是委托报关行或货代公司代理报关，这就造成企业不能及时拿到货运单据。在这种情况下，出口企业可根据与代理单位预定的订舱时间或直接向代理公司电话询问出口的具体日期，来确认该批货物是否列入当月的销售收入。

小贴士

生产企业出口货物需要准备两种发票：一是英文形式的发票，用来报关及交客户使用；二是出口商品专用发票，用来结转销售及做退税申报用。前者是企业按一定格式自制的，后者是到税务局购买的。

二、一般贸易的账务处理

（1）货物出口并确认销售收入实现时，根据出口专用发票计算并结转外销收入：

外销收入＝出口货物的外币 FOB 价×外币汇率

借：应收账款（或银行存款、现金、预收账款）——××公司

贷：主营业务收入——外销收入

（2）根据出库单等，结转出口货物的成本：

借：主营业务成本——外销成本

贷：库存商品——××商品

小贴士

工业企业原来的会计科目是“产成品”，新会计制度统一改用了原来商业企业使用的会计科目“库存商品”，但工业企业可以依照会计法规规定，继续按原来的习惯设置“产成品”科目。

（3）根据出口货物的外币 FOB 价格和汇率计算的人民币金额，以及出口货物的征收率和退税率的差额，计算免抵退税不得免征和抵扣税额：

免抵退税不得免征和抵扣税额 = 当期出口货物的外币 FOB 价 × 汇率 ×（出口货物征税税率 - 出口货物退税税率）

借：主营业务成本——进项税额转出

贷：应缴税费——应缴增值税——进项税额转出

（4）根据税务机关审核通过的收齐单证出口货物汇总表计算免抵退税额。

免抵退税额 = 当期出口货物的 FOB 价 × 汇率 × 出口货物退税率

（5）根据免抵退税额和当期留抵税额，计算当期应退税额和免抵额。

当期留抵税额≤免抵退税额时，应退税额 = 留抵税额，免抵税额 =（免抵退税额 - 留抵税额）。

当期留抵税额 > 免抵退税额时，应退税额 = 免抵退税额。没有免抵税额，差额部分继续留抵。

借：其他应收款——应收出口退税

应缴税费——应缴增值税——出口抵减内销产品应纳税额

贷：应缴税费——应缴增值税——出口退税

三、进料加工贸易的账务处理

由于进料加工业务的特殊性，我们应该从料件进口时开始介绍。介绍时只涉及进口料件的核算，其他原辅材料、人工费及制造费用等成本项目在这里不再赘述。

（1）免税料件进口时：根据进口形式发票及海关完税凭证等计算结转进口料件成本（以按实际成本计价为例）。

借：原材料——进料加工——××料件

应缴税费——应缴增值税——进项税（免税进口不需做此步）

贷：银行存款——外币账户

或应付账款——××公司

小贴士

工业企业的进口关税不通过“应缴税费”科目核算，直接列入原材料成本。如果按计划成本计价，则列入“材料采购”成本。

（2）产品销售出境，根据出口专用发票等计算结转销售收入。

借：应收账款——××公司

贷：主营业务收入——外销收入

（3）根据出口单等结转出口销售产品的成本

借：主营业务成本——外销成本

贷：库存商品——××产品

（4）根据进口料件、出口产品的销售收入、征税税率、退税税率等，结转进料加工出口货物不得免征和抵扣税额（详见第一章的计算方法）。

借：主营业务成本——进项税额转出

贷：应缴税费——应缴增值税——进项税额转出

（5）根据税务机关审核通过的收齐单证出口货物免抵退税汇总表以及根据进口料件、出口产品的销售收入、征税税率、退税税率等，结转出口退税额和免抵税额。

借：其他应收款——应收出口退税

应缴税费——应缴增值税——出口抵减内销产品应纳税额

贷：应缴税费——应缴增值税——出口退税

（6）进口料件转内销的账务处理。

进料加工贸易的进口料件及加工的产成品，按照规定只能做出口销售而不能内销。当有些特殊情况如产品质量问题等因素，造成产品不能出口时，经外贸部门及手册备案海关的允许，补交进口税款及其他要求补办的手续后，也可以内销。

另外，加工过程中产生的废料或余料，在海关手册核销后或经批准同意后，也可以销售。

账务处理为：

补缴进口增值税及关税

借：应缴税费——增值税——进口增值税

　　应缴税费——进口关税

　　贷：银行存款——人民币户

　　　　加工的产品销售与其他产品内销的处理方法相同。

废料和边角料销售参照材料销售处理：

借：银行存款——人民币户

　　贷：其他业务收入

能核算成本的，通过“其他业务成本”科目处理，不能核算成本的，可以省略。

第三节　出口货物冲减的账务处理

在第二章中我们对免抵退税系统出口冲减的原因和方法做了介绍，这里再介绍一下出口冲减的账务处理。

在系统中进行冲减操作时，不同的冲减原因操作方法是不一样的。在做冲减的账务处理时，也要视冲减情况作不同的账务处理。但并不是说系统做了冲减就一定要做冲减的账务处理，是否做账务处理要看冲减后是否影响到损益的计算。如果影响到了损益，如退运退关、出口金额错误、退税率错误等，就要做账务处理。如果是因为商品代码错误、收齐标志错误、单号错误、发票号码错误、出口申报与报关单录入笔数差错等原因而做的冲减，就无须做账务处理。

有些情况下，账务上做了冲减处理，但根据权责发生制等会计原则，免抵退税系统不需要做冲减操作，如记账时的数据错误、跨年度冲减等，都是如此。

下面就本年度冲减和跨年度冲减的不同会计处理方法分别进行介绍。

一、本年度冲减的账务处理

本年度冲减，也要看冲减的具体原因来做账务处理。如果是因为系统录入时数据计算错误而造成销售收入错误，冲减销售收入并在系统中做冲减操作。如果冲减不涉及系统的数据，不用在系统里做冲减。因为冲减而影响的免抵退税不得免征和抵扣税额以及免、抵、退税额等，不用单独做账务处理，可以凭当月的免抵退税汇总表入账，汇总表里已包括了冲减的数据。

借：应收账款——××公司　　　　　　　　　　　　　　　　（红字）

　　或银行存款

贷：主营业务收入——外销收入　（红字）

如果是对退关退运的货物所做的冲减，还需对该货物已结转的销售成本进行冲减。

借：主营业务成本——外销成本　（红字）

贷：库存产品　（红字）

二、跨年度冲减的账务处理

对上年度数据的冲减，与本年度数据冲减的账务处理有所不同。冲减所涉及的损益类会计科目都是通过“以前年度损益调整”科目来核算的。

前文说过，对上年度数据的冲减，只需做账务处理，不用在免抵退税系统做冲减处理。

在录入纳税申报表附表2时，不能把冲减上年的“免抵退税不得免征和抵扣税额”与本年度的混在一起，应该在纳税调整栏里录入。

具体处理如下：

（1）冲减销售收入：

借：应收账款——××公司　（红字）

或银行存款

贷：以前年度损益调整　（红字）

（2）销售收入乘以征退税率之差的冲减：

借：以前年度损益调整　（红字）

贷：应缴税费——应缴增值税——进项税额转出　（红字）

（3）免抵税额的冲减：

借：应缴税费——应缴增值税——出口抵减内销产品应纳税额　（红字）

贷：应缴税费——应缴增值税——出口退税　（红字）

（4）补缴已退税款：

借：应缴税费——应缴增值税

贷：银行存款——人民币户

第四节　出口转内销的账务处理

出口转内销是指因逾期未收齐单证或出口的产品不符合退税规定而需要视同内销征税的处理。

出口视同内销的货物做账务冲减处理后，还需要在免抵退税系统做负数冲减申报。

出口转内销上年度与本年度的账务处理也是不一样的。

（1）本年度出口货物转内销征税的账务处理：

借：主营业务收入——外销收入

  贷：主营业务收入——内销收入

    应缴税费——应缴增值税——销项税

转内销出口货物已经计算的免抵退税不得免征和抵扣税额不用单独做账务处理，可根据当月的免抵退税汇总表在月末一次性结转，因其包括在当月的汇总表的数据中。

（2）上年度出口货物转内销征税的账务处理：

上年度出口货物转内销，也是通过“以前年度损益调整”会计科目处理。

因销售收入的结转的借贷方，都是“以前年度损益调整”同一科目，所以此笔账务处理无须再做，只需对涉及的税金科目进行处理就可以了。

计算转内销货物的销项税额：

借：以前年度损益调整

  贷：应缴税费——应缴增值税——销项税

冲减免抵退税不得免征和抵扣税额

借：以前年度损益调整（红字）

  贷：应缴税费——应缴增值税——进项税额转出（红字）

冲减免抵税额

借：应缴税费——应缴增值税——出口抵减内销产品应纳税额（红字）

  贷：应缴税费——应缴增值税——出口退税（红字）

第五节　账务处理实例

一、一般贸易实例（出口价格均为离岸价）

例1

甲企业为一般纳税人，2010 年 3 月份向美国 X 公司出口销售 A 产品共计 100 000 美元。出口一批 A 产品到韩国 M 公司，货款共计 40 000 美元。同时国内市场销售 B 产品一批共计 1 170 000 万元人民币（含税价）。销售产品均已确认销售收入。当月甲企业进项税额累计为 100 000 万元人民币，月初无留抵税额。甲企业的征税税率为17%，退税率为15%。内销货款已经全部以电汇结清，外销货款尚未收到。内销货物成本共计800 000元人民币，外销货物成本共计700 000元人民币。企业的外币记账汇率为月初汇率，当月初美元对人民币汇率为6.80。

账务处理如下：

（1）计算销售收入：

外销收入＝（100 000美元 ＋40 000美元）×6.80＝952 000元

内销产品不含税销售收入＝1 170 000元÷1.17＝1 000 000元

内销收入需缴纳的增值税＝1 000 000元×0.17＝170 000元

借：应收账款——X公司　　680 000
　　应收账款——M公司　　272 000
　　银行存款——人民币户　　1 170 000
　　贷：主营业务收入——外销收入　　952 000
　　　　——内销收入　　1 000 000
　　　　应缴税费——应缴增值税——销项税　　170 000

（2）结转外销和内销货物的成本：

借：主营业务成本——外销成本　　700 000
　　——内销成本　　800 000
　　贷：库存商品——A产品　　700 000
　　　　——B产品　　800 000

（3）计算免抵退税不得免征和抵扣税额：

免抵退税不得免征和抵扣税额＝出口产品销售额×汇率×（出口产品征税率－出口产品退税率）＝（100 000美元＋40 000美元）×6.8×（17%－15%）＝19 040元

借：主营业务成本——进项税额转出　　19 040
　　贷：应缴税费——应缴增值税——进项税额转出　　19 040

（4）计算并缴纳当月应缴税金：

应缴税金＝销项税额－（进行税额－进项税额转出）＝170 000元－（100 000元－19 040元）＝89 040元

借：应缴税费——应缴增值税　　89 040
　　贷：银行存款 ——人民币户　　89 040

例2

2010年4月份，上例甲企业3月份出口美国X公司的货款100 000美元已经收到，4 月初美元对人民币汇率为 6.82。且该批出口货物单证已收齐。当月出口 A 产品一批到德国，共计 80 000 欧元，货款结清，当月单证已收齐。4 月初欧元对人民币汇率为 9.90。该批货物销售成本为 550 000 元。A 产品退税率当月没有变化。

企业当月进项税额为 150 000 元，且当月无内销。

另 2010 年 2 月份出口美国 B 公司的 A 产品一批货款共计 50 000 美元，因产品质量问题退运，货款未付且单证未收齐。同时 B 公司提供了美国合法检验机构出具的检验报告。企业已在免抵退税系统做了冲减。该批货物销售成本为 240 000 元。货物出口当月月初的美元对人民币汇率为 6.81。

账务处理如下：

（1）计算销售收入：

出口产品销售收入 = 80 000 欧元 × 9.90 = 792 000 元

借：银行存款——欧元户　　792 000

　　贷：主营业务收入——外销收入　　792 000

（2）结转出口产品销售成本：

借：主营业务成本——外销成本　　550 000

　　贷：产成品——A 产品　　550 000

（3）冲减退运产品的销售收入：

退运产品销售收入 = 50 000 美元 × 6.81 = 340 500 元

借：应收账款——B 公司　　-340 500

　　贷：主营业务收入——外销收入　　-340 500

（4）退运产品入库，冲减销售成本：

借：主营业务成本——外销成本　　-240 000

　　贷：产成品——A 产品　　-240 000

（5）计算免抵退税不得免征和抵扣税额 = 出口产品销售额 × 汇率 ×（出口产品征税率 - 出口产品退税率）=（80 000 欧元 × 9.9 - 50 000 美元 × 6.81）×（17% - 15%）= 9 030 元

借：主营业务成本——进项税额转出　　9 030

　　贷：应缴税费——应缴增值税——进项税额转出　　9 030

（6）结转收到的 3 月份出口产品货款：

100 000 美元 × 6.82 = 682 000 元

借：银行存款——美元户　　682 000

　　贷：应收账款——X 公司　　680 000

　　　　财务费用——汇兑损益　　2 000

（7）计算当期免抵退税额和当期留抵税额：

免抵退税额 =（100 000 美元 ×6.80 +80 000 欧元 ×9.9）×15% =220 800 元

当期期末留抵税额 =（上期留抵税额 + 本期进项税额 - 进项税额转出 - 免抵退货物应退税额）- 销项税 =（0 元 +150 000 元 -9 030 元 -0 元）-0 元 =140 970 元

因当期留抵税额小于当期免抵退税额，所以：

应退税额 = 期末留抵税额 =140 970 元

免抵税额 = 免抵退税额 - 期末留抵税额 =220 800 元 -140 970 元 =79 830 元

例 3

甲公司 2010 年 5 月份内销 B 产品 468 000 元（含税价），货款结清。当月没有出口产品。进项税额 90 000 元。内销 B 产品的销售成本为 300 000 元。

另外甲公司 2009 年 12 月份出口日本 Y 公司一批 A 产品，货款为 30 000 美元，因逾期未收齐单证，且未办理延期申报手续，按照税务局通知本月转内销征税处理。出口当月月初美元对人民币汇率 6.80。

上月收齐单证申报的汇总表，已通过退税机关的审核，可以做退税账务处理。

（1）计算并结转内销销售收入：

销售收入 =468 000 元 ÷1.17 =400 000 元

销项税额 =400 000 元 ×0.17 =68 000 元

借：银行存款——人民币户　　468 000

　　贷：主营业务收入——外销收入　　400 000

　　　　应缴税费——应缴增值税——销项税　　68 000

（2）结转内销产品成本：

借：主营业务成本——内销成本　　300 000

　　贷：库存商品——B 商品　　300 000

（3）计算并结转出口转内销产品的销售收入和销项税额：

出口销售收入 =30 000 美元 ×6.80 =204 000 元

转内销收入 =204 000 元 ÷1.17 =174 358.97 元

转内销应补提的税金 =174 358.97 元 ×0.17 =29 641.03 元

借：以前年度损益调整 29 641.03

　　贷：应缴税费——应缴增值税——销项税　　29 641.03

（4）冲减退运货物免抵退不得免征和抵扣税额：

免抵退不得免征和抵扣税额 =30 000 美元 ×6.80 ×（17% -15%）=4 080 元

借：以前年度损益调整　　　　　　　　　　　　　　　　　　　　　　　-4 080

　　贷：应缴税费——应缴增值税——进项税额转出　　　　　　　　　　　-4 080

（5）计算并缴纳当月应缴税金：

应缴税金=销项税额-（进项税额+上期留抵税额-进项税额转出-免抵退出口货物应退税额）=（68 000元+29 641.03元）-（90 000元+140 970元+4 080元-140 970元）=3 561.03元

借：应缴税费——未缴增值税　　　　　　　　　　　　　　　　　　　3 561.03

　　贷：银行存款——人民币户　　　　　　　　　　　　　　　　　　　3 561.03

（6）对上月收齐单证的出口货物作出账务处理：

根据上月退税部门审核通过的免抵退税汇总表，对应退税额和免抵税额作出账务处理。

借：其他应收款——应收出口退税　　　　　　　　　　　　　　　　　140 970

　　应缴税费——应缴增值税——出口抵减内销产品应纳税额　　　　　　79 830

　　贷：应缴税费——应缴增值税——出口退税　　　　　　　　　　　　220 800

小贴士

上月收齐单证时只在退税系统做退税申报，不做账务处理。本月纳税申报时，根据税务机关审核通过的上月免抵退税申报汇总表中应退税额，录入本期“纳税申报表”中的“免抵退货物应退税”栏，并根据汇总表的数据，对应退税额和免抵税额做出账务处理。

例4

上例中甲公司2010年6月份再次出口到日本Y公司B产品共计30 000美元，货款未收到。该货物产品销售成本150 000元，没有进项税额。当月月初汇率6.80。

3月份甲公司出口韩国M公司40 000美元的A产品，尚未收齐单证。因是外购产品而非甲公司自产产品，且因工作人员疏忽没有办理视同自产产品手续，税务局经核查后通知甲公司做转内销征税处理。

（1）计算并结转外销销售收入：

30 000美元×6.80=204 000元

借：应收账款——Y公司　　　　　　　　　　　　　　　　　　　　　204 000

　　贷：主营业务收入——外销收入　　　　　　　　　　　　　　　　204 000

（2）结转产品销售成本：

借：主营业务成本——外销成本　　150 000

　　贷：产成品——B 产品　　150 000

（3）出口韩国 M 公司货物转内销收入征税：

原出口销售收入 = 40 000 美元 × 6.80 = 272 000 元

转内销收入 = 272 000 元 ÷ 1.17 = 232 478.63 元

转内销补提销项税 = 232 478.63 元 × 0.17 = 39 521.37 元

借：主营业务收入——外销收入　　272 000

　　贷：主营业务收入——内销收入　　232 478.63

　　　　应缴税费——应缴增值税——销项税　　39 521.37

（4）计算结转免抵退税不得免征和抵扣税额：

免抵退税不得免征和抵扣税额 = 出口产品销售额 × 汇率 ×（出口产品征税率 - 出口产品退税率）=（30 000 美元 - 40 000 美元）× 6.80 ×（17% - 15%）= -1 360 元

借：主营业务成本——进项税额转出　　-1 360

　　贷：应缴税费——应缴增值税——进项税额转出　　-1 360

小贴士

许多书上或网上资料都把出口转内销计提税金的借方科目用作“主营业务成本”，其实那是原来按含税销售额提税的处理方法。2006 年税务机关规定提税的依据是不含税销售额，所以应缴税金的对应科目应该是“主营业务收入”。

二、进料加工贸易实例（进口价格均为到岸价，出口价格均为离岸价）

（一）采用购进法的核算

例 1

国内乙企业根据 2009 年 12 月份与美国 Y 公司签订的进料加工复出口协议，于 2010 年 1 月凭海关登记手册免税进口价值 50 000 美元的 A 料件，货款付清。向国内 N 公司采购 B 原材料 100 000 元，进项税 17 000 元，货款未付。采购货物按实际成本计价，均已验收入库。该企业本月进口料件加工产品完毕，加工复出口F产品到日本P公司，货款共计70 000美元，货款未结，单证未收齐。出口产品成本为450 000元。外币折算汇率采用月初汇率核算，当月月初美元对人民币汇率为6.80。该企业增值税征税率为17%，退税率为15%。月初无上期留抵税额，本月无内销。

（1）进口料件的核算：

50 000美元×6.80＝340 000元

借：原材料——进口A料件　　340 000

　　贷：银行存款——美元户　　340 000

（2）国内采购原材料核算：

借：原材料——B材料　　100 000

　　应缴税费——应缴增值税——进项税　　17 000

　　贷：应付账款——N公司　　117 000

（3）进料复出口产品的销售收入：

70 000美元×6.80＝476 000元

借：应收账款——P公司　　476 000

　　贷：主营业务收入——外销收入　　476 000

（4）结转出口产品成本：

借：主营业务成本——外销成本　　300 000

　　贷：产成品——F产品　　300 000

（5）计算本月出口产品免抵退税不得免征和抵扣税额：

免抵退税不得免征和抵扣税额抵减额＝进口料件到岸价×汇率×（出口产品征税率－出口产品退税率）＝50 000美元×6.80×（17%－15%）＝6 800元

免抵退税不得免征和抵扣税额＝出口产品离岸价×汇率×（出口产品征税率－出口产品退税率）－免抵退税不得免征和抵扣税额抵减额＝70 000美元×6.80×（17%－15%）－6 800元＝2 720元

借：主营业务成本——进项税额转出　　2 720

　　贷：应缴税费——应缴增值税——进项税额转出　　2 720

（6）计算月末留抵税额：

因本月无内销，故期末留抵税额＝进项税额－进项税额转出＝17 000元－2 720元＝14 280元

例2

例1中的乙企业2010年2月份凭海关登记手册再次免税进口美国Y公司

60 000 美元 A 料件，货款付清。当月在国内 W 公司采购 B 原材料 200 000 元，进项税 34 000 元，货款付清。采购货物均已验收入库。上月欠 N 公司货款 117 000 元本月付清。该公司本月内销 E 产品 150 000 元，销项税 25 500 元，货款结清，产品销售成本为 100 000 元。本月进料料件产品加工完毕，复出口销售 F 产品到美国 Z 公司，共计 80 000 美元，货款结清，单证未收齐，产品销售成本 350 000 元。

上月销售给日本 P 公司的货款本月已收汇，且单证收齐，信息齐全。本月月初美元对人民币汇率为 6.82。

（1）进口料件核算：

60 000 美元 ×6.82 = 409 200 元

借：原材料——进口 A 料件	409 200
贷：银行存款——美元户	409 200

（2）国内采购原材料的核算：

借：原材料——B 材料	200 000
应缴税费——应缴增值税——进项税	34 000
贷：银行存款——人民币户	234 000

（3）支付上月 N 公司货款：

借：应付账款——N 公司	117 000
贷：银行存款——人民币户	117 000

（4）内销产品销售收入的核算：

借：银行存款——人民币户	175 500
贷：主营业务收入——内销收入	150 000
应缴税费——应缴增值税——销项税	25 500

（5）进料加工复出口产品销售收入的核算：

销售收入 = 80 000 美元 ×6.82 = 545 600 元

借：银行存款——美元户	545 600
贷：主营业务收入——外销收入	545 600

（6）结转内外销产品销售成本：

借：主营业务成本——内销成本	350 000
——外销成本	100 000
贷：产成品——E 产品	100 000
——F 产品	350 000

（7）结转上月出口日本 P 公司货款：

70 000 美元 ×6.82 = 477 400 元

借：银行存款——美元户　477 400

　　贷：应收账款——P 公司　476 000

　　　　财务费用——汇兑损益　1 400

（8）计算本月出口产品免抵退税不得免征和抵扣税额：

免抵退税不得免征和抵扣税额抵减额＝进口料件到岸价×汇率×（出口产品征税率－出口产品退税率）＝60 000 美元×6.82×（17%－15%）＝8 184 元

免抵退税不得免征和抵扣税额＝出口产品离岸价×汇率×（出口产品征税率－出口产品退税率）－免抵退税不得免征和抵扣税额抵减额＝80 000美元×6.82×（17%－15%）－8 184 元＝2 728 元

借：主营业务成本——进项税额转出　2 728

　　贷：应缴税费——应缴增值税——进项税额转出　2 728

（9）计算当期期末留抵税额：

期末留抵税额＝（当期进项税额＋上期留抵税额－进项税转出）－当期销项税额＝（34 000 元＋14 280 元－2 728 元）－25 500 元＝20 052 元

（10）计算当期收齐上月出口货物单证的免抵退税额：

免抵退税抵减额＝免税进口料件价格×汇率×出口产品退税率＝50 000 美元×6.80×15%＝51 000 元

免抵退税额＝出口货物离岸价×汇率×出口产品退税－免抵退税抵减额＝70 000 元×6.80×15%－51 000 元＝20 400 元

（11）计算当期应退税额：

因期末留抵税额小于免抵退税额，所以，当期应退税额＝期末留抵税额＝20 052 元。

当期免抵税额＝20 400 元－20 052 元＝348 元。

例 3

前例乙企业 2010 年 3 月份没有产品销售。国内采购 B 材料 150 000 元，进项税 25 500 元，货款已付，材料已经验收入库。上月复出口销售到美国 Z 公司货款 80 000 美元，本月收齐单证，且信息齐全。

另上月出口货物收齐单证的汇总申报已通过税务机关审核，可以做退税账务处理。

（1）采购国内原材料的核算：

借：原材料——B 材料　100 000

　　应缴税费——应缴增值税——进项税　17 000

　　贷：银行存款——人民币户　117 000

（2）计算当期留抵税额：

当期留抵税额 =（上期留抵税额 + 本期进项税额 − 免抵退货物应退税额）− 销项税额 =（20 052 元 + 25 500 元 − 20 052 元）− 0 = 25 500 元

（3）计算本月收齐上月出口货物单证的免抵退税额：

免抵退税额抵减额 = 免税进口料件到岸价 × 汇率 × 出口产品退税率 = 60 000 美元 × 6.82 × 15% = 61 380 元

免抵退税额 = 出口货物离岸价 × 汇率 × 出口产品退税 − 免抵退税抵减额 = 80 000 美元 × 6.82 × 15% − 61 380 元 = 20 460 元

（4）计算当期应退税额：

因当期免抵退税额小于期末留抵税额，所以，应退税额 = 免抵退税额 = 20 460元。期末继续留抵税额 = 25 500 元 − 20 460 元 = 5 040 元。

（5）上期收齐单证出口货物的应退税额的账务处理：

根据上月退税部门审核通过的免抵退税汇总表，对应退税额和免抵税额进行账务处理

借：其他应收款——应收出口退税　　20 052
　　应缴税费——应缴增值税——出口抵减内销产品应纳税额　　348
　　贷：应缴税费——应缴增值税——出口退税　　20 400

例 4

接前例，乙企业 2010 年 4 月份内销 E 产品 150 000 元，销项税金 25 500 元，货款结清。内销产品成本为 120 000 元。本月没有外销，没有外购材料。

上月收齐单证的出口货物申报汇总表已通过税务机关审核，本月可以做账务处理。上月纳税申报的应退税款本月已退到企业账户。

（1）本期销售收入的核算：

借：银行存款——人民币户　　175 500
　　贷：主营业务收入——内销收入　　150 000
　　　　应缴税费——应缴增值税——销项税　　25 500

（2）结转内销产品成本：

借：主要业务成本——内销成本　　120 000
　　贷：库存商品—— E 商品　　120 000

（3）计算并缴纳本期应缴税金：

应缴税金 = 本期销项税额 −（上期留底税额 + 本期进项税额 − 进项税额转出 − 免抵退货物应退税额）= 25 500 元 −（25 500 元 + 0 − 0 − 20 460 元）= 20 460 元

借：应缴税费——应缴增值税　　20 460

　　贷：银行存款——人民币户　　20 460

（4）税务机关审核通过的上期应退税额的账务处理：

根据上月退税部门审核通过的免抵退税汇总表，对应退税额和免抵税额进行账务处理

借：其他应收款——出口退税　　20 460

　　贷：应缴税费——应缴增值税——出口退税　　20 460

（5）收到税务机关退税款：

借：银行存款——人民币户　　20 052

　　贷：其他应收款——应收出口退税　　20 052

（二）采用实耗法核算

仍以购进法的例题为例，来说明按实耗法对进料加工业务进行账务处理的过程。

1. 以“例 1”为例

在例 1 中，假如海关登记手册上计划进口总值为 300 000 美元，计划出口总值为 500 000 美元，则账务处理如下：

购进法的前 4 步的核算步骤与实耗法的核算步骤是一样的，这里不再重复，从第（5）步开始说明。

（5）计算免抵退税不得免征和抵扣税额

计划分配率 = 计划进口总值 ÷ 计划出口总值 ×100% = 300 000 美元 ÷ 500 000美元 ×100% = 60%

免税进口料件组成计税价格 = 当期出口货物离岸价 × 汇率 × 计划分配率 = 70 000 美元 ×6.80 ×60% = 285 600 元

免抵退税不得免征和抵扣税额抵减额 = 免税进口料件组成计税价格 ×（出口货物征税率 - 出口货物退税率） = 285 600 元 ×（17% - 15%） = 5712 元

免抵退税不得免征和抵扣税额 = 当期出口货物离岸价 × 汇率 ×（出口货物征收率 - 出口货物退税率） - 免抵退税不得免征和抵扣税额抵减额 = 70 000美元 ×6.80 ×（17% - 15%） - 5 712 元 = 3 808 元

借：主营业务成本——进项税额转出　　3 808

　　贷：应缴税费——应缴增值税——进项税额转出　　3 808

（6）计算期末留抵税额

因本月无内销，故期末留抵税额 = 进项税额 - 进项税额转出 = 17 000 元 -

3 808 元 =13 192 元

2. 以“例 2”为例

在例 2 中，假设进口料件所使用的与例 1 是同一本海关登记手册。

购进法前 7 步的处理步骤与实耗法的步骤相同，这里不再重复，从第(8)步开始介绍。

(8) 计算本月出口产品免抵退税不得免征和抵扣税额

免税进口料件组成计税价格 = 当期出口货物离岸价 × 汇率 × 计划分配率 =80 000 美元 ×6.82 ×60% =32 7360 元

免抵退税不得免征和抵扣税额抵减额 = 免税进口料件组成计税价格 ×（出口货物征税率 - 出口货物退税率）=327 260 元 ×（17% -15%）=6 547.20 元

免抵退税不得免征和抵扣税额 = 当期出口货物离岸价 × 汇率 ×（出口货物征收率 - 出口货物退税率）- 免抵退税不得免征和抵扣税额抵减额

=80 000 美元 ×6.82 ×（17% -15%）-6 547.20 元 =4 364.80 元

借：主营业务成本——进项税额转出　　4 364.80

　　贷：应缴税费——应缴增值税——进项税额转出　　4 364.80

(9) 计算当期期末留抵税额

期末留抵税额 =（当期进项税额 + 上期留抵税额 - 进项税转出）- 当期销项税额 =（34 000 元 +13 192 元 -4 364.80 元）-25 500 元 =17 327.20 元

(10) 计算当期收齐上月出口货物单证的免抵退税额

免抵退税额抵减额 = 上月免税进口料件组成计税价格 × 出口货物退税率 =285 600 元 ×15% =42 840 元

免抵退税额 = 上月出口货物离岸价 × 汇率 × 出口货物退税率 - 免抵退税额抵减额 =70 000 元 ×6.80 ×15% -42 840 元 =28 560 元

(11) 计算应退税额

因期末留抵税额小于免抵退税额，故应退税额 = 期末留抵税额 = 17 327.20元。免抵税额 =28 560 元 -17 327.20 元 =11 232.80 元

3. 以“例 3”为例

“实耗法”的账务处理

(1) 采购国内原材料的核算

借：原材料——B 材料　　150 000

　　应缴税费——应缴增值税——进项税　　25 500

　　贷：银行存款——人民币户　　175 500

(2) 计算当期留抵税额

当期期末留抵税额 = 本期进项税额 + 上期留抵税额 - 免抵退应退税额 =

25 500 元 + 17 327. 22 元 - 17 327. 22 元 = 25 500 元

（3）计算本月收齐上月出口货物单证的免抵退税额

免抵退税额抵减额 = 上月免税进口料件价格 × 汇率 × 出口产品退税率 = 327 360 × 15% = 49 104 元

免抵退税额 = 上月出口货物离岸价 × 汇率 × 出口货物退税率 - 免抵退税额抵减额 = 80 000 美元 × 6. 82 × 15% - 49 104 元 = 32 736 元

（4）计算当期应退税额

因期末留抵税额小于免抵退税额，故：

应退税额 = 期末留抵税额 = 25 500 元

免抵税额 = 免抵退税额 - 期末留抵税额 = 20 460 元 - 25 500 元 = 7 236 元

（5）上期收齐单证出口货物的应退税额和免抵税额的核算

根据上月退税部门审核通过的免抵退税汇总表，对应退税额和免抵税额进行账务处理

借：其他应收款——应收出口退税	17 327. 20
应缴税费——应缴增值税——出口抵减内销产品应纳税额	11 232. 80
贷：应缴税费——应缴增值税——出口退税	28 560

4. 以“例 4”为例

“实耗法”的账务处理

（1）内销产品的核算

借：银行存款——人民币户	175 500
贷：主营业务收入——内销收入	150 000
应缴税费——应缴增值税——销项税	25 500

（2）结转内销产品成本

借：主要业务成本——内销成本	120 000
贷：库存商品—— E 商品	120 000

（3）上月收齐单证出口货物的应退税额和免抵税额的核算

根据上月退税部门审核通过的免抵退税汇总表，对应退税额和免抵税额进行账务处理。

借：其他应收款——应收出口退税	25 500
应缴税费——应缴增值税——出口抵减内销产品应纳税额	7 236
贷：应缴税费——应缴增值税——出口退税	32 736

（4）收到退税款的核算

借：银行存款——人民币户	17 327. 20
贷：其他应收款——应收出口退税	17 327. 20

（5）计算并缴纳本期的应缴税金

应缴税金＝本期销项税额－（本期进项税额＋上期留抵税额－进项税额转出－免抵退货物应退税额）＝25 500 元－（0＋25 500 元－0－25 500 元）＝25 500 元

借：应缴税费——应缴增值税 25 500

贷：银行存款——人民币户 25 500

书目介绍

乐 贸 系 列

外贸操作实务子系列

书名	作者	定价	书号	出版时间
1. 外贸全流程攻略——进出口经理跟单手记	温伟雄	33.00 元	978-7-5175-0015-5	2014 年 5 月第 1 版
2. 出口营销实战(第三版)	黄泰山	45.00 元	978-7-80165-932-3	2013 年 1 月第 3 版
3. 外贸实务疑难解惑 220 例	张浩清	38.00 元	978-7-80165-853-1	2012 年 1 月第 1 版
4. 外贸高手客户成交技巧	毅 冰	35.00 元	978-7-80165-841-8	2012 年 1 月第 1 版
5. 外贸纠纷处理实务——案例与技巧	熊志坚	35.00 元	978-7-80165-789-3	2011 年 1 月第 1 版
6. 报检七日通	徐荣才 朱瑾瑜	22.00 元	978-7-80165-715-2	2010 年 8 月第 1 版
7. 实用外贸技巧助你轻松拿订单	王陶(波锅涅)	25.00 元	978-7-80165-724-4	2010 年 4 月第 1 版
8. 外贸业务经理人手册(第 2 版)	陈文培	39.00 元	978-7-80165-671-1	2010 年 1 月第 1 版
9. 外贸会计实务精要	疏 影	28.00 元	978-7-80165-633-9	2009 年 5 月第 1 版
10. 外贸实用工具手册	本书编委会	32.00 元	978-7-80165-558-5	2009 年 1 月第 1 版
11. 外贸实务经验分享 33 例	沱沱网中文站	28.00 元	978-7-80165-560-8	2009 年 1 月第 1 版
12. 外贸实务案例精华 80 篇	刘德标 吴珊红	29.80 元	978-7-80165-561-5	2009 年 1 月第 1 版
13. 快乐外贸七讲	朱芷萱	22.00 元	978-7-80165-373-4	2009 年 1 月第 1 版
14. 危机生存——十位经理人谈金融危机下的经营之道	本书编委会	22.00 元	978-7-80165-586-8	2009 年 1 月第 1 版
15. 外贸七日通(最新修订版)	黄海涛(深海鱿鱼)	22.00 元	978-7-80165-397-0	2008 年 8 月第 3 版
16. 金牌外贸业务员找客户——17 种方法·案例·评析	陈念祥 张思羽	35.00 元	978-7-80165-543-1	2008 年 8 月第 2 版
17. 出口营销策略(《出口营销实战》升级版)	黄泰山 冯斌	35.00 元	978-7-80165-459-5	2008 年 5 月第 1 版
18. 进口实务操作指南——步骤·实例·经验技巧	中国进口网	55.00 元	978-7-80165-493-9	2008 年 5 月第 1 版

出口风险管理子系列

书名	作者	定价	书号	出版时间
1. 轻松应对出口法律风险	韩宝庆	39.80 元	978-7-80165-822-7	2011 年 9 月第 1 版
2. 出口风险管理实务(第二版)	冯 斌	48.00 元	978-7-80165-725-1	2010 年 4 月第 2 版
3. 50 种出口风险防范	王新华 陈丹凤	35.00 元	978-7-80165-647-6	2009 年 8 月第 1 版

书名	作者	定价	书号	出版时间

外贸单证操作子系列

书名	作者	定价	书号	出版时间
1. 跟单信用证一本通	何源	35.00 元	978-7-80165-849-4	2012 年 1 月第 1 版
2. 信用证审单有问有答 280 例	李一平　徐珺	37.00 元	978-7-80165-761-9	2010 年 8 月第 1 版
3. 外贸单证经理的成长日记	曹顺祥	38.00 元	978-7-80165-716-9	2010 年 3 月第 1 版
4. 外贸单证解惑 280 例	龚玉和　齐朝阳	38.00 元	978-7-80165-638-4	2009 年 7 月第 1 版
5. 信用证 6 小时教程	黄海涛（深海鱿鱼）	25.00 元	978-7-80165-624-7	2009 年 4 月第 2 版
6. 跟单高手教你做跟单	汪　德	32.00 元	978-7-80165-623-0	2009 年 4 月第 1 版
7. 外贸单证处理技巧（第 3 版）	屈　韬	42.00 元	978-7-80165-516-5	2008 年 5 月第 1 版
8. 进出口单证实务案例评析	袁永友　柏望生	33.00 元	978-7-80165-371-8	2006 年 8 月第 1 版

福步外贸高手子系列

书名	作者	定价	书号	出版时间
1. 巧用外贸邮件拿订单	刘　裕	45.00 元	978-7-80165-966-8	2013 年 8 月第 1 版
2. 小小开发信　订单滚滚来——外贸开发信写作技巧及实用案例分析	薄如骢	26.00 元	978-7-80165-551-6	2008 年 8 月第 1 版
3. 外贸技巧与邮件实战	刘　云	28.00 元	978-7-80165-536-3	2008 年 7 月第 1 版

国际物流操作子系列

书名	作者	定价	书号	出版时间
1. 货代高手教你做货代——优秀货代笔记（第二版）	何银星	33.00 元	978-7-5175-0003-2	2014 年 2 月第 2 版
2. 国际物流操作风险防范——技巧·案例分析	孙家庆	32.00 元	978-7-80165-577-6	2009 年 4 月第 1 版
3. 集装箱运输与海关监管	赵　宏	23.00 元	978-7-80165-559-2	2009 年 1 月第 1 版

通关实务子系列

书名	作者	定价	书号	出版时间
1. 外贸企业轻松应对海关估价	熊　斌　赖　芸　王卫宁	35.00 元	978-7-80165-895-1	2012 年 9 月第 1 版
2. 报关实务一本通（第 2 版）	苏州工业园区海关	35.00 元	978-7-80165-889-0	2012 年 8 月第 2 版
3. 如何通过原产地证尽享关税优惠	南京出入境检验检疫局	50.00 元	978-7-80165-614-8	2009 年 4 月第 3 版
4. 海关进出口商品归类基础与训练	温朝柱	36.00 元	978-7-80165-496-0	2009 年 1 月第 1 版
5. 最新报关单填制实用辅导	盛新阳　彭飞	38.00 元	978-7-80165-497-7	2008 年 10 月第 1 版
6. 最新商品归类技巧	赵　宏	38.00 元	978-7-80165-520-2	2008 年 9 月第 1 版

书名	作者	定价	书号	出版时间
彻底搞懂子系列				
1. 彻底搞懂信用证(第二版)	王腾　曹红波	35.00 元	978-7-80165-840-1	2011 年 11 月第 2 版
2. 彻底搞懂中国自由贸易区优惠	刘德标　祖月	34.00 元	978-7-80165-762-6	2010 年 8 月第 1 版
3. 彻底搞懂贸易术语	陈　岩	33.00 元	978-7-80165-719-0	2010 年 2 月第 1 版
4. 彻底搞懂海运航线	唐丽敏	25.00 元	978-7-80165-644-5	2009 年 7 月第 1 版
5. 彻底搞懂提单	张敏　赵通	29.80 元	978-7-80165-602-5	2009 年 6 月第 1 版
6. 彻底搞懂关税	孙金彦	29.00 元	978-7-80165-618-6	2009 年 6 月第 1 版
外贸英语实战子系列				
1. 十天搞定外贸函电	毅　冰	38.00 元	978-7-80165-898-2	2012 年 10 月第 1 版
2. 外贸高手的口语秘籍	李　凤	35.00 元	978-7-80165-838-8	2012 年 2 月第 1 版
3. 外贸英语函电实战	梁金水	25.00 元	978-7-80165-705-3	2010 年 1 月第 1 版
4. 外贸英语口语一本通	刘新法	29.00 元	978-7-80165-537-0	2008 年 8 月第 1 版
5. 英汉物流词汇精析——结合实务操作	应海新	68.00 元	978-7-80165-517-2	2008 年 5 月第 1 版
外贸谈判子系列				
1. 外贸英语谈判实战	王慧　吴旻　张海军　蒋晓杰　仲颖	32.00 元	978-7-80165-767-1	2010 年 9 月第 1 版
2. 外贸谈判策略与技巧	赵立民	26.00 元	978-7-80165-645-2	2009 年 7 月第 1 版
国际商务往来子系列				
国际商务礼仪大讲堂	李嘉珊	26.00 元	978-7-80165-640-7	2009 年 12 月第 1 版
贸易展会子系列				
外贸参展全攻略——如何有效参加 B2B 贸易商展(第二版)	钟景松	33.00 元	978-7-80165-779-4	2010 年 10 月第 2 版
区域市场开发子系列				
中东市场开发实战	刘军　沈一强	28.00 元	978-7-80165-650-6	2009 年 9 月第 1 版
国际结算子系列				
1. 国际结算函电实务	周红军　阎之大	40.00 元	978-7-80165-732-9	2010 年 5 月第 1 版
2. 出口商如何保障安全收汇——L/C、D/P、D/A、O/A 精讲	庄乐梅	85.00 元	978-7-80165-491-5	2008 年 5 月第 1 版

书名	作者	定价	书号	出版时间
国际贸易金融工具子系列				
1. 出口信用保险——操作流程与案例	中国出口信用保险公司	35.00 元	978-7-80165-522-6	2008 年 5 月第 1 版
2. 福费廷	周红军	26.00 元	978-7-80165-451-9	2008 年 1 月第 1 版
加工贸易操作子系列				
1. 加工贸易实务操作与技巧	熊　斌	35.00 元	978-7-80165-809-8	2011 年 4 月第 1 版
2. 加工贸易达人速成——操作案例与技巧	陈秋霞	28.00 元	978-7-80165-891-3	2012 年 7 月第 1 版
3. 加工贸易企业关务作业统筹	熊　斌	29.80 元	978-7-80165-423-6	2009 年 3 月第 1 版
乐税子系列				
1. 外贸会计账务处理实务——经验·技巧分享	徐玉树	38.00 元	978-7-80165-958-3	2013 年 8 月第 1 版
2. 生产企业免抵退税实务——经验·技巧分享(第二版)	徐玉树	42.00 元	978-7-80165-936-1	2013 年 2 月第 2 版
3. 外贸企业出口退(免)税常见错误解析 100 例	周朝勇	49.80 元	978-7-80165-933-0	2013 年 2 月第 1 版
4. 生产企业出口退(免)税常见错误解析 115 例	周朝勇	49.80 元	978-7-80165-901-9	2013 年 1 月第 1 版
5. 外汇核销指南	陈文培等	22.00 元	978-7-80165-824-1	2011 年 8 月第 1 版
6. 外贸企业出口退税操作手册	中国出口退税咨询网	42.00 元	978-7-80165-818-0	2011 年 5 月第 1 版
7. 生产企业免抵退税从入门到精通	中国出口退税咨询网	98.00 元	978-7-80165-695-7	2010 年 1 月第 1 版
8. 出口涉税会计实务精要(《外贸会计实务精要》第 2 版)	龙博客工作室	32.00 元	978-7-80165-660-5	2009 年 9 月第 2 版
专业报告子系列				
1. 国际工程风险管理	张　燎	1980.00 元	978-7-80165-708-4	2010 年 1 月第 1 版
2. 涉外型企业海关事务风险管理报告	《涉外型企业海关事务风险管理报告》研究小组	1980.00 元	978-7-80165-666-7	2009 年 10 月第 1 版
外贸企业管理子系列				
小企业做大外贸的四项修炼	胡伟锋	26.00 元	978-7-80165-673-5	2010 年 1 月第 1 版
国际贸易金融子系列				
1. 国际贸易金融服务全程通(第二版)	郭党怀　张丽君　张贝	43.00 元	978-7-80165-864-7	2012 年 1 月第 2 版
2. 国际结算与贸易融资实务	李华根	42.00 元	978-7-80165-847-0	2011 年 12 月第 1 版

书名	作者	定价	书号	出版时间

毅冰谈外贸子系列

毅冰私房英语书——七天秀出外贸口语	毅　冰	35.00元	978-7-80165-965-1	2013年9月第1版

“实用型”报关与国际货运专业教材

1. 电子口岸实务（第二版）	林青	35.00元	978-7-5175-0027-8	2014年6月第2版
2. 报检实务（第二版）	孔德民	38.00元	978-7-80165-999-6	2014年3月第2版
3. 进出口商品归类实务（第二版）	林　青	45.00元	978-7-80165-902-6	2013年1月第2版
4. 现代关税实务（第2版）	李　齐	35.00元	978-7-80165-862-3	2012年1月第2版
5. 国际贸易单证实务（第2版）	丁行政	45.00元	978-7-80165-855-5	2012年1月第2版
6. 报关实务（第3版）	杨鹏强	45.00元	978-7-80165-825-8	2011年9月第3版
7. 海关概论（第2版）	王意家	36.00元	978-7-80165-805-0	2011年4月第2版
8. 国际集装箱班轮运输实务	林益松　郑海棠	43.00元	978-7-80165-770-1	2010年9月第1版
9. 国际货运代理操作实务	杨鹏强	45.00元	978-7-80165-709-1	2010年1月第1版
10. 航空货运代理实务	杨鹏强	37.00元	978-7-80165-707-7	2010年1月第1版
11. 进出口商品归类实务——实训题参考答案	林　青	12.00元	978-7-80165-692-6	2009年12月第1版

待出：

供应链管理实务

“精讲型”国际贸易核心课程教材

1. 国际贸易实务精讲（第6版）	田运银	48.00元	978-7-5175-0032-2	2014年8月第6版
2. 进出口商品归类实务精讲	倪淑如　倪　波　田运银	48.00元	978-7-5175-0016-2	2014年7月第1版
3. 外贸单证实训精讲	龚玉和　齐朝阳	42.00元	978-7-80165-937-8	2013年4月第1版
4. 外贸英语函电实务精讲	傅龙海	42.00元	978-7-80165-935-4	2013年2月第1版
5. 国际结算实务精讲	庄乐梅　李　菁	49.80元	978-7-80165-929-3	2013年1月第1版
6. 报关实务精讲	孔德民	48.00元	978-7-80165-886-9	2012年6月第1版
7. 国际电子商务实务精讲	冯晓宁	45.00元	978-7-80165-874-6	2012年5月第1版
8. 国际贸易单证精讲（第3版）	田运银	45.00元	978-7-80165-852-4	2012年1月第3版
9. 国际商务谈判实务精讲	王　慧　唐力忻	26.00元	978-7-80165-826-5	2011年9月第1版
10. 国际贸易操作实训精讲	田运银　胡少甫　史　理　朱东红	49.80元	978-7-80165-823-4	2011年8月第1版

书名	作者	定价	书号	出版时间
11. 国际会展实务精讲	王重和	38.00 元	978-7-80165-807-4	2011 年 5 月第 1 版
12. 国际贸易实务疑难解答	田运银	20.00 元	978-7-80165-718-3	2010 年 9 月第 1 版
13. 集装箱运输系统与操作实务精讲	田聿新　杨永志　汤　玮	38.00 元	978-7-80165-642-1	2009 年 7 月第 1 版
14. 国际货运代理实务精讲	杨占林	39.00 元	978-7-80165-636-0	2009 年 6 月第 1 版
15. 海关法教程(第 2 版)	刘达芳	40.00 元	978-7-80165-605-6	2009 年 3 月第 2 版

待出:

1. 国际贸易规则与惯例实务精讲
2. 国际营销实务精讲
3. 国际投资实务精讲
4. 国际技术贸易实务精讲
5. 国际服务贸易实务精讲

“实用型”国际贸易课程教材

1. 外贸跟单实务	罗　艳	48.00 元	978-7-80165-954-5	2013 年 8 月第 1 版
2. 国际贸易实务	丁行政　罗艳	48.00 元	978-7-80165-962-0	2013 年 8 月第 1 版

电子商务大讲堂·外贸培训专用

1. 外贸操作实务	本书编委会	30.00 元	978-7-80165-621-6	2009 年 5 月第 1 版
2. 网上外贸——如何高效获取订单	本书编委会	30.00 元	978-7-80165-620-9	2009 年 5 月第 1 版
3. 出口营销指南	本书编委会	30.00 元	978-7-80165-619-3	2009 年 5 月第 1 版
4. 外贸实战与技巧	本书编委会	30.00 元	978-7-80165-622-3	2009 年 5 月第 1 版

中小企业财会实务操作系列丛书

1. 小企业会计疑难解惑 300 例	刘华　刘方周	39.80 元	978-7-80165-845-6	2012 年 1 月第 1 版
2. 做顶尖成本会计应知应会 150 问	张　胜	38.00 元	978-7-80165-819-7	2011 年 8 月第 1 版
3. 会计实务操作一本通	吴虹雁	35.00 元	978-7-80165-751-0	2010 年 8 月第 1 版

“关务通” 品牌图书

关务通·电子口岸系列

书名	作者	定价	书号	出版时间
1.《电子口岸实用功能(第二版)》	“关务通·电子口岸系列”编委会	46.00 元	978-7-5175-0040-7	2014 年 11 月第 2 版
2.《电子口岸实务操作与技巧——通关篇(第二版)》	“关务通·电子口岸系列”编委会	48.00 元	978-7-5175-0037-7	2014 年 11 月第 2 版
3.《电子口岸实务操作与技巧——加贸篇(第二版)》	“关务通·电子口岸系列”编委会	48.00 元	978-7-5175-0035-3	2014 年 11 月第 2 版
4.《电子口岸疑难解惑 800例》	“关务通·电子口岸系列”编委会	48.00 元	978-7-5175-0039-1	2014 年 11 月第 1 版

关务通·加贸系列

书名	作者	定价	书号	出版时间
1.《<中华人民共和国海关审定内销保税货物完税价格办法>实用指南》	“关务通·加贸系列”编委会	80.00 元	978-7-5175-0012-4	2014 年 6 月第 1 版
2.《加工贸易及保税监管政策实务》	“关务通·加贸系列”编委会	70.00 元	978-7-5175-0013-1	2014 年 6 月第 1 版
3.《加工贸易典型案例启示录》	“关务通·加贸系列”编委会	60.00 元	978-7-5175-0014-8	2014 年 6 月第 1 版
4.《加工贸易实务操作与技巧》	“关务通·加贸系列”编委会	60.00 元	978-7-80165-927-9	2013 年 3 月第 1 版
5.《海关特殊监管区域和保税监管场所实务操作与技巧》	“关务通·加贸系列”编委会	60.00 元	978-7-80165-926-2	2013 年 3 月第 1 版
6.《加工贸易疑难解惑 280 例》	“关务通·加贸系列”编委会	60.00 元	978-7-80165-928-6	2013 年 3 月第 1 版

关务通·原产地系列

书名	作者	定价	书号	出版时间
1.《原产地实务操作与技巧》	“关务通·原产地系列”编委会	70.00 元	978-7-80165-981-1	2013 年 10 月第 1 版
2.《原产地疑难解惑 470 例》	“关务通·原产地系列”编委会	70.00 元	978-7-80165-983-5	2013 年 10 月第 1 版
3.《如何从原产地淘金》	“关务通·原产地系列”编委会	90.00 元	978-7-80165-982-8	2013 年 10 月第 1 版

关务通·监管通关系列

1.《便捷通关一本通》	"关务通·监管通关系列"编委会	60.00 元	978-7-80165-984-2	2013 年 10 月第 1 版
2.《快速通关自查手册》	"关务通·监管通关系列"编委会	60.00 元	978-7-80165-979-8	2013 年 10 月第 1 版
3.《进出境物品通关攻略》	"关务通·监管通关系列"编委会	60.00 元	978-7-80165-978-1	2013 年 10 月第 1 版
4.《通关典型案例启示录》	"关务通·监管通关系列"编委会	60.00 元	978-7-80165-980-4	2013 年 10 月第 1 版
5.《监管通关政策实用指导手册》	"关务通·监管通关系列"编委会	78.00 元	978-7-80165-907-1	2012 年 10 月第 1 版
6.《通关实务操作与技巧——货物、运输工具篇》	"关务通·监管通关系列"编委会	48.00 元	978-7-80165-909-5	2012 年 10 月第 1 版
7.《通关实务操作与技巧——进出境物品篇》	"关务通·监管通关系列"编委会	26.00 元	978-7-80165-905-7	2012 年 10 月第 1 版
8.《通关疑难解惑 720 例》	"关务通·监管通关系列"编委会	48.00 元	978-7-80165-903-3	2012 年 10 月第 1 版

关务通·稽查系列

《小王在海关稽查的日子——企业如何配合海关稽查》	"关务通·稽查系列"编委会	70.00 元	978-7-80165-925-5	2013 年 3 月第 1 版

关务通·双语系列

《国际海关新视野》	上海海关	60.00 元	978-7-80165-918-7	2012 年 12 月第 1 版

关务通·教材系列

《电子口岸实务精讲》	"关务通·电子口岸系列"编委会	45.00 元	978-7-5175-0050-6	2015 年 1 月第 1 版

以上图书均可在中国海关出版社网上书店(www. hgcbs. com. cn)、当当网、卓越网、京东网及各地新华书店等处购买。若有其他购书意向,请与本社发行部联系,联系电话:(010)65195616/5127/4221/4238/4246/4247。

若想了解更多书讯,可关注中国海关出版社官方微信平台,微信号:hgbook。

乐贸
LEMO
LOVE · EASY · MONEY · OPEN

2015 年中国海关出版社乐贸系列
新书重磅推荐 >>

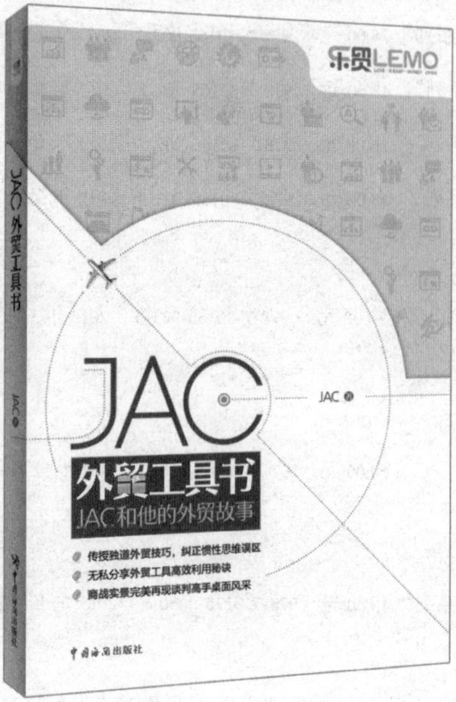

JAC 外贸工具书
——JAC 和他的外贸故事

作者：JAC
定价：45.00 元
出版日期：2015 年 3 月
书号：978-7-5175-0053-7

内容简介

本书从正确树立外贸思想意识写起，以外贸流程为主线，精选了 JAC 博客中的近百篇文章，对其重新排序、严格审核后放入书中。本书有以下五大特点：

1. 作者分享在客户开发、维护、交往、谈判等方面的独到观点，纠正外贸业务员常有思维误区。
2. 倾心传授多年谈判经验及特有技巧，教你如何把控谈判节奏，掌握主动权。
3. 穿插作者亲身经历的商战实景，助你开阔视野，未雨绸缪。
4. 传授独家“外贸工具箱”，指导读者如何高效运用工具拿订单。
5. 给不同时期的文章加入点评，全新视角，全新解读。